別冊ele-king

ambient japan issue

それでも、私たちは家具のような音楽を生み出さなくてはいけません。つまり、まわりの環境のなかのノイズの一部となる音楽、ノイズを考慮に入れるような音楽をね。私が思うには、それは響きの美しい音楽で、ナイフやフォークの立てる音を和らげるのですが、それを支配したり、出しゃばったりはしません。

ジョン・ケージ「エリック・サティ」(1961)『サイレンス』柿沼敏江訳より

アンビエンスとは、雰囲気や周囲の影響、つまり色合いによって定義される。私が意図しているのは、表向きは特定の時間や状況に合わせた(しかし、それだけに限定されたものではない)オリジナルの楽曲を制作し、さまざまなムードや雰囲気に適した環境音楽(environmental music)の、小さいながらも多彩なカタログを作り上げることである。(中略)アンビエント・ミュージックは、落ち着きと考える空間を誘導することを意図している。アンビエント・ミュージックは、特定のレヴェルを強制することなく、さまざまなレヴェルでのリスニング・アテンションに対応できなければならない。それは興味深いものであると同時に無視できるものでなければならない。

ブライアン・イーノ『ミュージック・フォー・エアポーツ』(1978)ライナーノーツ

〈波の記譜法〉も、〈家具の音楽〉や〈アンビエント・シリーズ〉の延長上にある。自己表現し、完結した芸術としての音楽ではなく、その空間なり、物なり、人なりと重なったり、ずれたりして、その意味を変え、様子を変えるような音楽だ。空間を均一化して、個性をなくしてしまう従来のBGMとは違う。聞かれ方の多様性を持つこと、つまり置かれた空間によって、聞く位置によって様子が変わることが重要な要素だ。漂うように流れ、人の生活の風景になる音楽。

芦川聡「波の記譜法」(1982)

別冊ele-king アンビエント・ジャパン

目次

AMBIENT KYOTO 2023 ガイド

表紙絵：横山大観『曙色』（1940）
提供：akg-images／アフロ

JAPAN

photo by Tomoyoshi Date

永久音楽は、〔……〕人々がそこで自由に耳をすましたり、話をしたりできる、「コオロギ・エンバイラメント」のアナロジーとしてある。

——小杉武久「キャッチ・ウェーブ——波動の装置としての音楽」（1973）『音楽のピクニック』より

AMBIENT
アンビエント・ジャパン

とある外国人は寺の境内に立ち、夏の真っ盛りの蝉の合唱に混じって聞こえる声明が醸し出すその「場」の音響に感動したという。おそらくその人が育った文化においては、たとえば賛美歌が虫の声に包まれることは、決して日常的ではないのだろう。あるいは、風景から音を聞き取り言葉で表した松尾芭蕉も有名だ。雅楽のなかにはドローンの要素があるし、音階よりもテクスチャーが重視されている。さあここに、私たち日本人にはアンビエント的な感性があるのではないかという、ひとつの風説がある。じっさいの話、日本人はかねてよりエリック・サティを愛し、イーノのアンビエントをその時代に大いに受け入れ、独自の「環境音楽」を発明したという過去もある。少なくとも西欧社会では名前が知られている日本の音楽家たち、坂本龍一、細野晴臣、清水靖晃、高田みどり、吉村弘……といった人たちの作品のいくつかは「アンビエント」に括られている。しかし彼ら彼女らの作品はみな、「日本文化」というパラダイムから逸脱し、避難し、超越してきたか、じつに興味深いさまざまな両義性に共通点を持つ——これは、2023年度の「日本のアンビエント」レポートである。

「環境音楽」からクラブ・カルチャーを経て多様化の時代へ
——日本のアンビエント概説

三田格
written by Itaru W. Mita

日本のデパートや公共機関ではよく雅楽が流れている。80年代のパチンコ屋で「軍艦マーチ」が流れていたのとは対照的に、多くの人が集まる場所で気持ちを和ませるBGMとして採用されている。「環境音楽」家として早いスタートを切った芦川聡も『Still Way』(82)でハープを雅楽のように聞かせる。「アンビエント・ミュージック」が日本に紹介された際、関心を示したのはごく一部の音楽マニアで、まともな解説もなく、おかげでリスナーは音とダイレクトに向き合うことができた。ブライアン・イーノの『Music For Airports』は「静か」とか「和ませる」というよりは強制的に時間を止めてしまう強さがあり、想定されているほどBGM的ではなかったと僕は思っている。デパートで流れる雅楽とは本質的な違いがあると。「アンビエント」という英語が日本では聞き慣れない単語だったからか、すぐにも「環境音楽」という呼称が生まれ、イーノも日本では「環境音楽」と呼ばれていた。「アンビエント」と「環境音楽」が分けて使われていたわけではない(「アンビエント」という単語がはっきりと印象づけられたのは、少なくとも日本ではザ・KLF『Chill Out』に貼られていたステッカーに「File Under Ambient」という謳い文句を発見してから。それまで「アンビエント」というタームは世界的にも完全に忘れ去られていた)。日本の流れでいうとツトム・ヤマシタや喜多郎といった壮大な瞑想音楽から距離を取り、芦川聡と吉村弘がイーノから日常的な視点への転換を受け継いだことは確かで、『Still Way』(82)はそれより2年前にリリースされた武満徹『秋庭歌一具』の抒情的なヴァリエーションに聞こえる部分も多く、その差は「日常＝個」が肥大した結果だったと思う。形式は変わっても瞑想音楽から内面性を重視する姿勢は受け継がれ、それが集団から個へと切り離されたことで醸し出された孤独感が目新しかったのだと。吉村弘は日常性を強調しすぎたせいでむしろ生活感が鼻につき、文化的な気配のしなかったプロデューサーで、リヴァイヴァルしてからの俗っぽい煽りもそうだけれど、どうしていつも大衆と強く結びつけられるのかはちょっと不可解。そのようなマス・イメージが薄れた現在になって聞いてみると、吉村のサウンドには芦川のような内面へのこだわりがなく、イーノが想定したサブリミナル効果に近いものがあり、結果としてエゴからの自由を意味するニューエイジというレッテル貼りは致し方ないにしても、小久保隆や石川鷹彦のようなロマン派崩れのイージーリスニングと同じノスタルジーとして分類してしまうとさすがにわかりづらく、むしろそれにはアンチの立場だったと考えられる。音の存在感だけを見れば青木孝充＋高木正勝（Silicom）やソラ（Sora）、もしくはコーネリアスといったエレクトロニカ世代に先駆ける感性も持ち合わせていたのではないかと。最近になって吉村弘にインスパイアされたイギリスのルーク・ザンガー『Natsukashii』(19)を聴くと、そうしたことが初めてわかった気がする。

高田みどりや浜瀬元彦のことはぜんぜん知らなかった(どんなメディアで取り上げられていたのだろう?)。目立っていたのはやはり細野晴臣が観光音楽の前哨戦としてプロデュースしたイノヤマランド『ダンジンダン・ポジドン』(83)。井上誠の『ゴジラ伝説』を聴き、同じようなスペクタクルを期待したら意外にもアンビエントだったというサプライズで、音楽的には一部で吉村弘に通じるところもありつつ、吉村に求められた俗っぽさとは対照的に80年代に流行っていた無国籍趣味を応用することで遊び心に振り切り、森田芳光や村上春樹がそうであったように形式が内容を決定していくという時代の転換点がはっきりと感じられた。帯にも「環境音楽」とは謳われず、「暑い日に涼聴、寒い日に温聴」と実用性をほのめかす程度で、細野による『コチン・ムーン』（78）と『マーキュリック・ダンス』（85）の間に置くとその役割がはっきりしてくる。これらはすべて一時的に日常性から離脱し、聖なるものに触れる巡礼のシミュレーションなのである。明らかにイーノ以前の瞑想音楽に揺り戻す感覚があり、「観光音楽」にはトリップ・ミュージックの残像が見え隠れする。そして、『マーキュリック・ダンス』は細野にとって本格的なアンビエント作品となり、細野が動いたことで「環境音楽」は初めて一般にも認知される。しかし、細野の知名度がずば抜けていたせいで「アンビエント」は細野が1人で背負う課題となってしまった感もあり、細野以外はみんな地下に潜った印象も強く、スペンサー・ドーランが『環境音楽＝Kankyō Ongaku』（19）で掘り起こすまで多くが陽の目を見なかったのは無理もなかったと思う。ブライアン・イーノでさえ、当時はアンビエントからすっかり手を引き、総じて気運というものに欠けていた。日本のアンビエントにはイーノと同じ役割の人がいないか、もしくはイーノのように明確な起点を持たない日本のアンビエントが特定の参照点を持たないことでまとまりがない＝発想の広がりに制約がなかったとも考えられる。実際、細野がアンビエントに付与した「錬金術的エネルギーの生成」とか「大自然の陰と陽」（いずれも『マーキュリック・ダンス』の序文から）といったコンセプトは一般性を持つに至らず、細野個人の作家性として受け止められた。細野は各種のサウンドトラックや『Omni Sight Seeing』（91）、『Medicine Compilation From The Quiet Lodge』（93）と追究を止めることがなく、ジ・オーブによるYMO『Technodon Remixes

II』（93）も坂本龍一の反対を押し切って細野が実現させたと聞く。『コチン・ムーン』はさらに『Naga (Music For Monsoon)』（95）で再説されるほどポテンシャルを長引かせ、期せずしてクラブ・カルチャーの外堀を埋めていく。こうした細野のトライアルと奇妙な位置関係にあるのが細野と同じくスペース・エイジに強いこだわりを持ったヤン富田『Music For Astro Age』（92）で、彼はYMOが持てなかった強い磁場をクラブ・カルチャーに確立する（『マーキュリック・ダンス』に収録された〝水晶の演技〟や〝龍の道〟がヤン富田に聞こえるという人は多いはず）。坂本龍一は自身のラジオ番組でECDのデモ・テープを評価するなどクラブ・サウンドに対してそれなりに食指は動かしていたものの、結論からいえばYMOとクラブ・カルチャーにはある種の断絶が認められる。言葉を変えていえば、80年代の基調とさえいえるYMOサウンドは90年代には継承されず、90年代は独自のサウンド・ソースを持っていたことになる（『Music For Astro Age』に収録された〝C-YA!〟は逆にYMOに聞こえる）。ヒップホップを燃料タンクとしたヤン富田は『Music For Astro Age』にアンビエント・ミュージックを多数フィーチャーし、細野のサイケデリックに残っていたロック・カルチャーのセンスを削ぎ落として徹底的にアメリカナイズされた音づくりを実践し、『Music For Astro Age』のブックレットによれば「究極のストリート・ミュージック」としてジョン・ケージ〝4'33"〟のカヴァーや同じサンプリングでもヒップホップのようなブレイクビーツではなく「ピエール・シェフェールと同じ手法を用い」てミュジーク・コンクレート・リヴァイヴァルの地平を切り開いていく。坂本龍一がシュトックハウゼンを想起したというカールステン・ニコライと組んだのが10年後だと思うとこれは早い。かなり早い。ある意味でクラブ・カルチャーも飛び越えていた。クラブ系のアンビエントがかたちをなすのはもっと遅く、フランクフルトを拠点としていたテツ・イノウエを除けば、サワサキ・ヨシヒロの諸作を皮切りにアキオ／

オキヒデ『Scratches』が95年、ブッダスティック・トランスペアレント『〃Λ〃』が97年と、90年代も後半を待たなければならない。ましてや横田進や竹村延和が度重なる試行錯誤を経て、それぞれに『Sakura』や『Milano』といったマスターピースに辿り着くのは99年のこと。前述した坂本龍一が初のアンビエント作品集と誰もが受け取った（本人は否定）『Comica』をリリースするまでに3年しかなく、ボアダムズやその周辺がオルタナティヴな試みを様々に展開するのもすぐという時期で、いわば00年以降はアンビエントもトライブ化して複数のジャンルが並走し、混沌とした状況が現在まで続くことになる。ちなみにテッ・イノウエとアトム・ハートが細野と組んだHATはカンのディジタル・ヴァージョンというか、細野史上、最もリズム・コンシャスなアルバムを残していて、細野がテクノに距離を置いていたことがとても信じられない。

芦川聡、細野晴臣、そしてヤン富田やクラブ系アンビエントには内面の投影やその結果としてのトリップ・サウンドが導かれることに表現の主体性を想定することが可能で、これがそのまま00年以降にフェネスや坂本龍一といったミュジーク・コンクレート・リヴァイヴァルに追随するエレクトロニカ系にも素直に受け継がれた一方、日本的な土壌に着地した時点で少なからずが日本特有の主体性回避ともいうべき反転を起こしていく。おきあがり赤ちゃんや虫の声だけで『鹿鳴虫歌』をつくった中迫隼のほかにフィールド・レコーディングの数々や前述した吉村弘の文脈がここに受け継がれ、かつてのように「アンビエントもつくる」ではなく、「アンビエントしかつくらない」無数の「アンビエント作家」を生み出し、アンビエント・レーベルの数でさえもはや把握不可能である（いや、本当に多い）。これにヒップホップや畠山地平のようなシューゲイザー起源など様々な支流が「アンビエント」として一緒くたにされ、マスタリング技術の向上や『環境音楽＝Kankyō Ongaku』によって時間軸も定かではなくなり、勢いが衰えてきたクラブ系はアメリカの影響でニューエイジやヴェイパーウェイヴとして刷新を図るなど、いくら整理しても整理しきれず、ブライアン・イーノのように「（アンビエントは）自分の手の届かないものになってしまった」と投げ出した方が賢明なことは確か。実際、どんな音楽でもつくった本人がアンビエントだと言い張れば、それはアンビエントになってしまうほど解釈も多様化し、1日に24作以上のアルバムが個人単位で発信されれば誰にも全体像を知ることは不可能である。『ザ・バットマン』（22）で主役を務めたロバート・パティンソンは撮影の合間にアンビエント・ミュージックをつくっていたというから、実際には1日に24作どころではない数がつくられているだろうし、全体がどれほどの大きさかもわからなければ、自分がそのなかのどの辺りに耳を傾けているのかも分からない。誰かと体験が重なることも少ないので他人が書いた文章を読んでいると粗ばかり目につくし、アンビエントが広がれば広がるほど個人の檻に閉じ込められていく。古いのか新しいのか。独創的なのか他人のマネなのか。すべてがグレーゾーンといっても過言ではない。世の中が白黒つけたがることばかりなので、そのようなグレーゾーンがあることは、しかし、とてもいいことなのかもしれない。なにもかもがあまりに曖昧すぎてロックやヒップホップみたいに「こんなのはアンビエントじゃない！」とブチ切れる人もいないし、そもそも意見が異なる人が出会う可能性もほとんどない。誰もが井の中の蛙であり、アンビエントを聞くにはそれは絶好のシチュエーションなのだろう。見過ごして欲しくないのはそのようななかでもスガイ・ケンやアキ・ツユコのように独自の方法論を編み出しているプロデューサーが日本にもいて、40年後に彼らが「再発見される」ようなことには……（間違いなく歴史は繰り返すだろう）。

interview with
David Toop

中国にはとても興味深い概念、美学があってね。「最上の音楽は静かな音楽である」と

——デイヴィッド・トゥープ、インタヴュー

質問・構成：野田努
written by Tsutomu Noda

通訳・質問：坂本麻里子
interpreted by Mariko Sakamoto

2019年5月5日、Cafe Otoでのライヴ。（photo by Fabio Lugaro）

人間以外の音を聞くべし。風の音と波の音だけを。

クロード・ドビュッシー

世界が情報の海と化すにつれて、音楽もそのようなものになった。リスナーはその海に浮かんでいる。

デイヴィッド・トゥープ『音の海』(佐々木直子訳)

その定義はともかく、ひとつ重要なことは、「アンビエント」というポップ・ミュージックのなかに生まれた入り口のおかげで、たとえば静寂と、そして前衛音楽の面白さを多くの人が理解できたこと、音楽と時間に対する考え方と感受性が広がったということがある。デイヴィッド・トゥープの著作『音の海』は、理論と体験と詩とが交錯する美しい文章を通じてその広がりを感じさせてくれる名著としていまも読まれている。歴史を超え、ジャンルを超え、広がる音の海。私たちは「聴く」という行為における冒険心を忘れるべきではないと、同書は暗に言っている。

デイヴィッド・トゥープは、ミュージシャンとしても知られている。古くは、ブライアン・イーノが主宰した実験音楽のレーベル〈オブスキュア〉から作品を出しているが、わりとコンスタントに、現在にいたるまで音楽作品を出し続けている。そのなかには、実験音楽家のマックス・イーストリー、打楽器奏者で即興音楽家のポール・バーウェル、実験音楽家でポストパンクとも接続したスティーヴ・ベレスフォードをはじめ、ジョン・ゾーン、近藤等則、サーストン・ムーアらとの共作が含まれるが、2021年には坂本龍一との共作も発表している。

トゥープの『音の海』は必ずしもアンビエントを定義する本ではないし、その解説書でもないというのに、アンビエントの本として読み継がれている。また、ページのなかには、日本に関する著述も少なくない。今回の特集をはじめるにあたって、もっとも話を訊いてみたかったひとりがこの人だった。

坂本龍一との思い出

――去る6月、東京で「MODE」という実験音楽のイベントが開催されて、あなたと坂本龍一の『Garden Of Shadows And Light』の映像も上映され、多くの注目を集めました。

DT うん。

――彼とはいつからの知り合いで、あのライヴはどんな経緯があって実現したものだったのでしょうか？　あなたが『Wire』に寄せた追悼文によれば、彼と初めて会ったのは1990年だったようですが。

DT そう。そうだ。

――雑誌向けの取材として対面した、という機会だったようですね？

DT ああ。実は、我ながら少々混乱していてね。インタヴューを一本やったのは憶えているんだが、それがどこに掲載されたかは思い出せないんだ（苦笑）。

――（笑）

DT けれども、そこからの歳月の間にも、彼とはああした会話を何度か交わした。パーソナルな会話もあれば、新聞・雑誌といった各種メディアに掲載されたインタヴューもあった。というわけで、あれは継続していった会話と言えるけれども、最初に彼と交わした会話で憶えているのは、とにかく非常にウマが合った、ということでね。共通の関心事が多かったし、だから……互いの抱く興味等々のなかに共通項を見出した。当時、私はフルタイムで音楽批評家として活動していたし、取材はしょっちゅうやっていたけれども、それらはあくまでプロフェッショナルな「仕事」であり、取材した相手に再会することはまずないだろう、というのは承知していた。けれども、坂本さんは別でね。我々の間には本物の理解と結びつきがあったと思う。会ってたちまち、彼のことが本当に気に入った。あれは素晴らしい出会いだったし、その後も数多くの素晴らしい遭遇に恵まれた。

――2018年、ロンドンでの第一回「MODE」でのライヴ・コラボレーション『Garden Of Shadows ～』はどんな経緯で？　坂本さんからの招きだったのでしょうか？

DT 正直、どういう成り行きでああなったのか、私もさだかじゃないんだ（苦笑）。彼が私を誘ってくれた、そこは間違いないけれども、一方で、コンサートを企画した面々もいたわけで。だから、あれは企画者側の提案だったのか、それとも彼の提案だったのか、訊かなかったんだ。訊くのは失礼に思えたから（笑）。ただ、彼は、もっと積極的に実験をやってきたんじゃないかな。ひょっとしたら、病気のせいだったかもしれない……だから、最初に病気が発覚して以来、彼も「自分は何をやりたいのか」を考えさせられ、ただ商業的な音楽だけやっていたくはない、と思ったのではないかな。賞を獲る云々のためにもっとサントラ仕事をやる、というのではなくて。だから彼は、誰と一緒に仕事するか、どんなことをやるかといった点に関して、本当に実験したかったのではないかと思う。最期に向けて、彼はおそらくもっとリスクのある、もうちょっとだけ危険を伴うエリアへ拡張していった、というか。それをやっても必ずしもあまりお金にならないようなこと、彼を『戦場のメリークリスマス』でしか知らないような一般的な聴き手はまったく気づかないであろう、そういったイベントに取り組んだ。とにかく……自身の音楽制作の限界にまで向かう、賭けに出てみる、そういうことだったんだと思う。

――フェネスと坂本のライヴは、事前の打ち合わせも無しの、完璧に即興だったそうですが、あなたとのライヴもそうだったのでしょうか？

DT そう、その通り。リハーサルも、打ち合わせも、前もっての準備もなし。単に、各々でセットアップを組み、楽器を準備し、各自でサウンドチェックをおこなう。で、それが済むと、（パフォーマンスとは）まるっきり別の話題でおしゃべりしている、という（笑）。

――（笑）

DT 彼の主張は断固として、前もっての準備は一切したくない、だった。というわけで……あの場で何だって起こり得た。だから、悲惨な結果にもなり得たわけだ（苦笑）、実に恥ずかしい、公衆の面前での大失敗に終わる可能性もあった、と。ところが、即興というのはいつだってそういうものでね。とにかく、やってみるしかない。今週の水曜に、1970年代以来一緒にプレイしてきた、Alterationsというグループ（メンバーはトゥープの他にSteve Beresford, Peter Cusack, Terry Day）とパフォーマンスをやった。当然、我々もいまやお互いをよく知る間柄だけれども、「何をやろうか」といった点について話すことはまったくない。いや、というか、お互いで話すことも、これと言って特にないくらいだね。とにかく、集まり、セットアップし、演奏する、と。で、パフォーマンス後に、「リハーサルはどれだけやったんですか？」と私に訊ねてきた人が5人くらいいた（笑）。いやまあ、非常にタイトだったからね。それこそジェイムズ・ブラウンか何か（笑）くらい、タイトに引き締まった、実に……透徹した演奏だった。で、坂本さんとの演奏にも、同じことが言えると私は思っている。もちろん、私たちは多くの会話を交わしてきたものの、あのときまで、一緒にプレイしたことはなかった。ただ、先ほども話に出た、彼と最初に会ったときに感じた理解、あの相互認識の思いは、あの共演の際もまだちゃんと存在していたと思う。それに、本当に素晴らしい瞬間があったのを思い出すね——彼はピアノ、私はベース・リコーダーを弾いていた。そのベース・リコーダーは、なんというか、ほとんど尺八に近い楽器でね。竹笛の一種で、滑るようなトーンをもち、西洋音楽のチューニングと少しずれていた。対して彼はピアノを、かなりロマン派的な、美しいコードを弾いていた。我々にもおなじみの、彼がある種の弾き方をする際にやる類いのコードだね。で、あのふたつは、ある意味ちゃんとフィットしていなかったものの、別の意味では、美しくフィットしていた。あれは、一種奇妙な……実に異なる人格をもつ、しかし非常に仲良くやれているふたりの人間、とでも言うのかな。それは美しいと思うんだ、というのも、我々はみんな多種多様な人間であり、それでもなんとかして、互いに仲良くやっていかなくてはならない。社会が上手く機能していくために、我々はコミュニケーションをとり、理解し合い、互いに対して同情心をもつ必要がある——社会、いや、この惑星が上手く機能するためには、と言ってもいい(苦笑)。そんなわけであれは、私にとって感動的で美しい瞬間だったんだ。もしかしたら人によっては、あれを聴いて「おや、チューニングが合っていないぞ」とか、「どうして正しいコードを弾かないのだろう?」とか、「なぜピアノは相手の音をもっとよく聴いていないのか?」等々の疑問を感じるかもしれないが、ポイントはそこではない。非常に違うものであるにもかかわらず、一緒に進んでいけるという事実、そこが大事だ。我々はそれを、メタファーと捉えられると思う。我々の他の人びととの共存の仕方、この惑星上で他の種や他の存在と共に暮らす、我々の生き方のメタファーとしてね。

——あなたが『Wire』のために書いた坂本龍一の追悼文(*)を読みましたが、素晴らしすぎて涙しました。

DT ありがとう。

——その後にこんなことを訊くのは野暮な話ですが、あえて質問させてください。あなたのなかで、坂本龍一とはどんなアーティストでしたか?

DT 彼は驚くべき、素晴らしいアーティストだったと思う。なぜかと言えば、やったことのどれに対しても、彼は同じだけの熱意・真剣さ、細心の配慮、職人的な技巧、美の感覚、美学を傾けた。だから、非常にコマーシャルな音楽、たとえば商業ベースのメジャーな映画のサントラを担当するときも、彼はかなり実験的なトラック、たとえば私のような人間相手の作品、あるいは彼自身のトラックをプロデュースする際とまったく同じだけの配慮を注いでいただろう、と。彼のアルバムに耳を傾ければわかるように、あ

人間は非常に複雑な生き物だ。ところが、我々は世界に対し、それを単純化した「イメージ」を投影している。もしかしたら、他の連中を怖がらせたくなくて、そうしているのかもしれないが……（笑）。で、坂本の音楽は、「人間とは非常に複雑なものだ」という概念の典型例じゃないかと思う。

れらはとても多岐にわたる。で、私はそこが大好きなんだ！ ひとりの人間のパーソナリティの幅の広さを示しているから。いや、パーソナリティとまではいかないかもしれないが、その人間の内的存在、そこにある様々な側面すべてを明かしてくれる。というのも、人間は複雑だからね。まあ、（苦笑）君も重々承知だろうが、人間は非常に複雑な生き物だ。ところが、我々は世界に対し、それを単純化した「イメージ」を投影している。もしかしたら、他の連中を怖がらせたくなくて、そうしているのかもしれないが……（笑）。

で、彼の音楽は、「人間とは非常に複雑なものだ」という概念の典型例じゃないかと思う。彼はいくつもの異なる世界で生きた人だった――70年代のエレクトロニック・ポップ・ミュージックの世界、映画音楽の世界、コンポーザーの世界、実験音楽とアートの世界を生きていった。そして彼は、常に同じ、一貫した誠実さと共にそれをやっていた。この誠実さの感覚は、彼のことを考える際に、本当に重要な要素だと私は思う。彼の音楽はいつも、聴けば「それ」とわかる。たとえ、いま挙げたような異なる領域で活動した人であっても、強いアイデンティティが伝わってきた。いや、もちろん、それは当然の話だろうね。だから、彼のやった大変な仕事量、そしてその幅の広さを考えれば、そうした強さ、誠実さがなければ、とてもじゃないが続かなかっただろうから。それなしには、彼は方向性を見失い、悲惨でコマーシャルなサントラ作品だの、ひどいポップ・ソングを作るようになっていただろう（苦笑）。実際、そういうことになってしまった人びとを我々も知っているわけだしね、というのも、そちらに行ってしまうのは魅力的だし、そそられるから。でも、彼は常に自分に忠実だった、私はそう思っている。

――彼の最晩年の作品、たとえば『async』はどう思われましたか？

DT 『async』、あのレコードは本当に気に入った、うん。かなり聴いた。本当に美しく、心に触れてくる、とても感動的な作品だ（やや、声が詰まる）……うん……美しい作品だ。そして……もちろん、あの作品を制作したとき、彼は「これが最後の作品になるかもしれない」と思っていたことだろう。そうなったとき、自分の最後のステイトメントとして、何を言えばいいのか？ もちろん、我々みんなそれは考えるとはいえ、あの作品を作ったとき、その思いは確実に彼のなかにあったと思う。けれども、「これが最後」だとしたら、そこでどんなステイトメントを発するだろう？ もちろん――「最後の声明」を考えることなんてできないんだ（苦笑）。不可能だよ！ というのも、やはりまだ先があるわけだからね。というのも、ステイトメントを作るだけの強さがあるとしたら、その人間には生きる日々がまだ残っている、ということだから。というわけで、ある意味あれは、彼にとってはまた別の人生の段階（ステージ）に入った、ということだったのかもしれない。そこは、彼も自分は最期に向かいつつあると承知している、そういう段階だったわけだけれども、それは我々誰にでも当てはまる話であって。私だって74歳だし――（苦笑）年寄りなんだよ。で、何が起きるかわからないし、そこが彼のポイントだったんだ、「どうなるか誰にもわからない」と。というわけである意味、何をやるにしても、これが最後になるかもしれない、そういう思いで取り組むということだね。

――なるほど。坂本龍一の音楽歴は多彩ですが、その「どうなるかわからない」という思いが、彼の活動のクオリティ、誠実さ、真剣さの背景にあったのかもしれませんね。

DT ああ、私はそう思う。たとえば私も、とあるアーティストのために文章を書いていたんだが、色々あって、どうも執筆がはかどらなかった。で、「オーケイ、プロに徹しよう、とにかく、求められた要項を満たす何かを書こう」と自分に言い聞かせることもできたんだ。大丈夫、自分にはこの文章を書き上げられる、と。ところが、私にはそういう考え方は無理なんだ。誰かがそれを読んで、「これは怠慢なやっつけ仕事だ。あんまり良い文章じゃない」と思われたくない。ある程度の水準、強さは保ちたい。それが、私の書く最後の文章になるかもしれないんだしね……。うん、最後までブレずに仕事をしよう、彼が思っていたのはそれだったんじゃないかと思う。

『音の海』、アンビエント、日本

アンビエントとは、ドローンで、スローで、ドリーミーで、漂うような、ほとんど変化のない、子音の多いエレクトロニック・ミュージックを指すジャーナリストの略語として永遠に固定され、変化から切り離され、骨化しているのだろうか？ それは、現在の状況の不安定さ、ヒステリー、脅威を一時的に忘れるための永遠の避難所なのだろうか？

――デイヴィッド・トゥープ
「HOW MUCH WORLD DO YOU WANT?」

――あなたの著書『音の海（Ocean of Sound）』には、あなたの個人的な主観史とはいえ、19世紀末から20世紀末（あの本の時点では90年代半ば）のさまざまな音楽が、時代も場所もジャンルも越え、境界線をぼかしながら、広がり、連なっている感覚があります。まだ日本語版が出る前、『Ocean of Sound』を初めて読んだとき、音楽やサウンドの自由で広大な世界、それがどんどん開けていく感覚を覚えたものです。その副題には「Ambient Sound」とありますが、実際にはジャンルとしてのアンビエントの説明ではありません。

DT うん（苦笑）。

――しかし、あの本はアンビエントの本として読まれていますし、あの本には「コンセプトとしてのアンビエント」が通底しているように思います。あの本においてあなたがアンビエントという言葉を用いた理由から教えてください。

DT それは良い質問だ。ひとつあるのは、私からすれば、「アンビエント」は「周囲／環境（surrounding）」という意味でね。でもある意味、その考え方はベストなものではないんだ、というのも、環境は我々を「取り囲む」ものではなく、我々の内部にあるもの、我々を貫通してなかに入ってくるものだから。つまり、我々は呼吸する――息を吸い込み、息を吐き出す。それは新たなミクスチャーだよ（笑）。それに、我々の皮膚も世界を吸収しているし、もちろん、飲んだり食べたりもしている。匂いも嗅ぐ。森を歩いていて、樹木や葉の香りを嗅いだり。それはある意味、森が我々の内側に入り込んでくる、ということだ。で、それが私にとっての「アンビエント」という感覚だった。開始地点としては良いよね、というのも、私が感じていたことのひとつは……20世紀音楽のポイントは、異なるさまざまなやり方で環境と結びつくことだった、そう思っていたのでね。音楽は人間と繋がり、自然界と繋がり、哲学的観念と繋がり、静寂と、サウンドの世界に耳を傾ける行為と繋がっていく、等々。で、私がそれについて考え始めたのは、アンビエント・ミュージックが流行りになったからだった。

――（笑）

DT （苦笑）これは、非常に実際的な、実用的な話だったんだよ。だから、アンビエント・ミュージックはとてもファッショナブルになった、じゃあ、自分もこれに関して一冊書けるだろう、と。そこで、アンビエントのパーティや、アンビエント音楽イベントに足を運ぶようになってね。当時、あれには驚かされたよ。本を書いた時期だから、80年代後半から90年代半ばにかけてだろうが、その手のイベント／活動は活発だったし、ヒップなレコードも登場した。ところが私が思ったのは、単なる、ジャンルとしてのアンビエント・ミュージックに関する本は書きたくない、ということでね。これを、自分がそれこそ十代の頃から抱いてきた、音楽に関するアイディア、奇妙な考えの数々を語るための媒介／手段として使いたかった。だから、ここでは「トロイの木馬」のイメージを使わせてもらおうかな。要するに、兵士の隠れた木馬が運び込まれ、人びとが油断していたところに、彼らが出てきて都市を制圧する、と。

――(笑)ああ、なるほど。

DT だから、私にとって、アンビエント・ミュージックはトロイの木馬だったわけだよ(笑)。さて――もちろん、考えたね、「スタート地点をどこに据えよう?」と。で、ドビュッシーが頭に浮かんだ。言うまでもなく、ドビュッシーは坂本さんが愛した作曲家でもあり、彼はドビュッシー作品を心から敬愛していたわけだけれども。私は19世紀末のパリに、植民地博覧会のなかでも最大規模のもののひとつが開催されていたパリにいたドビュッシーのことを考えた。そして、彼が中国やヴェトナム、そしてジャワ島――とくに、ジャワだね――の音楽に耳を傾ける姿を思い浮かべてみた。彼はジャワ音楽について多く記述したからね。で、彼は……ピアノ作品がとりわけそうだけれども、そうやって耳にしたものにかなり影響を受けていた。その、先住民の音楽や非西欧音楽に対するオープンさ、それはとてつもなく重要な瞬間だったと私は思った。というのも、彼の周囲にいた人間の大半は、非西欧人のことをもっと動物に近い存在と見ていたからね。彼らのことを、同じ人間とは思っていなかった。というわけで、彼らにとっては、異文化の音楽に耳を傾け、そこに敬意を払うのは不可能だった。ところが、ドビュッシーはまさにそれをやった。ドビュッシーはそうした音楽を聴き、ある意味、これはヨーロッパ人の作曲した音楽より優れている、と述べた。それは驚異的なことだよ。で、私も「よし、自分の開始点はここだ、ここから書きはじめよう」と思った。というわけで、我々はさまざまな形で考えるわけだよね、20世紀音楽は、この「環境(environment)」なるアイディア、別の言い方をすれば「音楽そのものの外側に何があるか」という発想をいかに受け入れていったか、について。でもまあ、あれはとにかく、自分の好きないろんな、異なる音楽すべてについて書くための、その手段だったんだ。で、それをやれるフォルムを自分は見つけた、と。あの、一種のモジュラー形式の書き方だね。だから私は、ストレートな、物語調/エッセイ調の文章ではなく、モジュラーの形であの本を書いた。おかげで完全に自由になれたし、流れに沿うのではなく、非線形で音楽について書けるようになった。70年代のソウル・ミュージックから武満徹に一気に飛躍したり(笑)、ダブ・レゲエから中国音楽へジャンプしたり、その他いろいろな音楽を取り上げることができた。そこにはもちろん、フィールド・レコーディング、実際にネイチャーを録音したものもあった。というわけで、うん、とにかくあの形式を発見した、あれは重要だったね、バラバラで多彩な、音楽の聴き方や音楽作りの形について書く際には。

――あなたは、アンビエントをリスニングの技術というか姿勢というか、音楽の感受力ないしは解釈力としてより包摂的に捉えているのでしょうか？　初版時の副題は「Aether Talk, Ambient Sound and Imaginary Worlds」でしたが、２０１８年版では「Ambient Sound and Radical Listening in the Age of Communication」に変更されて、あらたに「Radical Listening」という言葉が加わっています。つまり、「Ambient Sound」とは「Radical Listening」にも通じることなのだとこれは解釈できるのかなと思いました。私自身はこのタームは好きではないのですが、いわゆる「マインドフル」な――

DT　（苦笑）。

――（笑）サウンドへの耳の傾け方というか、漠然と聞くのではなくもっと積極的に、神経を傾けて音を聞き、自分の周囲を理解する、「ラディカルな聴き方」ということなのかな？　と。

DT　イエス。でも、本を1冊書くときに起こることのひとつに、「自分でもこれが何なのか完全にわかっていない」というのがあると思う。書いている間もそうだし、出版されてすぐもそう。たぶん、世に出てから5年、もしかしたら10年くらい経ってやっと、「ああ、自分はこういうことを書いていたのか！」と気づくんじゃないかな（苦笑）？

――（笑）。

DT　それは、私には非常によくある話なんだ。で、私があの本を執筆していた90年代初期には、実に多くのことが起こっていた。ひとつはインターネットで、あれはあの当時、まだ非常に新しかった。Eメールも新しかった……あの本を書いていた頃、自分はメールをもう使っていたのかな？　たぶん、使っていたはず。いや、そうではなかったかも……？　ともかく、自分がインターネットのことをよく考えていた、それは明らかだった。ネットに初めて触れたのは、いつだっただろう、92年か93年頃かな？　で、あれのもたらすであろうインパクトが、私にはわかったんだ。もちろん、当時の我々は、インターネットとは何かを完全に把握してはいなかったけれど。何しろ本当に新しかったし、しかもあの頃はまだ実に小規模だった。だから、あれがもたらすことになる素晴らしいものの全体像も、ひどいものの全体像も、当時の我々にはまだ見えていなかった。けれども、自分は何かを理解していたと思う。それは何かと言えば、インターネットは私のテーマの数々とも繋がっている、と。19世紀にパリでジャワ音楽を聴いたドビュッシーからはじまる、そうしたテーマの数々と繋がっているな、と。というわけで、「これは重要だ」と思った。というのも、20世紀に関する際立った事実のひとつと言えば、コミュニケーションのメソッドの数々なわけだからね。コミュニケーション技術がたゆまず発展していった世紀だったし、それらは洗練される一方だった。本当に、驚異的だ。ところが――私は、ここ最近、マルセル・プルーストを読んでいてね。ちゃんと、最初から読み進めていて。

――(笑)長い本ですが。

DT (苦笑)ああ、本当に長い! ただ、プルーストは第二巻のなかで、「動画電話(picture phone)」というものに言及しているんだ。

――へえ、そうなんですね!

DT だから、20世紀の初頭に、彼はこの「動画電話」なるものが登場するだろう、と想像していたことになる。それはもちろん、いままさに、我々がやっていること(※ZOOM通話)なわけだけれども(笑)。

――(笑)たしかに。

DT というか、いま、こうして我々がやっていること、それ自体がある意味サイエンス・フィクションであって。ただ、我々はそれをごく当たり前のことと受け止めている。別に普通じゃないか、そう、完全に受け入れている。ただ、これは本当に、一種のサイエンス・フィクションなんだ。で、プルーストにまで遡れるというのは、驚くべき話でね、というのも、彼はこの図を想像していた、ということだから。いや、ただ想像しただけではなく、彼はそこから生まれる影響のいくつかにも思いを馳せた。それが人びとの関わり方にどう影響するだろうか、といったことまでね。だから……プルースト、ドビュッシー、モネ、彼らはすべて、大まかに言えば同じ時代に属していたし、いずれもそれぞれの分野で革命的な芸術家だった。あの三者のなかに、強い結びつきを見出すことは可能だ――この、「感覚」に焦点を当てるという概念、そうやって、我々には自分自身の感覚を通じて世界観を構築できる、という意味においてね。つまり、ある意味、「現実」なるものは存在しない、ということになる。たとえば、モネの抽象的な絵画や庭園を描いた作品群、あれらは我々に「見ること」について多くを教えてくれるし、プルーストも、本当に素晴らしい感性、官能性、感覚的な印象について書いていた。ドビュッシーにしても、光を反射する池の水面や、そこに生じるさざなみについての作品を書いたわけで、それらはどれも、根元的なところで繋がっている。さて、『Ocean of Sound』の新装版を出すことにあたり――素晴らしい話だよ、あの本に人びとがまだ関心を抱いている、ということだからね。だから私は、97年までには時代遅れになっている、そういう本を書いたわけではないことになる（苦笑）。あの本はいまなお、人びとに何かを語りかけている、と。で、我々が初版に付けた副題を考えてみたところ、どうも上手く機能しなくてね。だから、もっと広範にわたる、かつ、あの本が実際に言わんとしていることにもっとフィットした、そういう副題に変更することにしたんだ。

――『Ocean of Sound』ともリンクしていると思うのですが、数年前、あなたは「AMBIENT LISTENING AND ITS QUESTIONS」(**)というエッセイを発表しました。いま、プルーストの話も出ましたが、あの文章のなかであなたはジェーン・オースティン、ドロシー・リチャードソンら、19世紀のイギリスの女性作家が書いた文学の作品を訪ね、文学作品における「音を聞く」という行為、「静寂」、「アンビエンス」を取り上げています。女性という視点を加えて、アンビエント・コンセプトを深めたあのエッセイを書いた動機について教えてください。あのエッセイのタイトルだけ見ると、「トゥープの文章か。だったらアンビエント音楽についての内容だろう」と思うわけですが、実際は文学論に近いので、興味深く思いました。

DT　実は昨年、学術本向けにエッセイをもう一本書いたんだ。まだ発表されていないけれども、いずれ出るはずだ。で、そのエッセイでは、さらに突っ込んで、ジェーン・オースティンとドロシー・リチャードソンのピアノとの関係、そして彼女たちの「リスニング」との関わりについて書いている。だから、このテーマに非常に関心があるんだよ。というのも――言うまでもなく、私はライターであり、ゆえに本を読むわけだ（笑）。常に、大変な量の本を読んできた。で、思い出すのは、ジェーン・オースティンの本を読んでいて、感じたんだ……いや、たぶん私は、ジェーン・オースティンに関してちょっと偏見を抱いてきたんだろうね、男性として（苦笑）。

――（笑）

DT　（笑）。だから、彼女の本の映画化だのテレビ・ドラマ版等々から、ある種のイメージを抱いていたんだ、「ボンネットを被った婦人が出て来る古臭い本だろう」みたいな（笑）。それに、恋愛ロマンスの面に置かれた重点は、ジェーン・オースティン本では非常に強いからね。ところが、実際に読んでみたところ、「これはすごい！」と思った。ひとつには、彼女の本の登場人物のほとんどは、実にひどい連中でね。彼女が彼らを忌み嫌っていたのが、ありありとわかる（笑）。どの本のなかでも、ジェーン・オースティン自身が気に入っていたキャラクターは、せいぜいひとりかふたりだったんじゃないかな？　かつ、彼女はとても皮肉屋で、辛辣な風刺に富んでいて、その意味で秀逸な作家だ。

テクニックの意味で、実に優れている。けれども、彼女の文章の多くは、「人びとの声／発言に耳を傾ける」ということについてなんだよ。人が、誰か他の人間の言うことに耳を傾けている。そこには聞き違いもあるだろうし、立ち聞きもある。こうしたテーマについては、丸ごと一冊、『Sinister Resonance: The Mediumship of the Listener』（2011）という本も書いたくらいだ。けれども、あれを書いた時点で、私はまだジェーン・オースティンをちゃんと読んでいなくてね。だから『Sinister Resonance』では、エドガー・アラン・ポーといった作家たちについてもっと書いたし、彼らの作品において「聴くこと」がどれだけ重要だったかを述べた。というわけであれは、どんな芸術形式も、我々に「聴くこと」についてもっと教えてくれる、というアイディアだったんだろうね。文学は当然だ。というのも、文学ではしばしば、「聴くこと」がその多くを占めているから。それに、本を読んでいると、君も「聴いて」いる——恐らく静かに読書しているだろうけれども、ある意味、本を読みながら、頭のなかでそれを「聴いて」もいる。まるで発されない言葉が君の無意識のなかに入ってくる、とでも言うか、一種のリスニングのプロセスが起きている。だから、音楽やサウンドやリスニングを理解するには音楽について語るほかない、と考えるのは間違いだと思う。たとえば、我々は映画について話すこともできるわけだし、同じことはシアターにも当てはまる。たとえば、能劇について話すことだってきるんだ（笑）。前回日本に行った際に、大阪に文楽を観に行ったことがあってね。私は演奏者（三味線）とナレーター（太夫）の横で観ていたんだけれども、あの音楽と語りの迫力を生で耳にするのは実に素晴らしかった。人形のお芝居を眺めているものの、あのサウンドにも耳を傾けている。もちろん、私には語りの内容はわからなかったよ。けれども、あのすごいサウンドを自分の内側で聴いている、という。そんなわけで、文学からも、我々はリスニング行為についてとても多くを学べるんだ。

——文楽では、マイクやアンプは使わないのでしょうか？

DT　どうだろう？　私にはわからないが、あれは、大阪にある文楽専用のシアターで……ただ、ひとつ印象に残っているのは、彼らが回転舞台を用いていたことだね。演奏家と語りが実に力強いパフォーマンスを聴かせたところで、一転、舞台が回転すると、まったく別の奏者に交替する。元気いっぱいの奏者にバトンタッチするわけだ（笑）。そこには驚いたけれども、いやまったく、大変な迫力だった。ただ、マイクやアンプを使っていたか？　それは私にはわからないな。たぶん、使っていたんじゃないだろうか。

——『Ocean of Sound』には、音楽や時代もそうですが、世界のさまざまな場所が出てきます。渋谷の東急デパート、横浜のホテル、神戸や京都、あるいは寺や神社についても触れていますし、日本のサウンドデザインについても言葉を割いています。あなたが、日本の文化においてとくに興味深く思っているのはどんなところなのでしょうか？　まあ、語りたいことが多くて、選びにくいかもしれませんが。

DT　（苦笑）。

――たとえば、禅宗的な文化であったり？

DT　うん、ひとつ言っておくべきなのは――私が初めて日本に行ったとき、あれは1993年のことだったな。マックス・イーストリー（編註：UKの実験音楽家。トゥープとは1975年にイーノの〈オブスキュア〉から共作を発表している）とツアーを回り、神戸、東京、横浜、広島を訪れ、神戸滞在中に私は京都にも足を伸ばした。そこでいくつかの庭を見に行き、龍安寺にも行った。で、あの体験には非常に強く影響されてね。当時、自分が色んなところで交わした会話の多くは――まあ、あれはとてもオプティミスティックな時代だったしね、いまとは違って（苦笑）。とにかく、非常にオプティミスティックな時代だったし、アイディアも豊富で、私もそれらのアイディアに魅了され、いろんな人びとと話した。たとえばサウンド録音家のカワサキさん（川崎義博）、彼はとても興味深い人物だったし、神戸のジーベックホールのシモダさん（下田展久）とも話したね。あのホールは本当にファンタスティックな、サウンド・アートやパフォーマンスにもってこいの会場だった。そうした事柄は、とても、とても、とてもインスパイアされるものだった。でまあ、私はおそらく、日本の極端な面を体験した、ということなんだろうね。当時最先端だった、超ハイテクな面とテクノロジー、あれは93年の時点では非常に新しく思えたし、かと思えば京都では苔寺（西芳寺）や龍安寺に行き……という感じで、でも、そのすべてが大変気に入った。で、『Ocean of Sound』の執筆に、その体験は非常に大きく影響した。まあ、読んでもらえばわかると思うけどね、それくらい、あの本に深く埋め込まれているから。あの日本初体験の旅がなかったら、自分は『Ocean of Sound』をああいう本として書いていなかっただろう、そう思う。さて、いまや私もかれこれ、もう7回くらい日本を訪れたのかな？　だから、何につけてももっと慣れてなじみがあるようになったけれども、国としての雰囲気が変化したなと思う。とくに、2011年の東日本大震災〜大津波被害と、それに続いて起きたあれこれ以降……。とはいえ、（軽くため息をつく）……うーん、この質問にはどう答えたらいいものやら。というのも――もちろん、私は日本庭園やお寺が大好きだし、京都や奈良をはじめ、日本各地の寺院も好きだ。前回日本に行ったときは、京都で一週間過ごしたけれども、そのほとんどの時間を庭園巡りに費やしてね。これまでに行ったことのある庭園、たとえば素晴らしい大仙院等にも行ったし、とにかく自分は、どんどんあの世界に深くハマる一方のような気がする。そして、もっともっとそれについて学ぼうとしている。いまの前に住んでいた家では、日本庭園を構えていたくらいなんだ（苦笑）。英国日本庭園協会の会員でもあるし。というわけで、うん、より深くハマっているね。というわけで、イエス、それが日本についてもっとも好きなことのひとつだ、それは間違いない。けれども、「ここ」という風にひとつに絞るのは、とてもじゃないが、私には無理だね。

——なるほど。たとえばジョン・ケージが好きだった日本の俳人、松尾芭蕉のように、自然の音（蝉、カエル、滝などなど）を感受する能力についてなのかな、とも思ったのですが。短い詩のなかで、彼は非常に鋭いリスニングの感性を発揮しました。現代の日本は騒音まみれかもしれませんが——

DT （苦笑）

——それでも、まだ、そういった面は残っていると思います。東京のような場所でも、やはりお寺なり庭なり、静かに周囲の音を吸収できるスポットはあるでしょうし。

DT うん、うん……いやあ、これは本当に、簡単には答え切れない質問なんだなぁ……（苦笑）。

——（笑）了解です、次の質問に移りましょう。この取材のトピックに「ambient in Japan」と書きましたが、この言葉を見てあなたのなかに思い浮かんだことは何でしょうか？

DT うん。先ほども話した、93年の初めての日本旅行の際に、自分にとってもっとも大事だったことのひとつは「聴く」だったんだ。自分に聞こえてくるあらゆるサウンドにじっくり耳を傾ける、ということで、それはこれまで自分が知っていた音世界とまったく異なるものだった。と言っても、それと同じ体験は、中国で北京に行ったときにも味わったけれどね。あれは、中国を初めて訪れた際のことで、実際、中国のアンビエント・サウンドに関するプロジェクトに取り組むべく、北京に行った。で、あそこには実に豊穣な音環境があったけれども、と同時に、ヨーロッパのそれとはまったく違うものでね。ヨーロッパの音環境とは完全に異質だった。何もかも違った。なぜなら、建築も違うし、美的感性も異なるし、テクノロジーの一部も西側とは違うかもしれない。人びとの街路での振る舞い方も違うだろうし、まあ、そうしたすべてが違う、と。我々には違いがある。けれども、そこで我々は学ぶ、ということでね。そして、そ

「リスニングする」感覚というのは非常に大事だと私は思う。かつ、たとえば……我々の、環境に対する責任という面、この世界に耳を傾ける、他の生き物たちに耳を傾ける、その意味でも「リスニング」は大切だと言えるんじゃないかな。それらに平等に耳を傾ける、という。それに、この点を政治的に考えることも可能だと思う。過去10年の政治を特徴づけてきたもののひとつ、それは、「他の意見に耳を傾けること」が完全に欠落していた、そこだから。

れを通じて実は、自らの文化の理解をより深めることになっていく。もちろん、他文化に対する理解を深めるのと同時に、ということだけれども。というわけで、この、「リスニングする」感覚というのは非常に大事だと私は思う。かつ、たとえば……我々の、環境に対する責任という面、この世界に耳を傾ける、他の生き物たちに耳を傾ける、その意味でも「リスニング」は大切だと言えるんじゃないかな。それらに平等に耳を傾ける、という。それに、この点を政治的に考えることも可能だと思う。過去10年の政治を特徴づけてきたもののひとつ、それは、「他の意見に耳を傾けること」が完全に欠落していた、そこだから。要するに、人びとは他者の言い分をまったく無視し、ひたすら「自分は正しい。君は間違っている」と言うだけであって……（苦笑）。願わくはまあ、たぶん、その状況も少し変わっていることだろう。というのも、たくさんの人びとが、いい加減、この手の政治には飽き飽きしているだろうし。でも、うん、「聴く」というのは、多くの物事について重要な行為だと私は思う。我々が他者の声に耳を傾ける術を学べば、お互いをもっと理解しはじめることになるだろうし、と共に、互いのアイディアを受け入れるのがもっと上手になる。仮に、相手の話していることが実に醜悪で、絶対に受け入れられないようなことであったとしても、我々はそれをちゃんと聞いた上でこそ、それに対して抵抗し、闘うことができるわけで。いまでは多くの人びとが、話をちゃんと聞かずに、ツィッターをはじめとする各種ＳＮＳだの、ユーチューブ経由で細切れな情報をつまみ食いすることで、実に悲惨な影響を受けている。人びとは、言われたことをしっかり聞いていないし、ただ、ＳＮＳ他で目にしたことを「これは本当のことに違いない」と思い込んでしまう。そんなわけで、おかしなコンスピラシー説が世界中で猛威を振るうことになる……そうなる理由の多くは、人びとがちゃんと話に耳を傾け、それについて自分のなかでじっくり考えてみないからではないかな。うん、そうだね、ただ「聞く」だけではなく、「黙考・熟考（reflecting）」すること。ポーリーン・オリヴェロスもこれについて語っていたけれども、単に「聞く」だけではなく、「意識的に」聞く、ということなんだ。さっき、君は「マインドフル」という言葉を使ったよね？　君はあの言葉が好きじゃないし、私もあれは苦手だけれども、ただ、君の言う通りで、「意識的に耳を傾ける」ということなんだ。そして、「黙考し、思慮深く聞く」ということ。それは、我々がより良い理解を得ることを助けてくれるものだ。

細野晴臣の音楽に思うこと

——数年前、２０１７年に、細野晴臣さんと東京芸術大学で講義をされましたが、どんなことを話されたのでしょうか？

DT　あの時で憶えていることのひとつは——（笑）彼があれは本当に、最高だなと思ったけれども——彼が、「１９７０年代初頭にスライ・アンド・ザ・ファミリー・ストーンを聴いて、自分の音楽に対する考え方がすっかり変わりました」と話したことでね。あれは抜群だったよ、というのも、まったく同じことを私も体験したから。スライ・アンド・ザ・ファミリー・ストーンの『暴動』というレコードを聴いたときに、「ワオ！　これはとにかく、すさまじくアヴァンギャルドな、実験的な音楽だな！」と思った。ただし、彼らはそれを「歌」の形式でやっていた。というわけで、あの講義では、そこをよく憶えているけれども、長い歳月のなかで、細野さんとはいろいろな会話を交わしてきた。彼のことが本当に好きだし、彼の音楽が大好きだ。彼のさまざまなアイディアも素晴らしいと思うし……うん、彼は実に素晴らしい、グレイトな人物だ。で……まあ、我々はいくつか対談をやってきたし、たとえば２０００年に、スパイラル・ギャラリーで公衆向けのトークをやったこともあった。通訳を担当してくれたのはピーター・バラカンだった。そんなわけで、アイディアの交換はかなりやってきたし、私の本、『Exotica』（１９９９）でも、彼にインタヴューさせてもらった。だから、とにかく彼はこう……わかりきったことだけれども、日本の音楽に影響を与えた素晴らしいアーティストのひとりであり、かつ、日本だけではなく、彼の音楽は世界中に影響している。ＹＭＯをはじめとしてね。だから、彼はとんでもなく重要な人物だし、しかも、とても素敵な人だ。実に、アメイジングな人だね。

——細野晴臣も、坂本龍一と同様、キャリアが長く、幅広い活動をしてきました。で、彼にとってのアンビエントは、最初は想像上の旅（グローバル）をイメージして観光音楽（環境音楽のもじり）と呼んでいましたが、ある時期（ＹＭＯに疲れた時期）から、内面的で精神的な、アンビエントは内に広がる音楽だという認識にいたり、80年代半ばに『Mercuric Dance』、『Coincidental Music』、『Paradise View』、『Endless Talking』といった一連のアンビエント・アルバムを制作します。この頃の細野作品に関して、あなたはどんな私は細野さんの作る、一種ノスタルジックな音楽も好きなんだよ。彼なら「懐古調の音楽」と呼ぶだろうけれども、私からすればそれは、彼が若い頃に、大きくなる間に聴いていた類いの音楽、ということであって。すなわちそれは、戦後の日本がアメリカ軍に占領されていたことと関わっているし、その頃に日本の人びとは、40年代後期から50年代にかけてのアメリカ音楽のあれこれに触れたわけだよね。

感想を持っていますか？

DT フム、私は、彼の初期のソロが本当に大好きだな。あの、一種のエキゾチカ系の作品群が。

——そうなんですね。じゃあ、『トロピカル・ダンディ』とか……。

DT うんうん、『トロピカル・ダンディ』（編註：トゥープの『Exotica』では「tropical dandies」と見出しをつけて細野晴臣について書いている）。だから、あの時期に彼が自らのために作り上げたペルソナ、あれだよね。要するに作り事の（苦笑）、ロバート・ルイス・スティーヴンソンめいたキャラ、というか。ジョセフ・コンラッドかもしれないな。うん、あのあたりのアルバムが大好きだ。で、ああしたアルバムを、私は実は、80年代初期には聴いていたんだよ。

——ほう！

DT だから……私は常に、彼がさまざまなイメージで遊ぶところ、音楽的スタイルを混ぜこぜにしてみせるやり方が好きだった。けれども、今言われたようなアンビエント系の作品に関しては、私は正直、当時は知らなかった。たとえば、彼が『無印良品』向けに制作した作品だったかな、あの、超ミニマルでアンビエントな音楽群に関しては知らなかった。あれを聴いたのはもっと後になってからだったし、もしも当時聴いていたら、自分は惚れ込んでいただろうね。そうは言っても、90年代の彼の活動は、強く意識していた。彼のトラックを、当時自分がキュレートしたコンピレーションCDに含めたこともあった。それでコンタクトを取ることになり、彼のマネージャーが私のロンドンの自宅にやって来たこともあったよ。あれは90年代のどこかの話だったと思うけれども、そこで我々は、コラボレーションをやろう、等々の話をした。実際、私は1枚のアルバムでヴォイス・トラックを担当したこともあって……あれは、『Tin Pan』だったと思う。2000年あたりに出たはずだ（編註：鈴木茂、細野晴臣、林立夫『Tin Pan』収録の〝Soylent Green〟）。というわけで……うん、我々はまた、長い歳月の間に、複雑な、興味深い関係も築いてもいたね（苦笑）。ただ、あの頃の彼がやっていた音楽、本当に素晴らしいエレクトロニック・ミュージックを、私は心から愛していた。とてもフレッシュで新しいものと感じられたし、しかも彼はあれらのトラック群のなかで、ありとあらゆることを混ぜ合わせていた。もちろん、彼は非常に腕の立つミュージシャンであって、実に多くの多様な音楽に詳しいからね。さまざまなタイプの音楽を演奏できる能力のある人、という。でも一方で、私は彼の作る、一種ノスタルジックな音楽も好きなんだよ。彼なら「懐古調の音楽」と呼ぶだろうけれども、私からすればそれは、彼が若い頃に、大きくなる間に聴いていた類いの音楽、ということであって。すなわちそれは、戦後の日本がアメリカ軍に占領されていたことと関わっているし、その頃に日本の人びとは、40年代後期から50年代にかけてのアメリカ音楽のあれこれに触れたわけだよね。

——日本で想像したディキシーランド・ジャズ、だとか。

DT ああ。それに、カントリー音楽を耳にしたり、ある種のジャズも聴いただろうし。で、それらがすべて、彼の無意識のなかで入り混じったんじゃないかと思う。前回、彼と最後に話したときは、彼は福島と、あの災害で苦しんだ人びとと密に関わっていて、被害を受けたエリアのいくつかでコンサートもやっていたのは知っている。そして彼は音楽も作っていた。思うに、彼はノスタルジックで、ソフトで、穏やかな音楽をクリエイトしたい、そう感じたんじゃないかな。人びとはトラウマを潜ったわけだし。だから、とても素敵なアルバムということだろうね。聴いているだけで、本当に気分が良くなる音楽、というか。それが、彼の意図だったんだろう。

「自然の音を聴く」

アンビエント・ミュージックは、少なくとも私の理解では、アンビエント・リスニングを前提としている。アンビエント・リスニングとは、宇宙の中心に自らを置く利己的な存在という、境界のある個人主義的な存在の領域をはるかに超えたリスニングを意味する。

——デイヴィッド・トゥープ「HOW MUCH WORLD DO YOU WANT?」

——いまちょうど、トラウマという言葉も出てきましたが、アンビエントを聴いていると気持ちが落ち着くという感想を言う人は多いです。癒やし（ヒーリング）、ないしは治癒（セラピー）としてのアンビエント（音楽）についてのあなたの意見を聞かせてください。ややニューエイジな、ヨガ～瞑想系の、そういうアンビエント音楽の側面はどう思われますか。

DT 昔は、完全に拒絶していたよ。

——（笑）

DT （笑）。でもたぶん、いまの自分は、もうちょっとオープン・マインドになっているんじゃないかな。んー……そうしたタイプのアンビエント音楽の一部は、本当に退屈だと思う。だから、マッサージを受けに行って、マッサージ師がその手の音楽を流していたとしたら、とてもイライラさせられるだろうね。「音楽を切ってください」とお願いするかもしれない。でも、まあ、あれは、1970年代の初期ニューエイジ・ミュージックにとっての、ちょっとした流行でもあったわけで、あの手の音楽の大半は、当時はカセットで発売され流通していた。なかには、聴いてみるととても興味深いものもあって、かなり実験的なことをやっていたりする。けれども、あれはこの、成長しつつあったウェルネス産業およびニューエイジ運動のなかに存在していたわけで、ゆえにそうした含みを持つことになった。そうした産業／運動を、「自己中心さ」の発展、と形容することもできるだろうが（苦笑）。

――（笑）

DT （笑）つまり、自分のことしか考えない人びと、自分以外は何も気にしない人びとが増加した、と。で、そこは、パンデミック後の現状にも少し見て取れると思う。人びとはヨガ産業に対して強いフラストレーションを抱いているし、それは……（言葉に詰まる）うーん、まあ……（ため息をつきながら）どうなんだろう？ 私にもはっきりしたことは言えないし、まあ、これはここで取り上げるべき話題じゃないのかもしれないな。話すのは、やめておこう。ただ……（苦笑）、うん、正直なところを言えば、私はオープンだし、どんなタイプの音楽を聴くのにもオープンなんだ。文字通り、ありとあらゆる音楽を聴く。ただし、聴くからといって、そのすべてを好きなわけでもないし、それを評価するわけでもないんだよ（笑）。

――先ほど、松尾芭蕉を少し持ち出しましたが、「自然の音を聴く」ことは『Ocean of Sound』のなかでも触れられていますし、また、それが単にクジラの声を聞くみたいに陳腐なニューエイジになっていることも指摘しています。しかしそれでも、「自然の音を聴く」ことをあなたは重視していますよね？ ローレンス・イングリッシュとの共作『The Shell That Speaks The Sea』もそうだと思いますが、あなたの音楽作品にも、自然や自然のなかの生命体に触発されたものがあるように思います。あなたが「自然の音」を重視する理由は何でしょうか？

DT なぜなら、もしも自然の音に耳を傾けなかったら、我々は人間以外の存在の何もかもから、完全に疎外されてしまうだろうから。そして、自然の音に心を配らなかったら、我々はそれを排除してしまうことだろう。一掃してしまうだろう。で、それが実際に起きた図は、ボルソナーロがブラジルで権力を握っていたときのことを考えればわかる。しかも、彼はもう権力の座から下りたとはいえ、それは実はいまも続いている。理屈としては、熱帯雨林の全域が、森林伐採を始めとする経済的搾取の可能性を秘めている、と。でも、その理屈が最後まで遂行されてしまったら、大惨事に、地球全体にとってのカタストロフになる。というのも、アマゾン熱帯雨林の樹々が存在しなかったら、我々は酸素を呼吸できなくなるからね。で、この、「そこで暮らす先住民や動物等々は重要ではない」という考え方は、この手の思考回路に繋がりかねない。「彼らは大切ではない、だから駆逐してしまおう」、「彼らを追い払い、残った土地を利用して家畜を飼い、牛肉をもっと食べよう」、「大豆作付けを増やし、家畜飼料を増やし、もっと畜肉を食べよう」と。金をもっと採掘しようとする者もいるだろうし、とにかく、そうなったら最悪の事態になる。1978年に、私はヴェネズエラ南部に、アマゾン熱帯雨林を目指して旅したことがあってね。そこで、現地のシャーマニズムの模様を記録するために。だから、ああしたエリアにある、先住民コミュニティの脆弱さについては実地の経験がある。彼らがさらされていたさまざまな事柄、殺人事件、誘拐、頻発する病気、川の汚染……とにかく悲惨なものだった。だから私が思うに、たぶん、非人間の存在、人間ではないものたちの世界に耳を傾けるのは、我々にできるもっとも大切なことのひとつなんじゃないかな？　というか、私はそれを「自然」とすら呼ばない。というのも、人間だって自然の一部だから。私ならそれを、シンプルに「非人間世界」と呼ぶだろう。そして、その非人間世界にもっともっと耳を傾けると同時に、人間世界にいては、もっと慎重に他者の意見等々を聞く、と。

――いま、我々はもっと人間以外の世界のサウンドに耳を傾けた方がいい、という話がありましたが、21世紀はユビキタスの時代で、いつでもどこでも好きな音楽が聴けます。音楽がまるでファストフードで、すべてがBGMのようになってしまいました。音楽リスニングをめぐる環境の変化にともなって、私たちはリスニングの姿勢についてより意識的にならなくてはなりません。あなた個人は、ユビキタスの時代における音楽リスニングに関してどのように考えていますか？

DT　……自分の聴いているものを愛すべきだろう、私はそう思う。そして、聴いても好きになれなかったら、それを別のやり方で聴いてみるといいと思う。そうすれば、聴いているものを好きになる術を学べるし、それができなかったら、いっそ聴かない方がいいだろう。私なら、そう言うね（笑）。というのも、そういった音楽はどれもBGMなわけだし、私自身、これまでの人生で何度も、音楽を聴く

David Toop（デイヴィッド・トゥープ）

1949年イギリス生まれ。音楽家、文筆家、キュレーターとして幅広く活動。〈オブスキュア〉時代のイーノと知り合い、フライング・リザーズのメンバーとしても活動し、また数々のフリー・インプロヴィゼーションのプロジェクトに関わっている。代表作『音の海』は、ドビュッシーからアンビエント、サン・ラーからテクノ、ドラムンベースにいたるまでの詩的な調査結果としていまだ多くのファンを持つ。2000年には『Exotica』を上梓、アメリカン・ブック・アワードを受賞した。日本ではほかに自伝的なエッセイ『フラッター・エコー 音の中に生きる』（DU BOOKS）があり、巻末には細野晴臣との対談も収録されている。

のをやめかけた場面は何度もあったから。

——そうなんですか！

DT いや、もちろん、音楽について本を書く、あるいはエッセイを書く場合は、ちゃんと聴くんだよ。ただ、それ以外の時に、家のなかでカジュアルに音楽を流す、それはノー。そういう音楽の聴き方を、完全にストップしたことはあった。でも、いまの私はたくさんの音楽を聴いているし、それらを本当に愛していて、聴く音楽のレンジも非常に幅広い。コンテンポラリー・ヒップホップからショパンに、スクリャービンまで（笑）。というわけで……現時点では、私は音楽を聴くのをエンジョイしている。で、エンジョイできているなら聴くべきだろう、そう思う。というのも、音楽を聴く行為は私を養ってくれるもののひとつであり、いわば食べ物のようなものだから。けれども、音楽に関心を寄せ、ちゃんと関与して聴いていないのなら、私は静寂の方をとる。そうは言っても、もちろん、静寂なんてものは存在しないわけだが。実際、いまだって、家の表では隣家の工事で作業中の職人たちが日がな一日しゃべり続けているし（笑）、裏庭にはパラキート（インコの一種）が住みついていて、ファンタスティックな（笑）騒音をしょっちゅう立てているし。

——（笑）パラキートの鳴き声はすごく大きいですよね。

DT （苦笑）ああ、実にうるさいし、騒がしくて、イラつかされる。そうは言ってもまあ、家のなかの静かなスポットでは、静寂な空間も見つかるけれども。で、その空間は私にとって、元気を回復させてくれる場所なんだ。自分に物事を考えさせてくれ、身体をリラックスさせることのできる、そういう場だね。でも、音楽を聴きたいなと思ったら、音楽を聴くし、エンジョイする。それはアクティヴなリスニングなんだ。だから、単に背景で鳴っているノイズとしてではない、と。もしも背景音が欲しかったら、裏庭の窓を開けてパラキートの鳴き声を聞くよ（笑）。

——なるほど。先ほども言いましたが、今やストリーミングのおかげで、音楽を聴くのがファストフードを食べるのと同じくらい手軽になったわけですが、あなたのおっしゃるように、サイレンスを大事にするのもいいのかもしれません。

DT ああ、中国にはとても興味深い概念、美学があってね。道教哲学だと思うけれども、「最上の音楽は静かな音楽である」、「最上の弦楽器とは弦の張られていないそれである」と。

——ほう、面白いですね。

DT つまり、その楽器のボディに触れるだけで音楽が記憶によみがえる。でも、その楽器自体は音を出さない。

東京藝術大学で講義をするトゥープ氏。(photo by Shu Nakagawa)

——サウンドを想像する、ということですね。

DT　ああ、想像だね。でも、その考えにはいろんな含みがあると思う。ある程度までは、日本の美学にも影響しているんじゃないだろうか。たとえば「間（ま）」の概念であったり、要するに、一種の静寂のなかに音楽が存在する、という考え方だね。能では、サウンドに対しての静寂の配置の仕方とその関係性がとても大切だから。そこから自分は、確実に多くを学んだ。

（＊） https://www.thewire.co.uk/in-writing/essays/life-life-david-toop-remembers-ryuichi-sakamoto

（＊＊）https://unipress.hud.ac.uk/plugins/books/19/format/21/download/

OSONO & KAMOTO

photo by Tomoyoshi Date

人口が爆発し、環境は破壊され、わけのわからない事件が続発……。まるでいまの先駆けのようにして、いろいろなことが起こっていた。そんな時代に、みんなのなかに潜在的にあったのがリセット願望だった。そして、一人一人がそれぞれの形で個人的なリセットを始めていた。外側からではなく、内側から。僕の場合は、それがアンビエントだった。

細野晴臣『アンビエント・ドライヴァー』(2006)まえがき

ぼくの音楽の中では、あえて「アンビエント」と謳ったものはありませんが、そこかしこにそういう要素は入っていると思います。

坂本龍一『STUDIO VOICE』2008年8月号
「特集：アンビエント&チルアウト——環境音楽のすべて」のメール取材より

HARUOMI H
RYUICHI SA

細野晴臣と坂本龍一における「アンビエント」を温ねる

日本のポップ・カルチャーにおいて、ブライアン・イーノが提唱した「アンビエント」に、当時もっとも敏感に反応したひとりが細野晴臣だった。国内で影響力のあるミュージシャンがことあるごとに「アンビエント」に触れたことは、この国のアンビエント・シーンにとって決して小さなことではなかった。また、音楽作品として独自の解釈を加えて、さまざまな形で実践した第一人者も細野だった。それに対して坂本龍一は、自作を「アンビエント」と称することはなかったが、彼の音楽には、いまや広義の「アンビエント」に括られる楽曲は少なくなく、とくに坂本の前衛志向の作品はその筋のリスナーから支持されているのは事実だ。ここでは、ふたりのアーティストの軌跡を追いつつ、彼らの「アンビエント」作品を紹介しよう。

アンビエント・アーティストとしての細野晴臣と坂本龍一

三田格
written by Itaru W. Mita

坂本龍一がシングルのカップリング用につくった〝Exhibition〟(85)はクセナキスよろしく数学理論を用いた実験作で、これが現在の耳では素敵なアンビエントに聴こえる。数学に弱いのでそれ以上は探求しなかったと本人は話していて、それからゆうに15年が過ぎてから『Comica』(02)や『Alexei And The Spring』(03)といった作品で〝Exhibition〟は様々なモードに生まれ変わっていく。さらに10年近く経った頃、坂本は、筆者に「アンビエントはつくったことがない」と主張したことがある。これはどういうことか。結論からいうと、これは細野晴臣への反発だったのだろう。あらゆるジャンルに手を出したとされる坂本は、しかし、明らかにレゲエとテクノには勘が働いていない。どちらもドラッグの影響が大きく、坂本の音楽がドラッグとは無縁なのは明白で、坂本自身の言葉だと「繰り返しのリズムで酩酊感を得る音楽は低脳」ということになる。2年かけてレゲエを理解したと言う坂本の言葉もこうなるとかなり怪しくなってくる。そして、坂本が拠点としたNYでチル・アウトやアンビエントがマリファナやDMTと結びついていなかったわけがなく、ジ・オーブを始め細野が90年代に夢中になっていたアンビエントは坂本にとってはドラッグの影響下にある低脳な音楽でしかなかったのだろう。坂本にとっては『Comica』も、あるいはアルヴァ・ノトとの連作もエレクトロアコースティックであり、あくまでもフェネスらと歩みを共にしたミュジーク・コンクレート・リヴァイヴァルだったのである。しかし、外からはそうは見えなかった。理論派の坂本がアンビエントに参入したように見え、ニューエイジに覆われていた日本も00年代以降は雰囲気が大きく変わっていく。00年代もなかばになると伊達伯欣や畠山地平といったエレクトロニカ世代がそれまでのクラブ系とは異なるアンビエントを模索し始め、それらが発展していく過程で俗っぽさが剥がれ落ち、洗練された文化の相貌が立ち現れる。〈Progressive Form〉や〈duenn〉などアンビエントを手掛けるレーベルも増え、坂本自身のテンションも『Plankton』（16）でピークに達する。坂本龍一はラジオで「アンビエントをつくった」という話をしていたこともあるけれど、コンポーザーとしての明確な意識としては本当に最後まで「アンビエントはつくったことがない」と思っていた可能性も高い。

とはいえ、アメリカのトレンドに影響されやすい日本は10年代に入るとすぐにもニューエイジが巻き返す。どんなに音楽を聞かない人の家にも喜多郎だけはあると磯部涼が指摘していた通り、そもそもアンビエントに限らず、音楽を聴く目的が快楽ではなくヒーリングやリラックスのためという目的意識が日本にはどっかりと定着している。快楽を恐れる日本人は多い。大竹しのぶはYMOを正座して聴くと話していた。疲れをとることと気持ちよくなることが同じなのに同じではないという奇妙な乖離が日本人にはいつもつきまとい、音楽を聴くだけで変人扱いされる風土もまだ根強い。ヒーリングと快楽。この微妙なさじ加減を常に計り続けてきた才能が細野晴臣である。そして、この方法論を有効にしてきたのは細野がエキゾチシズムに強いこだわりを示してきたからだと思う。民族音楽に対する興味でもその機能性に着目してきたブライアン・イーノが「叙事的」な表現に長けていたのに対し、「抒情的」な要素を増やし、スペース・エイジ回帰も併せ持つことで個人の感覚を中心に置くトータル・アルバムとして

『マーキュリック・ダンス』(85)を完成させた細野はアンビエントを人間の内面へと直結させていく。細野はその直後から朝日ジャーナルで女性ゲストを相手に「対談」ならぬ「相談」という連載を始め、「人間」に疲れ、徹底的に「人間」の気持ちを調節するものとしてアンビエントを捉えていたことを推察させた。アンビエントには「居住空間」という意味があり、都市機能としての「場」と音楽を結びつけることが初期テーマだったけれど(坂本の『Comica』は科学未来館の受付の人が退屈しないことを心がけたという)、細野には「ヒーリング・ニューエイジ」と共有する部分も多く、「場所」をテーマにしてもそれはパワー・スポットのような文明以前の感覚に訴えるなど都市機能に否定的な性格も含まれている。イーノと細野の対比はメタヴァースがアメリカでは現実の延長、日本では逃避先として構想される傾向が強いことにそのまま重なる。細野のラジオ番組に坂本が出演した際、音楽を右脳でつくるか左脳でつくるかという話題になり、常に右脳重視の細野に対して、左から右に変わってきたという坂本が過去に左脳だけでつくった『音楽図鑑』が嫌いになったと発言する部分があり、いわば方法論を大きく変化させていく坂本に対して感覚一筋でやってきた細野には恐ろしいほど一貫した信念があると感じたことを覚えている。『コチン・ムーン』(78)と『Naga』(95)が描き出すものはおそらく何も変わらない。もっといえばフォーク・ロックでもエレクトロニック・ポップでもアンビエントでもブルーグラス回帰でも細野が音楽で表現しようとしていることはいつも同じであり、フォーマットや機材が変わっていくだけともいえる(楽器が呼び起こす音楽性に敏感というか)。欧米の文法を習得して海外に打って出た坂本と、あくまでもドメスティックを貫き通した細野が現在、海外で同時にリスナーを拡大している意味はまったく異なっている。2人の動きは両面作戦のようであり、坂本が「ノルマンディ上陸作戦にはちょっと詳しいよ」と話していたことを思い出す。

細野晴臣、アンビエントの旅行者《ツーリスト》

ポール・ロケ
written by Paul Roquet

訳:五井健太郎
translated by Kentaro Goi

本稿はポール・ロケ著*Ambient Media: Japanese Atmospheres of Self*（University of Minnesota Press, 2016）第2章の節「Hosono Haruomi, Ambient Tourist」を訳出したものである（原書56～63頁）。以下の訳文に登場する「本書」とはこの原書を指す。（編集部）

細野晴臣は、アンビエント・ミュージックを一つのジャンルとして探求しはじめた最初の日本人アーティストである。1970年代後半のヴァン・ダイク・パークスらとのコラボレーションを経たあとで、エキゾチカや民俗音楽に精通するようになっていた細野は、アンビエントにおける想像上の風景と、当時の日本で台頭していた国際的なリラクゼーション・ツーリズムのあいだにある関係に気づいていたはじめての人物だった。細野がもっともよく知られているのは、カリフォルニア・スタイルのフォーク・ロック・プロジェクトであるはっぴいえんど（1969－72）や、きわめて革新的なエレクトロ・ポップ・トリオである坂本龍一と高橋幸宏とのイエロー・マジック・オーケストラ（YMO、1978－83）での活動によってである（＊1）。だが一方で彼が、アンビエント・ミュージックを日本に紹介するきっかけとなる役割を果たし、1980年代をとおして日本におけるその演奏者の筆頭として活躍したことはあまり知られていない。

　細野は、インドをテーマにしたサイケデリックなシンセサイザーのアルバム『コチンの月』（1978）の共同制作者であるグラフィック・アーティストの横尾忠則をとおして、イーノの立ち上げたレーベルで

（＊1）はっぴいえんどとイエロー・マジック・オーケストラについては、マイケル・ボーダッシュ『さよならアメリカ、さよならニッポン――戦後、日本人はどのようにして独自のポピュラー音楽を成立させたか』奥田祐士訳、白夜書房、2012年[Michael Bourdaghs, *Sayonara Amerika, Sayonara Nippon: A Geopolitical Prehistory of J-Pop*, Columbia University Press, 2012.]を参照。

ある〈オブスキュア〉レコードを知ることになった（このレーベルのリリースのなかには、初期イーノの原《プロト》アンビエントといえる作品である、1975年の『Discreet Music』も含まれている）（＊2）。1980年代初頭になると、彼はまず、YMOのメンバーである坂本龍一の影響下で真剣にアンビエント・ミュージックを聴きだしていった。坂本が長くコンテンポラリーなクラシック音楽に没頭してきたのにたいして、細野は1980年代初頭を、自分のような「ポップス人間」でさえもが熱心にジョン・ケージやスティーヴ・ライヒのようなアーティストを聴きだしていったターニング・ポイントだと見なしている（＊3）。じっさいこの時期のイエロー・マジック・オーケストラのアルバム『BGM』（1981）は、よりアンビエント的なサウンドへの移行をしるしづけるものだった。細野が指摘するところによればこうした移行は、軽みをもった「キュート」さというそれまでのYMOというバンドにたいする評価から脱しようとしたものであり、一方でまた、当時のヨーロッパに登場していた新たなサウンドを採用しようという思いからくるものでもあった。彼はそのアルバムを、バンドにとってもっとも重要な変化であり、初期のクラフトワーク・スタイルのテクノポップから、より抽象的で微妙なニュアンスをもった何かへの変化だったと回顧している（＊4）。『BGM』は依然としてポップスのアルバムだが、全体をとおしたより抽象的な電子音のタッチは、〝HAPPY END／ハッピー・エンド〟や〝LOOM／来たるべきもの〟といった曲に顕著なように、これまでにないこのバンドのサウンドのより独自の雰囲気を

（＊2）イーノは、〈EMI〉のサブレーベルである〈オブスキュア・レコード〉（1975〜1978）を、自らの知名度を利用して当時無名のままだったギャヴィン・ブライアーズやマイケル・ナイマンといったイギリスの作曲家たちの作品を流通させる手段として創設し、同時にまた、ケージや自分自身の初期のアンビエント作品である『Discreet Music』（1975）といった作品をリリースしていった。

（＊3）細野晴臣『細野晴臣インタビュー――THE ENDLESS TALKING』平凡社ライブラリー、2005年、209-210頁。

（＊4）同書、230頁。

もった次元をしるしづけている。とくに後者は、3分にもわたって柔らかく鳴り響くシンセのコードと、遠くでしたたり落ちる水の音によってアルバムを締めくくるもので、当時のイーノのアルバムに収められていてもおかしくない曲だといえる(*5)。

たとえば以下のようにいわれるとおり、細野にとって、イーノの音楽がもつ「非常に自由な時間」は、1980年代初頭における彼自身の音楽的なセルフケアの重要な一部分になっていた。

そのうちアンビエント・シリーズが出て、それは非常に生理的に入ってきて、ヒーリング効果というのかな精神安定剤のような効果を与えてくれた。かたやYMOでは、非常に複雑なドンチャカしたうるさい音楽をやっていて、家に帰って聴くものというと、アンビエント、オンリーなんです。そのころから急に僕は、そういう方向に行き出して、自分で自分のシンセサイザーを自動演奏させたりとか、非常にプライヴェートなところでやり出したんです。[……]オート・プレイヤーで一日中流していた。ほんとうにアンビエントの音楽としてとらえていたんです。すごい新鮮だったんです。と同時に、ロンドンのニュー・ウェイヴといわれていた音楽の中に、その要素がいっぱい入っていた。例えば前にいったマイケル・ナイマンもフライング・リザーズもそうだったし、そういう話法がいっぱい散りばめられていて、影響はかなりあったんです。かたやポップスのフィルターを通しての現代音楽だったたし、かた

(*5) "来たるべきもの"では、YMOのサウンド・プログラマーを務めていた松武秀樹の仕事がフィーチャーされている。1970年代前半、日本電子音楽の草分け的な作曲家である冨田勲の弟子であった松武は、70年の大阪万博におけるアメリカ・パビリオンでウェンディ・カルロスの『スウィッチト・オン・バッハ』(1968)を耳にしたことで、電子音楽へと引きつけられていったとされる。冨田は多くの点で日本のウェンディ・カルロスと呼びうる人物であり、ドビュッシーやストラヴィンスキーといった作曲家たちの作品のシンセサイザーによって演奏した作品を制作している。

や生理的な欲求としてそういうものがあったし、両方あったわけですね。まあ、不思議な音楽だったんですよ、僕にもね。ただそこにあるのは、非常に豊かな音楽性だったし、ほかのものじゃ、きっとだめだったと思うんです(＊6)。

細野がアンビエント・ミュージックに出会ったのは、リスナーと自分自身の双方に穏やかな気分を与えるものとしてだった。じっさい科学ライターの吉成真由美が1984年の細野との対談のなかで述べているとおり、太古の昔において音楽は、何よりもまずセラピーの一形式として、人びとが集まって、気分がよくなるような空間を創出するための方法として生まれたのかもしれない。これにたいして細野は、近年の電子音楽においてもっとも興味深い側面は、それが音楽のもつ環境のセラピストとしての役割を再発見していることにあると主張している(＊7)。

欧米の文脈の場合、イーノはしばしば、音楽スタジオを雰囲気をもった録音物を創造するためのツールとして発展させるというその役割において(つまり1970年代初頭に見られたリー・〝スクラッチ〟・ペリーのようなジャマイカのプロデューサーたちによる、スタジオでの実験のあとにつづくアプローチにおいて)注目される。細野は日本においてこれと同等の役割を果たした(＊8)。彼は単線的ではないかたちで進むスタジオでの制作プロセスこそが、ポップスのシーンの外へと踏みだし、ソロ・アーティストとして重層的なインストゥルメンタ

(＊6)細野晴臣『細野晴臣インタビュー――THE ENDLESS TALKING』平凡社ライブラリー、2005年、236〜238頁。

(＊7)細野晴臣、吉成真由美『技術の秘儀』朝日出版社、1984年、66〜67頁。

(＊8)イーノと細野はともに、ミュージシャンとしてだけでなくレコード・プロデューサーとしてすでにひじょうに長い経歴をもち、その経歴のなかでつねに、アーティストのサウンドに備わっている空間的な広がりをもった構成上の細部にかんする質を高めるために電子音のテクノロジーを用いている。両者の類似はそれだけにとどまらない。みずからのスタイルをヴォーカル・ベースのポップスからより抽象的なインストゥルメンタルへと展開させていくにあたり、――イーノより10ヶ月早く生まれている――細野は、イーノによる先導に従って進んだ。どちらも自身をプロの音楽家というよりも、その時々の興味のままに動きまわる実験の担い手だと見なしている。またどちらも両性具有的なセレブリティというイメージを培い、伝統的なロック・スターのマッチョさを弱めようとしつづけている。たとえば細野晴臣ウィズ・フレンズ・オブ・アースのアルバム『S. F. X.』(〈アナザー・レコード・カンパニー〉、1984)のジャケットのようなイメージのなかで、細野がジェンダーにもとづいた自身の外見と戯れている一方で、ロキシー・ミュージック時代のイーノはしばしば、女装してパフォーマンスをおこなっていた。じっさい、中沢新一が提案するところによるなら、細野の音楽は、男性ミュージシャンというわべから出発して

ル・ミュージックを生みだすことを可能にしたと述べている。細野はコンピューターを使って作曲することを、機械との私的な「コラボレーション」の形式と見なし、テクノロジーの複雑さが普段どおりの作曲の習慣に驚きをもたらしたのだと見なしている。イーノにとっても細野にとっても、スタジオでの作曲や電子技術がもたらす彫刻的な非線形性こそが、より私的で雰囲気をもったサウンドを可能にするものに他ならなかったわけである(*9)。

1984年、イエロー・マジック・オーケストラが解散するとすぐに、細野は(ともに〈テイチク・レコード〉のサブレーベルである)〈ノンスタンダード〉と〈モナド〉という二つのレーベルの名のもとに、一連の録音作品を発表していく。〈モナド〉は彼のアンビエント作品のレーベルとなり、イーノの『アンビエント』シリーズと同様そこから、『マーキュリック・ダンス』、『コインシデンタル・ミュージック』、『エンドレス・トーキング』、そして『パラダイス・ヴュー』という4作のアンビエント作品をリリースした(すべて1985)。一つめは荒井唯義によるアンビエント・ヴィデオ作品のための音楽であり、二つめはTVコマーシャルのために制作された細野の音楽を集めたものであり、三つめはイタリアのジェノヴァで開かれたある展覧会のための音楽であり、そして四つめは「新しい沖縄映画《ニュー・オキナワン・シネマ》」と呼ばれる一連の作品の一つである、高嶺剛による同名の映画のサウンドトラックである。以上の作品や後のアルバムにおける細野の多様なアンビエントのスタイルのなかにはたとえば、錬金術の諸概念をもとにしてなされるシンセサ

女性性を探求することにかかわっているのだとされる。細野晴臣「対談——中沢新一　豊かに取り込む女性性」『Studio Voice』383(2008年9月)73頁を参照。

(*9)細野晴臣『レコード・プロデューサーはスーパーマンをめざす』徳間文庫、1984年を参照。音楽制作一般の空間化という点については、ピーター・ドイル『エコー&リバーヴ』[*Echo & Reverb: Fabricating Space in Popular Music Recording 1900–1960*. Wesleyan University Press, 2005.]を参照。

イザーによるサイケデリックな即興や、(ガムランや北インドの古典音楽、沖縄民謡や邦楽などの)伝統音楽によって抑揚を与えられた雰囲気、ミニマルなアルペジオの反復、独自の雰囲気をもったダブ、フィールド・レコーディングをもとにしたコラージュなどが含まれている。

細野はイーノのアンビエント作品からの影響と、1970年代の自身の作品に見られたエキゾチズムを混ぜあわせ、カルロス・カスタネダの作品や幅広い土着的な文化にたいする自らの関心をそのなかへと注ぎこんでいる(＊10)。新たに立ちあげたレーベルを世に知らしめるために制作された書籍である『グロビュール(＊11)』のなかで彼は、自分自身の野心を次のように紹介している。「ノンスタンダードは[……]ブライアン・イーノがはじめたアンビエント・ミュージックをグローバルなレベルに発展させ、地球から発される至急の知らせを受け取って、それに応答していく」(＊12)。細野は彼のアンビエント作品を説明するものとして——その当時イーノの〝ambient music〟の翻訳としてしばしば用いられていたフレーズである——kankyo ongaku(環境音楽)をもじるかたちで、kanko ongaku(観光音楽)という言葉を導入している。こうしたグローバルなエコツーリズムへの目配せによって細野は、アンビエント・ミュージックを、新興ジャンルであった「ワールド・ミュージック」や1980年代なかばの日本で広く流行していた国際的なツーリズムの流行と対話させていった。1980年代なかばにおける細野の作品のなかに見られるグローバルなもの(あるいはグロビュールなもの)というイメージは、エコロジーへの意識としてだ

(＊10)細野はのちに、『素晴らしき地球の旅』というドキュメンタリー番組シリーズの一つである「黙って座ってじっと聴け〜ネイティブ・アメリカン　音の旅〜」(NHK-BS2、1996年12月15日放映)のために、サンタフェやニューメキシコを旅し、ホピ族の居留地を訪ねることになる。

(＊11)訳注:〝globule〟は天文学の用語。「分子雲」とも訳される。銀河上にあってガスや塵が多く集まり、雲状に見える場所を指す。それらがやがて凝集し、原始的な星を生みだす場合があることから、「星の卵」とも呼ばれる。

(＊12)細野晴臣ほか『グロビュール』テイチク株式会社、175頁。原文は英語。テーリ・テムリッツ「ノンスタンダードというグロビュール」97頁[“Globule of Non-Standard: An Attempted Carification of Globular Identity Politics in Japanese Electronic 'Sightseeing Music.'” *Organized Sound* 8, no. 1 (2003): 97-107.]に引用されている。

けでなく、惑星的な地平をもとにして身体化された安心感という、一つの「包括するもの」として（いいかえるなら、日本人のアイデンティティーからくるよりローカルな「身体化された」不安感を何とかして脱しようとするものとして）機能しているのである（＊13）。

マリリン・アイヴィーが具体的な資料をもとに示しているとおり、1970年代の日本では、遠野や恐山などといった東北の史跡への関心が高まっていたが、そうした関心はいずれも、近代のもたらす合理化にたいして抵抗を示すものである、原初的な神秘や民俗文化といった地平への広い欲望の一部をなすものだった。電通が長期にわたって展開した国内旅行キャンペーンであるディスカバー・ジャパンが取りあげた何もない田園風景は、1984年にエキゾチック・ジャパンというキャンペーンが導入されると、より分かりやすく別世界のような場所に変わっていき、世間から隔絶された真言宗の寺院群がある高野山のようなエキゾチックな場所に焦点が当てられていった。一方で日本の国境を超えていく旅も、そうしたエキゾチックな領域を広げていくための手段として、どんどんと可能になっていった。1970年代から80年代にかけて旅行のための新たなインフラが整備され、購買力が増大していったことで、かつてないほどの数の日本人が国外を探検するようになっていった。人気を博した喜多郎の曲を使ったNHKのシリーズ番組『シルクロード』（1980〜1984、1988〜1989）のように、マスメディアはそうした探検のための道を熱心に紹介していった。まさにそうしたなかで細野は、宗教学者の中沢新

（＊13）訳注：ここでいわれる「身体化された安心感 embodied security」ないしその対概念としての「［身体化された］不安感 embodied insecurity」とは、音楽社会学者のティア・デノーラが『日常生活の音楽』［*Music in Everyday Life*, Cambridge University Press, 2000.］で提示する概念。本稿に先立つ箇所（原書53〜54頁）でロケが引用している定義によるならそれは、何らかの存在が、「自らの環境を特徴づける物質性やその特徴についての身体化された意識」をもつことによって養われるものであり、「命題のかたちをとる「知識」となるような反省や分節化」をかならずしも伴わないそうした意識にもとづいて、「環境の様式へと「フィットしていること」、「順応していること」」を指す。また「包括するもの encompassing element」については、ロケがアンビエントを論じるさいの前提として用いている、ドゥルーズ＋ガタリ『千のプラトー』「14　平滑と条理」における包括性と局所性をめぐる記述を参照。

（＊14）細野晴臣、中沢新一『観光——日本霊地巡礼』ちくま文庫、1990年を参照。エキゾチック・ジャパンについては、マリリン・アイヴィー『消滅をめぐる諸言説』42〜48頁［*Discourses of the Vanishing: Modernity, Phantasm, Japan*, University of Chicago Press, 1995.］を参照。1980年代の日本におけるエキゾチックなものへの転回や、宇宙というより「コズミック」な地平と細野の関係については、ポール・ロケ「銀河鉄道の青い猫」［"A Blue Cat on the Galactic Railroad: Anime and Cosmic Subjectivity." *Representations* 128 (Fall 2014): 124–58.］

一とのプロジェクト(これは1984年に『観光』と題して出版される)の一環で、日本各地の宗教的な場を旅し、より文字どおりの意味でのスピリチュアル・ツーリズムを準備しおわっていた(＊14)。細野のアンビエント作品のなかに陳列された風景は、初期のイーノのアンビエント作品にある霞のかかったメトロポリスや沼地から、そうしたグローバルなツーリズムの見せる「楽園の眺め《パラダイス・ヴュー》」へと変わっていき、エキゾチックな文化の数々が生みだす想像上の雰囲気を提示して、都市のリスナーたちが情動のうえでそれを消費できるようにするものになっていった。

1978年、イーノの『Ambient 1: Music for Airports』がリリースされたのと同じ年、細野はグラフィック・アーティストの横尾忠則とコラボレートし、トロピカリア的なスタイルの『はらいそ』(〈アルファレコード〉)と、前述した電子音楽によるエキゾチカの実験作である『コチンの月』(〈キングレコード〉)という2枚の画期的なアルバムを生みだしている。後者は細野と横尾が同行したインドへの旅の産物であり、そのジャケットには、横尾の代名詞であるコラージュの美学が取りあげられている。一方で『はらいそ』のジャケットは、フラのダンサーたちや宙に浮かぶ仏像、タージマハルやマンハッタンの高層ビル群、ポリネシアの合唱隊や富士山、ヤシの木々や桜の花といったものが単一の風景のなかで一つになっている。そこに示される文化の複合体には、一つの表象としての全体性がその地平線に至るまで備わっている。イーノのアンビエント・シリーズのジャケットと同様、それら2枚の

を参照。

細野による冗談半分のエキゾチズムは、『はらいそ』(〈アルファレコード〉、1978)のような初期のアルバムにはじめてあらわれた。ジャケットは横尾忠則。

アルバムのジャケットはある意味で地図作成的なものだが、しかしエキゾチカや映画のポスターや宗教から引き出されたイメージを用いながらそこでマッピングされているのはけっきょくのところ、身体的な空間ではなく文化的な空間である。イーノの疑似科学的な匿名性とは異なり、横尾の示す地図は、大衆文化や急速に広がった産業としてのグローバル・ツーリズムから自由に引用をおこなっているのである。

以上のような1970年代のトロピカリア的なアルバムに見られる意識的なエキゾチック化のアプローチは、つづく細野のアンビエント作品における多文化からの引用——そこではとくに、沖縄やカリブ、太平洋諸島の島々、南アジアや東南アジア、そしてネイティヴ・アメリカンの文化におけるサウンドやイメージが用いられている——にも引き継がれていった。だがアンビヴァレントさをその典型とする細野のスタイルのなかでは、こうしたエキゾチックなものの採用はしばしば、聴衆への目配せとともにおこなわれている。この点は(第1章で論じた)サティによる家具の音楽にたいする説明と同様であり、細野が自身のいう「観光音楽」をどれだけ真剣に受けとめさせようと考えているのかを知ることは困難であり、あるいは彼は、たんに聴衆をからかっているだけなのだとも考えられる(*15)。サティや、のちのアンビエントの革新者であるザ・KLFと同様(しかしイーノとは異なって)、細野のアンビエントはしばしば、絶妙なパロディの感覚に彩られており、『パラダイス・ヴュー』の馬鹿馬鹿しさを指摘しながらも彼は、一方で嬉々としてそれを演奏してもいる。マーティン・デニーのよう

(*15)細川周平が論じるところによるなら、1970年代なかばの細野のソロ・プロジェクトは、混成的な模倣の形式や自己オリエンタリズムをとおして、エキゾチックなものとしてのアジアを複雑化しようとするものだった。(細野があえて日本語ではなく英語を用いてそう呼んでいる)ソイソース・ミュージック三部作を論じるなかで細川は、「三部作の中心にあるのは、日本や日本人をエキゾチック化する北米的アプローチではなく、アメリカのエキゾチズムをエキゾチック化する日本的な方法である」と書いている。細川「ソイソース・ミュージック」["Soy Sauce Music: Haruomi Hosono and Japanese Self- Orientalism." In *Widening the Horizon: Exoticism in Post-war Popular Music*, edited by Philip Hayward, 114-144, John Libbey and Company, 1999.]を参照。なおここでいう三部作には、『トロピカル・ダンディー』(1975)、『泰安洋行』(1976)、『はらいそ』(1978)が含まれる。

なアーティストの意識的に人工的なエキゾチカから構築されている細野の「観光音楽」は、グローバル・ツーリズムや「ワールド・ミュージック」の台頭とともに、いかにこの惑星が情動的にマッピングされていき、ある種の場所が他の場所よりもより穏やかで、より独自の雰囲気をもったものとみなされることになったのかを自覚している。こうした点で細野の観光音楽は、皮肉なことに、エニグマの『MCMXC a.D.』(1990)や、ディープ・フォレストの同名のデビュー・アルバム(1993)のような、メジャー・レーベルがリリースしていく「ワールド・ミュージック」による文化の横領の前兆となっているのだといえる(＊16)。

一方で同時に、細野は、真剣にアンビエント・ミュージックのなかにエコロジー的な展望を見いだそうとしていた。中沢新一との近年の対談のなかで彼は、自らの1980年代のアンビエント作品を現代の環境保護運動の先駆として振りかえり、アンビエントというジャンルが、いかに統一された地球というより総合的な展望を示していたかという点に触れている。1986年になると細野は、1960年代後半から1970年代前半にかけて刊行された『ホール・アース・カタログ』をもとにしつつ、アンビエントにかんする自身のマニフェストとなる書籍『F.O.E MANUAL』をリリースする。ここでいうF.O.Eとは、地球の友(Friends of Earth)の意であり、エコロジーをテーマにした1980年代なかばにおける細野のアンビエント・ミュージックのサイド・プロジェクトの一つに与えられた名前である。中沢が指摘するところに

(＊16)細野が提示する「グロビュール」というイメージはたしかに新しいものだが、一方でエキゾチズムと雰囲気の問題は、長く密接な関係にありつづけてきた。デイヴィッド・トゥープはアンビエントの起源を、クロード・ドビュッシーが1889年のパリ万博を訪れ、彼がはじめてジャワやベトナムやカンボジアや日本のダンスや音楽のパフォーマンスを目にしたときにまで遡っている。こうした音楽の様式のなかで求められる散逸的な注意の様態は、すぐにドビュッシーの作曲のなかに生じていった。トゥープはこの点を、イーノの作品を経由して現在までつづくアンビエント・リスニングの血統における決定的な瞬間として挙げている。もちろん独自の雰囲気をもった「アジア」への関心を高めていたのはドビュッシーだけではなく、この時期に影響力をもっていたヨーロッパのアーティストや作家の多くが、そうした美学的な軌道を共有していた。一方で、のちの日本のアンビエント・ミュージシャンたちは、そうした欧米の作曲家たちからだけでなく、彼らの作品に学んだ日本の草分け的な電子音楽家たちの作品——たとえばドビュッシーをシンセサイザーで演奏した冨田勲の『月の光』(1974)のような——からも自由に学んでいった。それがエキゾチックな東洋であれエキゾチックな西洋であれ、アンビエントをより判別しがたく見慣れない他郷的な場所に位置づけようとするこうした傾向は、アンビエント的な文学のなかにも見いだされる。アン・シェリフは『アムリタ』(1994)の舞台がバリに設定されていることを指摘しつつ、「エキゾチックなものと見なされたアジア的な異世界がもつ超自然的な可能性」にたいする吉本ばななの関心について触れている。その他のテクストの場合、癒

よれば、こうした1980年代における細野の作品は、特定の伝統に縛られないスピリチュアリティや宗教の形式を追求したものであり、アンビエントのサウンドをとおして、すべてのひとをそうした惑星的な地平へと向かわせ、一つにまとめようとするものだったのである(＊17)。

『マーキュリック・ダンス』のなかほどに収録されている曲〝火の化石～五十鈴〟[英題：Fossil of Flame—Fifty Bell Trees]は、そうした穏やかで惑星的なあり方をした細野のアンビエント・ミュージックの典型といえるものである。『マーキュリック・ダンス』に収録された他の曲と同様、この曲の大半はハーモニーの温かみに富み、輪郭の柔らかなアナログ・シンセサイザーの音によって構成されている。個々の音はゆっくりと消えさり、広がりながら反響して、高音部は穏やかに揺らめいていく。ゆっくりとしたテンポからはじまり、やがてそれぞれのフレーズのあいだにゆったりとした間を置きながら、曲はさらにゆっくりとしたものになっていく。身体的な用語に置きかえるなら、そうしたゆっくりとしたメロディラインは、規則的な呼吸と、それにつづくさらにゆっくりとした深い呼吸という形式をとっている。

それぞれのメロディのサイクルが下降していくと、そこに補足的な音があらわれ、そこにより質感が生まれて、呼吸はさらに深いものになっていく。2分半を過ぎたあたりから、下降していくフレーズの末端により鋭い、鋸の歯のようなシンセサイザーの音が浮かびあがってくる。質感はより豊かになっていくが、ハーモニーのシンプルさは維持され、リスナーはより落ちついて集中した心の状態に引きこまれて

しをもたらすエキゾチックなものは、村上春樹の『スプートニクの恋人』(1999)におけるギリシャの島々や、栗田有起の『オテルモル』におけるフランスびいきのホテルのように、ヨーロッパに位置づけられている(なお栗田については本書第6章で論じている)。トゥープ『音の海』18頁〔*Ocean of Sound: Aether Talk, Ambient Sound, and Imaginary Worlds*, Serpent's Tail, 1995.〕、シェリフ「弁明なき日本」200頁〔"Japanese without Apology: Yoshimoto Banana and Healing." In *Ōe and Beyond: Fiction in Contemporary Japan*, edited by Philip Gabriel and Stephen Snyder, 278–301. University of Hawai'i Press, 1999.〕を参照。あわせて、J・J・クーラク『東洋的啓蒙』〔*Oriental Enlightenment: The Encounter between Asian and Western Thought*, Routledge, 1997.〕も参照。「ワールド・ミュージック」とディープ・フォレストについては、スティーヴン・フェルド「ワールド・ミュージックへの甘い子守唄」〔"A Sweet Lullaby for World Music." *Public Culture* 12, no. (2000): 145–71.〕を参照。

(＊17)細野「対談——中沢新一　豊かに取り込む女性性」『Studio Voice』383(2008年9月)73頁、『F.O.E. マニュアル』扶桑社、1986年を参照。地球のイメージの歴史については、ヤーコヴ・ガーブ「地球イメージの使用と誤用」〔"The Use and Misuse of the Whole Earth Image." *Whole Earth Review*, 1985, 18–25.〕を参照。

いくことになる。音楽は何度も沈黙に近い状態に戻るが、しかしかならずより高く持続的な音に向かうメロディとともに再開されていく。

7分を過ぎるあたりになると、そうした音の集中は広がっていき、チベットのシンギングボウルのように鳴る金属音や、遠くの方で鳴き、距離をもって穏やかに聞きとれるカラスの声のような、幅広い領域の音が取りいれられていく。カラスが鳴くなかで、シンセサイザーの低音はだんだんと剥がれおちていき、曲は沈黙に向かっていく。

細野のアンビエント作品に散りばめられた（楽器の編成とリズムの両面における）伝統音楽への示唆によって、シンセサイザーは、新たなテクノロジーというよりも、当時流行していた「ワールド・ミュージック」を有機的に拡張するものとして位置づけられている。ライナーノーツのなかで火と木という元素的な力を総合するものと述べられているこの曲のタイトルは、化石となった炎と50本の鈴の木という、見慣れないものであると同時に有機的で、すぐにでも火がつきそうだが無時間的で、儀式的なものでもあるエキゾチックな風景を描いている。

だがしかし、そうしたエキゾチックな装飾の数々のために、細野の進化したアンビエントの理論は、しだいにそれらの秘教的な風景を、実在する場所としてではなく、想像上のものが表現されたものだと理解するようになっていった。じっさい細野は、そのエッセイ集『アンビエント・ドライヴァー』のなかで、「アンビエントは音楽の一種というよりも、ある精神状態を表す言葉だ」と述べている（＊18）。１９９８年、ＮＴＴインターコミュニケーション・センターでおこなわれたパ

（＊18）細野晴臣『アンビエント・ドライヴァー』ちくま文庫、２０１６年、16頁。

ネル・ディスカッションのなかで細野は、アンビエント・ミュージックにたいする以前のアプローチを修正し、それを地球を表象するという模倣的な役割から、より私的で内面的な空間へと置きなおしている。

一つには、僕は1980年代初めからずっとアンビエント・ミュージックをやっていますが、これは僕にとって海のような音楽だったんですね。いわゆるポップ・ミュージックをやる若い世代の人たちが、世界的に「大洋感覚」という感覚の中で音楽をやりはじめたのが1990年代です。アンビエントというのは、当初はエコロジカルな感覚と結びついているように誤解されていましたが、自分から一番遠いものを引き寄せるのがアンビエント、つまり自分の内に広がる環境なんだ、ということがやっていてわかってきたんです。ですから決して外ではなくて、内側のアンビエントこそを大洋感覚だと思っていました(＊19)。

ここで細野は、1980年代以降、自身の「観光音楽」を装飾していたエキゾチックな風景が、自分自身の(そして彼のリスナーの)反省的な穏やかさという内的な感情のために供される、情動的な資源として機能していたことを認めようとしている。シンプルな波打つ青色をした『マーキュリック・ダンス』のジャケットは、ここでいわれる大洋感覚なるものの曖昧さを反映している。はたしてこのジャケットは、上から見られた海を描いているものなのだろうか、それともたんに、

(＊19)細野がここで用いている「大洋感覚」という言葉はしばしばフロイトと結びつけられるものだが、しかしじっさいには、彼の友人かつ対話相手であり、宗教学にも造詣の深い人物だったロマン・ロランが用いたものである。フロイトはその刊行のタイミングでロランに『幻想の未来』を献本しているが、ロランは手紙のなかで、同書のなかの宗教についての指摘には同意しつつも、そこからは「宗教的感情の真の源泉」が——すなわち、ロランが「大洋感覚」と表現する、果てしなく無際限な永遠の感覚が——抜けおちてしまっているように感じられると答えている。つづく著作である『文明への不満』の冒頭の数頁のなかでフロイトは、ロランの手紙にはひどく困惑したと述べ、自分のなかに彼のいう大洋感覚を見つけだすことはできないと認めている。その上でフロイトは説明を試み、そうした全体性の感覚とともに自我がはじまっていくプロセスについて触れながら、はじめは内と外の区別はないが、しかしそのプロセスが進んでいくにつれ、「だんだんと外的世界からそれ自体を分離させていく」のだと述べている。大人たちにとって大洋感覚となるものとは、そうした原初の永遠の感覚の残存なのである。残存するこの感覚は「果てのないナルシシズムの回復のような何かを追いもとめるかもしれないが、しかしそれは、前景にあるその場所から排除されている」。注目すべきは、フロイトがこうした議論を調停的な注記とともに終わらせ、ロランのいう感情には、たしかに「幼年期の無力感」以上のものがあるかもしれないが、しかし「さしあたりのところそれは、不明瞭さに包まれている」のだと認めていることである。ウィリアム・B・パーソンズがこの概念についての研究のなかで示唆しているとお

リスナーを外の世界から穏やかに隔離する日よけの曲線を描いているものなのだろうか。

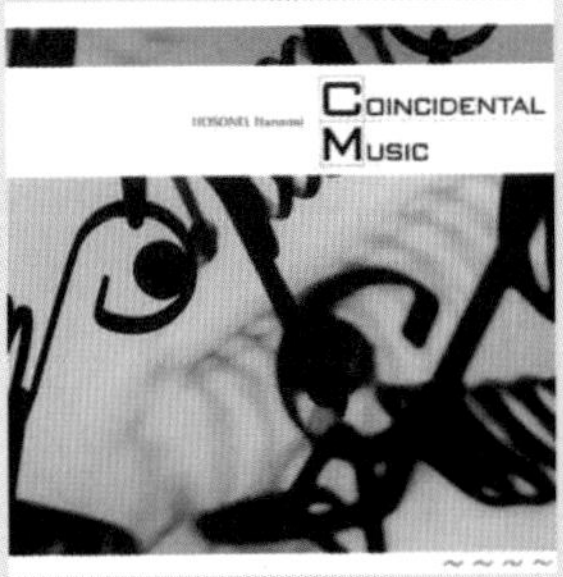

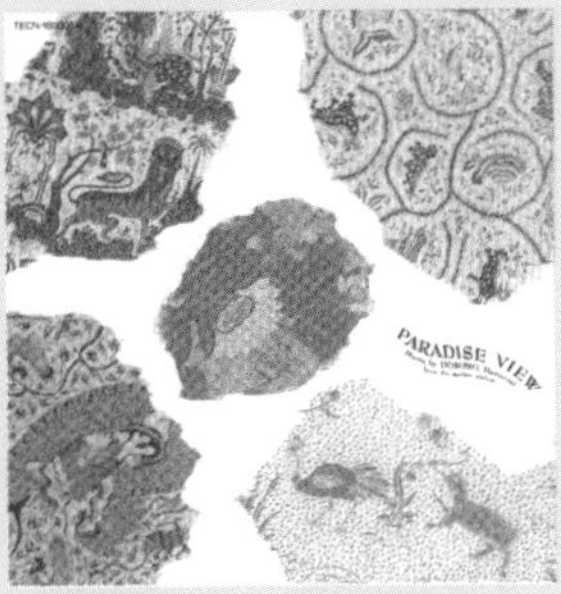

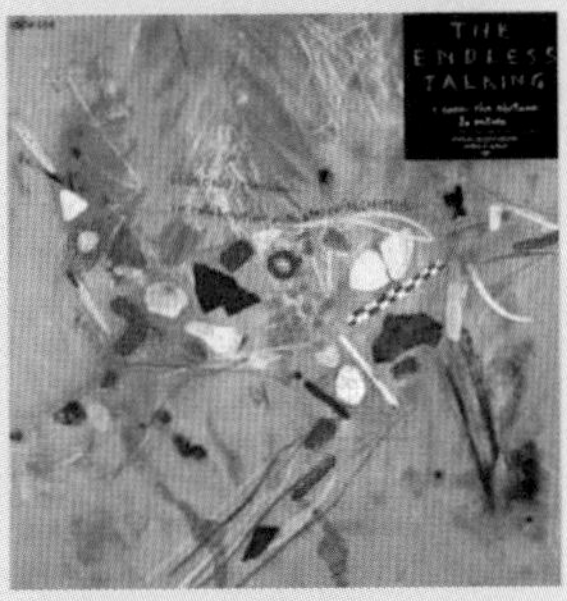

1985年、〈Monad Records〉からリリースされた4枚の「観光音楽」アルバム。21世紀の今日再評価され、どれもが人気盤。左上から順番にCMで使用された曲を集めた『コインシデンタル・ミュージック』、アニミズム的な世界観を主題とした『マーキュリック・ダンス』、同名の映像作品のサウンドトラックで、琉球音階風のエキゾティカ『パラダイスビュー』、そしてイタリアの美術展のために制作したインスタレーション作品『エンドレス・トーキング』。

り、フロイトの読解には二つの相反する態度が示されている。すなわち、一方には「退行的で防御的な」ものとしての大洋感覚があり、そして他方には、「セラピー的で適応的な」ものとしての大洋感覚が存在しているわけである。細野が指摘しているとおり、アンビエント・ミュージックがもたらす雰囲気はしばしば、そうした大洋的な無際限さの感覚を目指すものであり、(本書第6章で取りあげているとおり)この様式の社会的な含意をめぐる議論もやはり、フロイトとロランのやりとりとよく似た線をたどって展開されていくことになる。だが1980年代において「大洋」的なものが担っていた役割を理解するにあたっては、もともとフロイトがおこなっていた(自我を準拠にする)心理学的な説明から、より肉体的な理解へと移行し、大洋感覚によってしるしづけられるのは、同一性や成熟の問題というよりも、特定の感覚的な状況なのだと考えてみることもありうるはずである。この点については、ポール・ロケ「銀河鉄道の青い猫」[“A Blue Cat on the Galactic Railroad: Anime and Cosmic Subjectivity.” *Representations* 128 (Fall 2014): 124–58.]および、本書後半においてさらに考察している。港千尋ほか「エクスターズする文化へ」『Intercommmunication』26(1998年秋号)168〜179頁、フロイト『文化への不満』15頁、20〜21頁[*Civilization and Its Discontents*. Translated by James Strachey, W. W. Norton, 1961.]、パーソンズ「大洋感覚の謎」109頁[*The Enigma of the Oceanic Feeling: Revisioning the Psychoanalytic Theory of Mysticism*, Oxford University Press, 1999.]を参照。

細野晴臣 Ambient Works selected by Itaru W. Mita

選・文：三田格

Haruomi Hosono Ambient Works selected by Itaru W. Mita

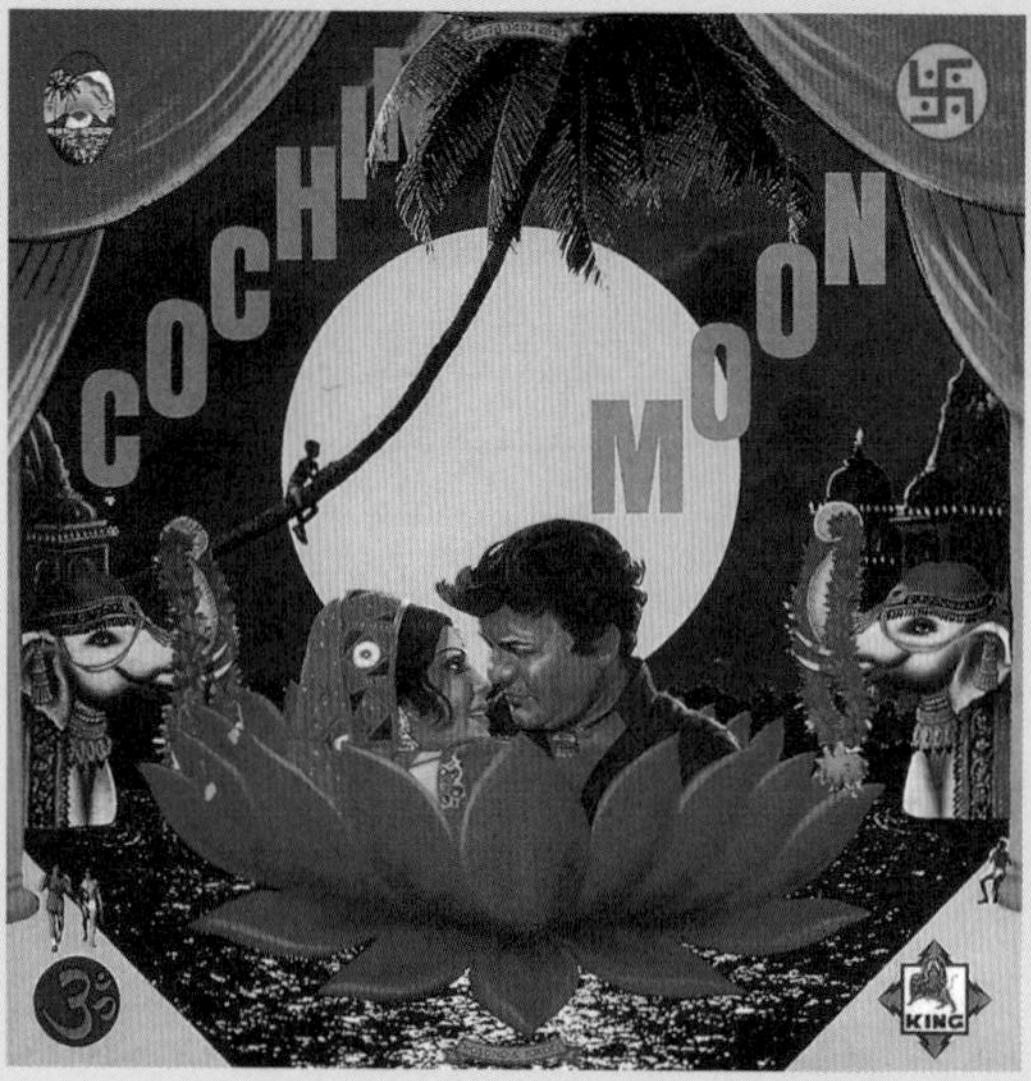

横尾忠則と細野晴臣
Cochin Moon
King Records (1978)

「観光音楽」の青写真。エキゾチック・サウンドは欧米ではパシフィックというジャンル名で呼ばれ、その由来となったミュージカル『南太平洋』を「インドの夜」という構図に置き換えたデザインが示す通り、エキゾチック・サウンドにクラフトワークを掛け合わせたサイケデリック・エレクトロ（クラフトワークをドナ・サマーに変えればYMOに）。オープニングのコードや浮遊感のある中盤のベースはまさに〝Autobahn〟で、以後、思わぬ方向に想像力が炸裂する傑作。初期からクラフトワークを聞き馴染み『Autobahn』には拍子抜けしたと語る坂本龍一の参加が暴走の鍵だったか。18年に〈Light In The Attic〉がアナログ化。

細野晴臣
マーキュリック・ダンス
Monad Records (1985)

YMO後遺症に悩む細野が自己治癒のために本格的に取り組んだアンビエント作。『Cochin Moon』のインド体験に匹敵する観光スポットを日本の天河や戸隠に求め、日本文化の繁栄に影響を及ぼしたとする「水銀（mercury）」をテーマとした。イーノとは対照的に内面的で重みがあり、『Cochin Moon』に漂っていた楽観性はかなり薄れるも、荘厳でしんみりとする前半部から中盤でエキゾチック・サウンドと同時代のスペース・エイジに回帰するパートは感情表現からも離れ、細野が常に新しいテクノロジーと温故知新を両輪にしてきたことを端的に表す。詳しくは本文参照。オープニングのリフは808ステイト〝Olympic〟の元ネタ。

細野晴臣
紫式部・源氏物語 = Murasaki Shikibu The Tale Of Genji

New Standard (1987)

3作目となるOST盤で、林静一がキャラ・デザインを手掛けたアニメ映画。なかなかの異色作で神社の奉納演奏会で頻繁に即興をやっていたことから神楽に親しみ、シンセサイザーと雅楽が全編で絡み合う絢爛豪華なエスニック・フュージョンに発展。オープニングからリヴァーブをかけた琴にドローンの組み合わせと、意図せず結果的にアンビエントになったという無為な感じがいい。ホラー・テイストも強く、〝羅城門〟や〝舞〟のおどろおどろしさ、乱反射するような〝光〟、鬱蒼とした森に連れ去られる〝木霊〟は圧巻。イーノ『Apollo』を意識したのかもしれないけれど、〝若紫〟は〝Twin Peaks〟の先取りにも聞こえて。

Haruomi Hosono
Naga (Music For Monsoon)

FOA Records (1995)

アジア各地に取材したNHK「美の回廊をゆく」(92)などTVドキュメンタリーに提供した曲などで再構成されたソロ16作目。アルバム・タイトルは天候を司るヒンズー教の蛇神。『Technodon』を経てYMO後遺症からようやく解放されたのか、かつてなく乾いた作風で大陸的な感性に様変わりし、民族音楽と自然を再現した曲が自由自在に宙を舞っている。各種のエスニックなドラミングにバロック音楽や沖縄風のリズムが変化をつけるなどイノヤマランドと同じく無国籍風の仕上げ。ヨーロッパではかつてなくアンビエント熱が高まっていた時期で、時代の勢いも感じられる。『マーキュリック・ダンス』が異形なら本作はスタンダードな秀作。

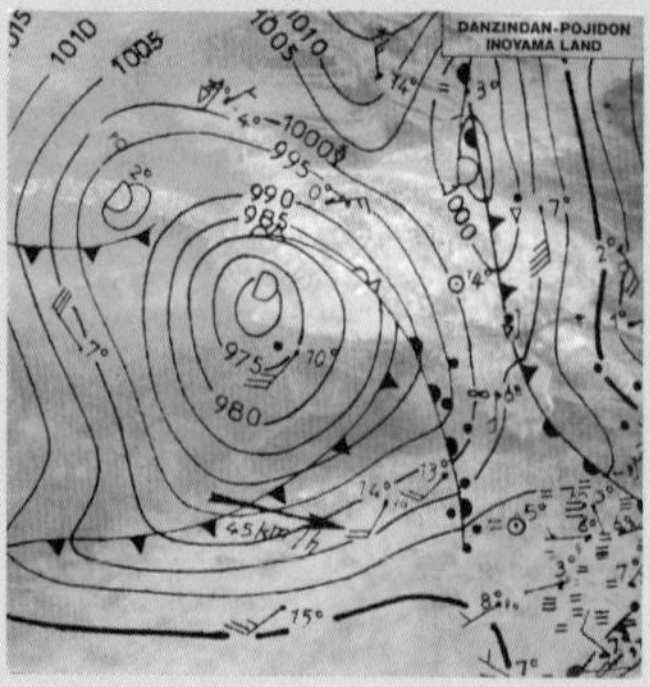

イノヤマランド
ダンジンダン・ポジドン
Yen Records (1983)

ヒカシューの井上誠と山下康による幻想的なリゾート・サウンドの1作目。細野がプロデュースで演奏にも参加（詳しくは本文を参照）。あえて機械的ともいえるセンスはコンセプチュアル・アートを好むニューウェイヴの性格も強く作用したと思われる。この世界観はパシフィック231や手使海ユトロへと受け継がれた。

細野晴臣
花に水
冬樹社 (1984)

角川書店が流行らせたメディア・ミックスという手法にのっかって企画されたカセット・ブック。書店のみで販売された。パルス音に優しいメロディを被せた〝TALKING〟とヒス・ノイズをループさせた〝GROWTH〟が両面に収録された30分弱の小品。あまりにシンプルで催眠的。20年に〈Victor〉が再発。

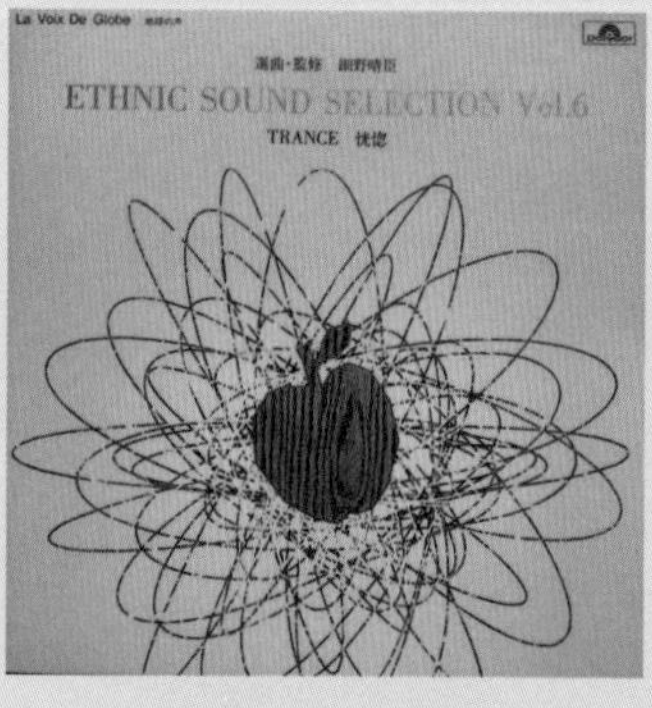

Various
Ethnic Sound Selection Vol.6
Trance = 恍惚
Polydor (1989)

細野監修で世界の民俗音楽を「祖先」「哀歌」などテーマ別に8枚にまとめたシリーズから。セネガルの〝ウオロフ族の合奏〟、ブラジルの〝クイクロ族のパンパイプの演奏〟など催眠的な曲が並ぶ。観光音楽にとっては避けられない作業で、『Omni Sight Seeing』や『Naga』に繋がったことは想像に難くない。

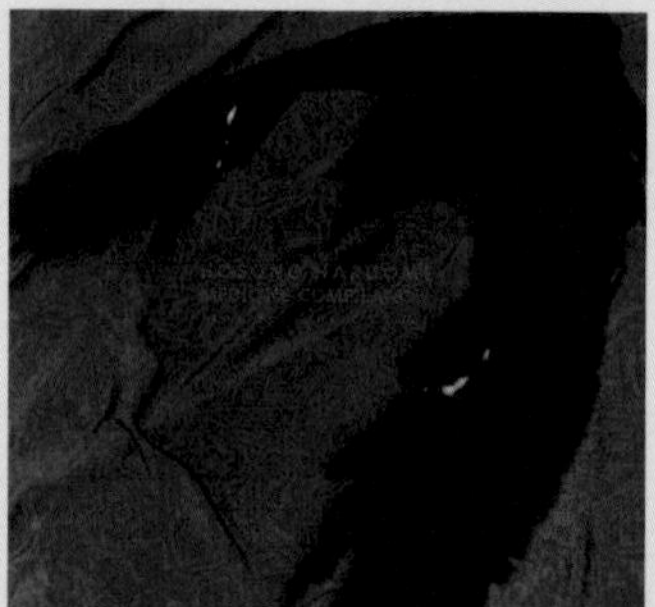

Haruomi Hosono
Medicine Compilation From The Quiet Lodge
Epic (1993)

YMO後遺症があまりに長引き、イルカやカスタネダなど思春期に馴染んだ精神世界を再訪する過程で生まれたというソロ14作目。じっくりと煮込まれたアンビエントだけでなく、沖縄民謡や〝Sand Storm〟のギター・ソロ、矢野顕子のヴォーカルで再録した〝Honey Moon〟など独特で多彩な響き。

Haruomi Hosono
N.D.E

Sun & Moon Records (1995)

面識のなかったビル・ラズウェルの提案で始まり、細野を加えた4人組ユニットに。タイトルは「臨死体験」の意で、シカゴ・アシッドに始まり、BPMがどうでもよくなるアブストラクトぶり。〝Heliotherapy〟はYMO〝体操〟のアシッド版？　続くラヴ、ピース&トランス〝Hasu Kriya〟は解毒剤だったのか。

Sketch Show
Loophole

Daisyworld Discs (2003)

偶発的に始まった高橋幸宏とのエレクトロニカ・ユニットによる2作目。前作のタイトなビートや音圧を弱め、シャトル358やフェネス以降の希薄なグリッチ・サウンドに60年代のエモいメロディやコード展開を加えたオルタナティヴ・ポップ。セイフティ・シザーズやコーネリアスのリミックスも違和感がない。非暴力温泉音楽。

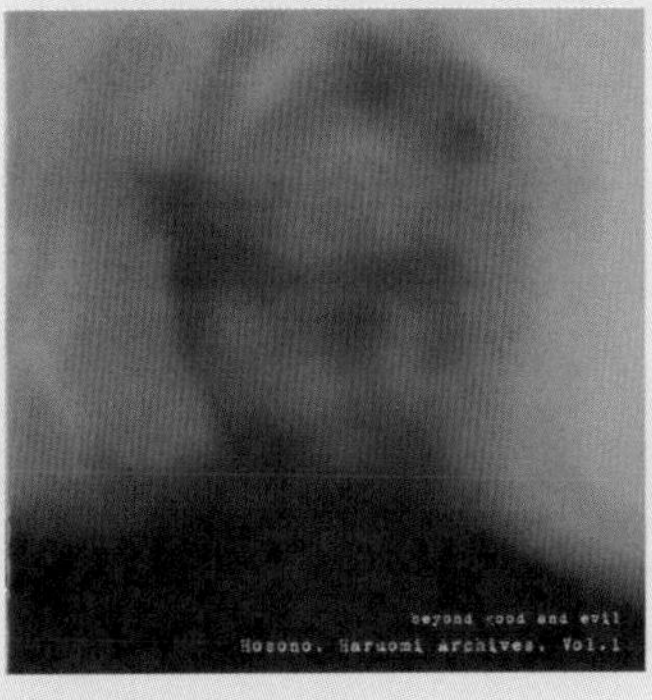

Haruomi Hosono
Hosono, Haruomi Archives, Vol.1 (Beyond Good And Evil)

Daisyworld Discs (2008)

『Naga』と同じくTVや演劇、展示会やイベント用に書いた曲を再構成したソロ18作目。20年にわたるタイムスパンをものともせず、落ち着いたアンビエント寄りの曲をしめやかなムードでまとめている。波が揺れているような〝Pantomime〟など、気負いのない『Medicine Compilation』というか。

Haruomi Hosono
Music For Films 2020-2021

Speedstar (2021)

映画『サヨナラアメリカ』からはっぴいえんどのセルフ・カヴァーと、ほかに『NO SMOKING』『彼女』『+ 81FILM』から計5曲、さらに『Malu夢路』から8曲を合わせたアナログ盤オンリー。アコースティックな響きをメインにキラキラとした〝Indigo〟や〝Island〟など細野の陶酔感は続く。

坂本龍一 Ambient Works selected by Itaru W. Mita

選・文：三田格

Ryuichi Sakamoto
Ambient Works
selected by
Itaru W. Mita

坂本龍一
戦場のメリー・クリスマス オリジナルサウンドトラック
London Records (1983)

YMOというのはサブカルチャーで知的なことをやってもマーケットが成立するという驚きだった(それまでのメインは不良文化)。追い打ちをかけたのが森田芳光と大島渚で、『戦場のメリークリスマス』は映画だけでなく音楽も知的スノッブを大量に惹きつけた(大島渚がたけしを起用した理由は「頭がいいから」)。シンセサイザーの導入は大きく、ポップスとクラシックに分かれていた聴衆をまとめた坂本の力量はおそるべし。メイン・タイトルはもちろん、〝Batavia〟〝Before The War〟〝Assembly〟〝Last Regrets〟といった曲にモダン・クラシカルの萌芽やアンビエントへの導線が認められる。

Ryuichi Sakamoto
Comica
WEA Japan (2002)

坂本にとって初の本格的なアンビエントとぶち上げたいところだけれど、実は製作の動機がぜんぜんわからないコンピレーションで(〝Dawn〟は科学未来館からのオファー)、エレクトロアコースティックを追求したらしき曲群は同時多発テロを受けてつくったわけでもなく、それ以前から着手されていた。そして、この完成度。抒情にもつれることを避け、かといって淡白な無機質にも終わらず、音の流れが体に染み通ってくるのを受け入れるだけ。「未来派に野郎とつけてしまう〝照れ〟が坂本」(©渋谷陽一)と同じセンスに貫かれたデザインで。本人曰く「アンビエントはつくったことがない」(けど『アンビエント・ディフィニティヴ』は買ってくれた)。

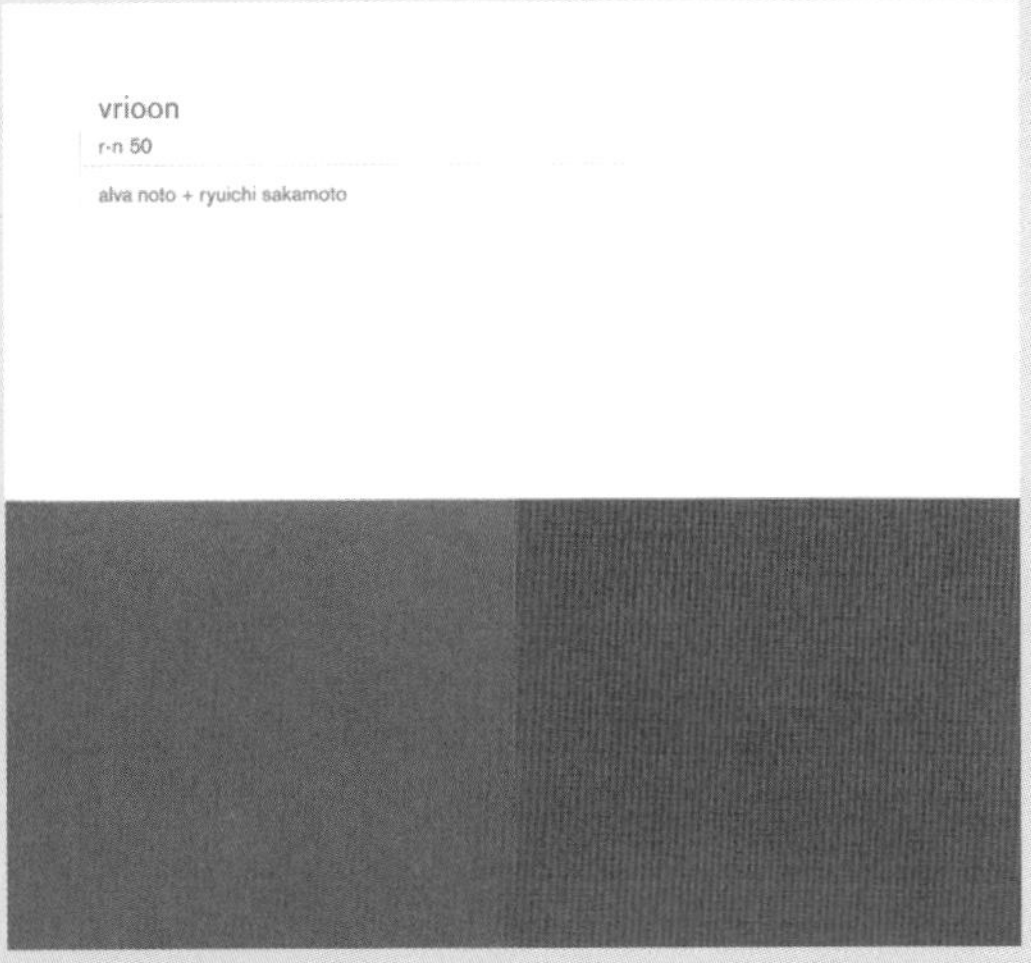

Alva Noto + Ryuichi Sakamoto
Vrioon

Raster-Noton (2002)

この美しさ。かなり控えめにいってもこのアルバムは世界を変えた。少なくともクラブ・カルチャーからエレクトロニカに人口が移動するきっかけのひとつとなった。坂本が渡したピアノのファイルにカールステン・ニコライが加工をほどこしたもので、坂本の名声に気後れしたニコライが全体に及び腰だったことから、ピアノの美しさが温存されることに。リヴァーブをかけたピアノの音が現れては消えていくまで。これをゆっくりと時間をかけて何度も繰り返す。それだけといえばそれだけ。まったく音がしない瞬間も多く、最後の最後までテンションは途切れない。2人のコラボレーションはこれを皮切りに「V.I.R.U.S.」5部作へと発展する。

Ryuichi Sakamoto
Out Of Noise

commmons (2009)

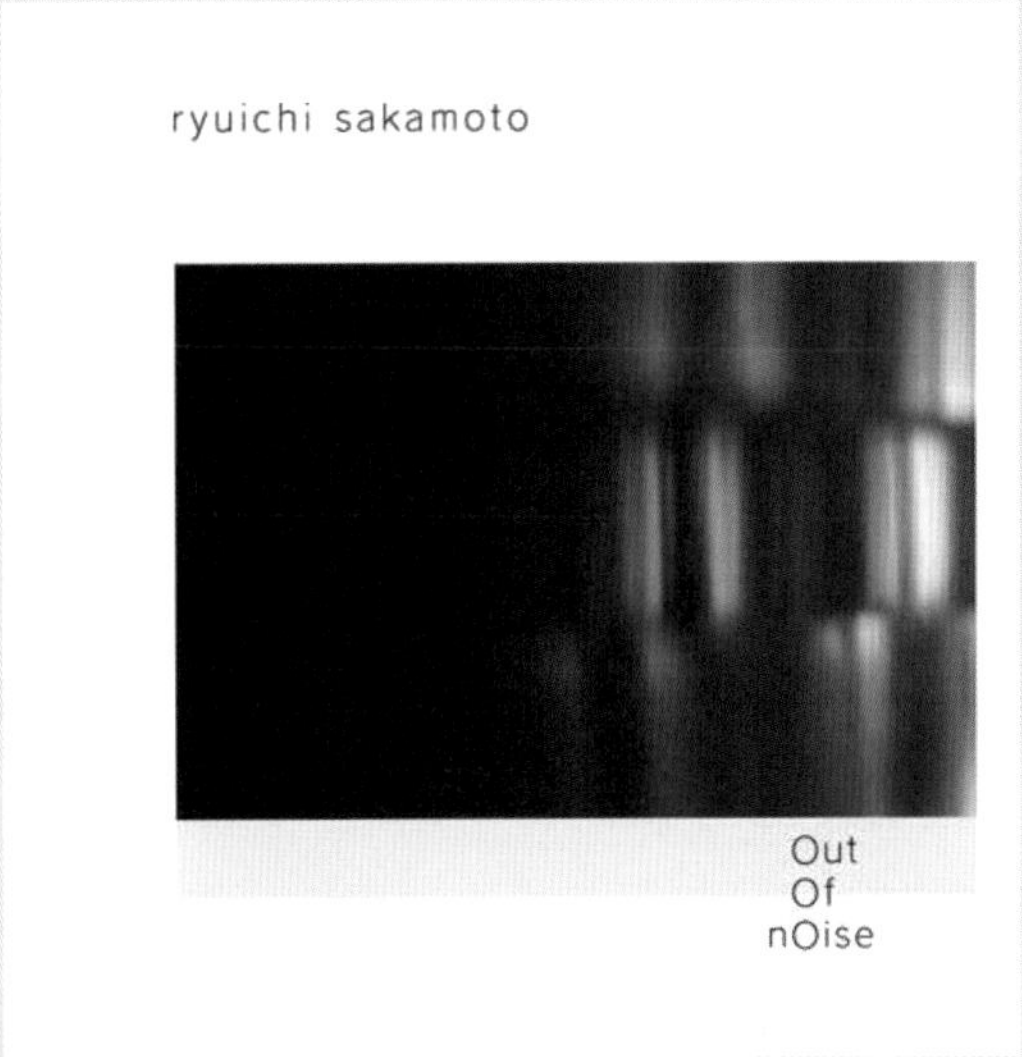

水平な動きしかないというのか、前半は塗り固めるような演奏が続き、「動きがない」ことを表現しているかのよう。「佇む」を音にしたというか。存在と恩寵。中盤からの不安。過程と実在。ノイズというのは何を意味し、その外側というのは永劫回帰の外なのか。心や体だけでなく頭に効くアンビエント。坂本の境地がわかるようでわからない。不思議な体験。坂本本人の解説を聞くと、よく言われるような「音楽から音へ」ではなく「あらゆる音から音楽を聴きとる」ではないのか。それこそニューエイジだと思うけれど、それはそれであまりにレヴェルが高い。〝To Stanford〟で急に現実に戻され、目が覚める。最後も理解不能。難解。

『御法度』のOST盤。16年ぶりとなった大島渚との再タッグがアンビエント期を拡大する助走となった。オーケストラから離れ、具体音をちりばめたエレクトロアコースティックに移行。『シェルタリング・スカイ』を破片化させたようなピアノと弦楽器の配置が全体にフランス映画の記憶を滲ませる。事実上の転換期となった。

Ryuichi Sakamoto
Gohatto
WEA Japan (1999)

Ryuichi Sakamoto
Alexei And The Spring
KAB Americ (2003)

チョルノービリ(チェルノブイリ)原発の風下にあった小さな村を扱った本橋成一監督「アレクセイと僕」のOST盤。とても穏やかで、細野やフィッシュマンズ、あるいは坂本自身の『音楽図鑑』を思わせたりと幅広い。同時多発テロの後、続けさまに核攻撃もあるんじゃないかと怯えながらつくったらしい。隠れ名盤。

Ryuichi Sakamoto
Tony Takitani
commmons (2005)

市川準監督『トニー滝谷』のOST盤。原作は村上春樹。『死刑台のエレベーター』のマイルス・デイヴィスを気取って映像を観ながら即興で演奏したもの。独特の演出でわかりづらい作品に合わせて少しの喜びと孤独の表現を際立たせる。正確にはアンビエントではなく、当時、盛り上がっていたモダン・クラシカルを敷衍。

Fennesz Sakamoto
Cendre
Touch (2007)

グリッチ・アンビエントのヒット作『Endless Summer』のギタリストと初タッグ。ニコライとは逆にフェネスの音源に坂本が即興でピアノを足すパターン多め。アルバム・タイトルはどちらの色も強くなく、混じり合って『灰』だと。確かに『Vrioon』のような透明度はなく、優雅で濁りがあり、どことなく退廃的。

Alva Noto + Ryuichi Sakamoto
Glass

Noton (2018)

「V.I.R.U.S.」5部作に続いてインプロゼーション主体の場所シリーズ（1回で終わった）。フィリップ・ジョンソンが建てた「ガラスの家」で行ったライヴ・パフォーマンスを坂本がミックスし、ニコライがエディット。フィールド録音の比重を増やし、幽玄な雰囲気を増大させたロング・ドローン。ガラスの音がとても儚い。

Ryuichi Sakamoto
Plankton (Music For An Installation By Christian Sardet And Shiro Takatani)

Milan (2016)

京都国際写真祭のインスタレーション用につくられ、人類の起源（『Elephantism』）からさらに踏み込んで副題が「漂流する生命の起源」。瑞々しくモダンなドローンは水を題材にしたミシェル・ルドルフィやフランシス・ベイルのエレクトロアコースティックを想起。角が取れて優しくなった〝ナスカの記憶〟か。

Ryuichi Sakamoto
Minamata (Original Motion Picture Soundtrack)

Milan (2021)

写真家ユージン・スミスが世界に向けて水俣病の実態を告発するアンドルー・レヴィタス監督『MINAMATA ミナマタ』のOST盤。印象的な〝Piano Theme〟と鬱々とした曲の数々はかつてなく音楽の存在感を消している。李相日監督『怒り』に収録されたロング・ドローン〝Trust〟もいいよ〜。

Ryuichi Sakamoto
Proxima

Milan (2020)

アリス・ウィンクール監督『約束の宇宙《そら》』のOST盤。シングルマザーの宇宙飛行士が任務と子育ての両立に悩む姿を重々しく描写し、娘と宇宙に似たような雰囲気を持たせている。優雅に波打つシンセサイザーが多用され、シガー・ロスを思わせたり。ウィンクールは地球の音を録音して使う坂本の純粋さに惹かれたという。

「非同期」から聴こえてくるもの——音楽・サウンド・ノイズ

高橋智子
written by Tomoko Takahashi

photo by Ryuichi Maruo

2017年、青山のワタリウム美術館に展示された『async | 設置音楽展』の様子。

同期から非同期へ

「asynchronization」——同期しない状態、非同期。このアルバムのタイトルについて、坂本龍一は「すべてが同期されていく時代の流れにはあえて背を向け「非同期」を求めようという気分をタイトルに込めました」(*1)と語っている。「今、そこで起きている」テロや戦争の凄惨な現場も、誰かが食べている物や飼い猫の愛らしい仕草も、あらゆる事象が世界に向けて同時的、即時的に発信されている現在、私たちは情報という名の暴力によってほぼ強制的に常に何かや誰かとつながり、同期させられている。これを好意的に捉えれば共有や連帯とも言えるが、時にこのような集団主義的な状況に煩わしさを感じる人も少なくないはずだ。

否定の接頭辞「a-(非)」を用いずに「async」を表すならば、「ズレ」、「不揃い」、「差異」、「逸脱」がその意味としてふさわしいだろうか。人間社会の在り方だけでなく音楽においても、とりわけ統合と調和を志向してきた近代西洋音楽では様々な規則や技法に基づく「同期」が重んじられてきた。全てのパートが歩調を合わせて展開するリズム、旋律と調和してよく響き合う和音、全員が同じ旋律を奏でるユニゾンなど、ある時点までの西洋音楽は異物や不規則な要素が入り込む余地のない、清澄な時間と空間を目指していた。だが、西洋音楽史の定説に即して語ると、この傾向は19世紀末頃から起きた無調、不協和音、非楽音(楽器の音ではない音)への関心の高まりによって変化した。20世紀半ば以降の前衛や実験の時代に入ると、不揃いな状態、調和していない状態を肯定し、このような状態を積極的に創出する試みが始まった。従来の五線譜とは異なる新たな記譜法(図形楽譜やテキストによる楽譜)、新たな発明楽器(初期の例ではオンド・マルトノやテルミンが知られている)、既存の楽器の新たな(しばしば奇想天外な)奏法、電気楽器や録音機器の援用によって、音楽は過去のしがらみを払い退けながら「非同期」を実現したのである。

音楽における「非同期」の最初期の例を2つあげよう。音楽実践をとおして中心や階層関係のな

(*1) 坂本龍一『ぼくはあと何回、満月を見るのだろう』東京:新潮社、2023年、171頁。

いアナーキーな世界を希求したジョン・ケージは「4分33秒」（1952）、「Musicircus（ミュージサーカス）」（1967）等の作品で、複数の異なる出来事が相互干渉しない状況を作り出した。一定の時間の枠組が設定されている点で、上記の作品は楽曲の体裁を取るが、その内部で起こる出来事が統制されている必要はない。むしろ、これらの楽曲では際限なく起こる「不揃いな」出来事が好ましいと考えられている。

ケージの盟友のひとり、モートン・フェルドマン（*2）はケージのようなセンセーショナルな方法に依ることなく非同期を実現した。フェルドマンが晩年に打ち出した概念「歪んだシンメトリー（crippled symmetry）」は坂本の『async』にどこか重なる部分がある。中東の絨毯のパターン模様が包含する色や形状の微細なズレから着想した「歪んだシンメトリー」は、楽曲を構成する小さなパターンの反復過程で生じる微かな差異や、整然とした状態からの逸脱を指す。フルート（とバスフルート）、鍵盤打楽器（グロッケンシュピールとヴィブラフォン）、鍵盤楽器（ピアノとチェレスタ）の3パートによる同題のアンサンブル曲〝Crippled Symmetry〟（1978）は各パートが違う拍子で演奏し始めて曲が進んで行く。息の合ったアンサンブルとは無縁の、三者三様の「同期しない」時間がそこにある。

音楽における「非同期」を求める傾向は1960年代後半から始まるスティーヴ・ライヒ（*3）の一連のフェイジング（位相ズレ）・プロセスによる一連の楽曲や、ブライアン・イーノの『Discreet Music』（1975）などにも見られる。個々の要素が寄り集まってひとつの大きな総体を作る「部分と全体」という関係の脱構築から生じたのが、音楽における「非同期」だとも言えるだろう。忘れてはならないのは、「非同期」はたったひとつの音や声からは生まれないという事実だ。ズレも差異も、複数の音や声、内と外、私と誰かといった、何かや誰かの存在をとおして感知される。個々の要素は交わらないものの、他者の存在なしに「非同期」はあり得ない。

簡単にではあるが、また、長い前置きになってしまったが、音楽が「非同期」を希求し始めた背景

（*2）モートン・フェルドマン Morton Feldman（1926‐87）アメリカの作曲家。抽象表現主義絵画から着想した図形楽譜、音の長さを奏者の任意にする自由な持続の記譜法、区切りなく長時間演奏される晩年の楽曲によって、彼は「音それ自体」を追求した。

（*3）ミニマル音楽の第一世代として知られるスティーヴ・ライヒ Steve Reich（1938‐）は、タイミングをずらして同一の素材を再生し、そこで生まれるモアレ効果のような位相を狙ったテープループによる『Come Out』（1965）と『It's Gonna Rain』（1966）を発表。その後、1967年に彼はこの手法を器楽に援用した『Piano Phase』と『Violin Phase』と作曲した。

ろうか。

を探った。不思議なことに、音楽においては「同期」よりも「非同期」や「不揃い」を作り出す方が難しいようだ。では、坂本はどのようにしてアルバム『async』のなかで「非同期」を具現したのだ

『async』2つの着想――「もの派」とタルコフスキー

『async』は、坂本曰く「あまりにも好きなので、誰にも聴かせたくない」(*4)渾身の一枚だ。一度目の闘病生活を終えた坂本は、2016年4月末頃からこのアルバムの制作に着手したという。その時の心境を、彼は「音楽についてこれまで習い、蓄えてきた知識を一旦すべて排除して、真っ白なキャンバスに向き合うつもりで作ってみようと思った」(*5)と述べている。これまで準備していた素材を破棄してゼロから始めたというアルバム制作に際し、彼が実践した四つの行為がライナーノーツに記されている。

・朝、起きてすぐ、頭で鳴っている音をアナログ・シンセサイザーで表すこと。
・バッハのコラールを、薄霞のかかった音色にアレンジすること。まるで規則のないように見える霧の動きの中から、厳密な論理が姿を見せてくるように。
・環境音を収集すること。雨の音、廃墟の音、雑踏の音、市場の音、
・一つのテンポにみなが合わせるのでなく、それぞれの音／パートが固有のテンポをもつ音楽を作ること。

(*4) 坂本龍一『async』(2017)ライナーノーツより。

(*5) 坂本龍一『ぼくはあと何回、満月を見るのだろう』、166頁。

(*6) 李禹煥(1936-)は韓国の慶尚南道生まれの美術家。ソウル大学美術大学中退の後、来日。1968年頃に「もの派」運動を展開。パリ・ビエンナーレやヴェネツィア・ビエンナーレなどに出品し、国際的に活躍している。2017年にワタリウム美術館で開催された坂本の「設置音楽

このテキストの内容と存在そのものが、1960年代のフルクサスをはじめとする前衛や実験芸術を彷彿させるコンセプチュアルな音楽作品にも見える。だが、これら四つの行為の成果が反映されている『async』を聴けば、坂本がこれらを愚直に実践したのだとわかる。というのも、このアルバムから以下のような問題意識がひしひしと伝わってくるからだ――音とは何か、音楽とは何か、そのどちらでもない音の世界もあるはずだ――。

1960年代後半に美術家の李禹煥(*6)を中心として興った「もの派」と、ロシアの映画監督アンドレイ・タルコフスキー(*7)の存在も、音と音楽に対する根源的かつ答えのない問いかけでもある『async』に大きな役割を果たしている。

李によると、「もの派」運動とは「作ることと作らざるものとの関係を問う」(*8)創作態度をいう。「もの派」は石、ガラス、鉄板、木などの素材を配置し、その素材の特性と空間とが織りなす新たな関係の構築を目指した。配置や構成の方法によって、その素材の、それまで気付かれなかった新たな側面がふと立ち現れることもある。李の作品は「描くことと描かざるところ、作ることと作らざるところとの対応によって成立する」(*9)。素材にどこまで手を加えるべきか、余白、つまり対象物に侵食されない空間をどこに、どれくらい残しておくか。彼の作品はこれらの絶妙なバランスによって成立し、ひとたび作品が完成して設置されると、その作品とそれを取り巻く環境とが思いがけない新鮮な空間を提示する。このような制作過程と逡巡は音楽にも充分に当てはまる。とりわけ、環境音を用いる場合、あるいは「音そのもの、音のあるがまま」による音楽を作ろうとする場合、生の素材である音に対して、人間の手をどのくらい加えたらよいのか。その匙加減は常に音楽家を悩ませる。ここでも李の言葉は私たちに大きな示唆を与えてくれるはずだ。

> **画面の微妙な不協和音、アンバランスのバランス、無関係の関係を醸し出すのは、意識と無意識、対象と非対象との相互対峙、相互浸透からきた現象と言っていい。それゆえ、作品は形を成し**

展」を訪れた李は展覧会の感想を会場のポストイットに書き記した。これを機に二人の直接的な、そして芸術的な交流が始まった。

(*7) アンドレイ・タルコフスキー Andrei Arsenyevich Tarkovsky(1932-86)ロシア出身の映画監督。『惑星ソラリス』(1972)、『ストーカー』(1977)などの静謐で詩的な独自の映像美を追求する作品を遺した。また、彼が執筆した映画論と芸術論は彼の映画作品同様に現在も参照されている。

(*8) 李禹煥「一九七〇年代に出発して」、『両義の表現』、東京:みすず書房、2021年、85頁。

(*9) 李禹煥、「私の制作の立場」、同前書、73頁。

完成度を保ちながらも、そこに流動的で規定されざるものを含んだ矛盾律、得体の知れない生き物となる(*10)。

音楽、美術、文芸、演劇など、あらゆる分野の「作品」は、李が言うように「流動的で規定されざるものを含んだ矛盾律、得体の知れない生き物」として生息している。『async』の全14曲のそれぞれは、これが果たして「音楽なのか」と聴き手に絶えず問いかけてくる。しかし、作品を「得体の知れない生き物」と捉えることで、多少は肩の荷が降りて、私たちはその音の、その曲の「あるがまま」に向き合おうという気持ちになるだろう。

『async』にとってのもうひとつの大きなコンセプトが「架空のタルコフスキー映画のサウンドトラック」である。タルコフスキーは「告白しなければならないが、映画は音楽をまったく必要としていない、と私は心の奥でひそかに信じている」(*11)と述べるが、これはある種の皮肉と逆説だと解釈できる。概ね彼の映画では、劇中での音響ないし音楽は極めて抑制された方法で用いられており、いかに効果的に音楽を用いるかが周到に計算されている。例えば『惑星ソラリス』(1972)ではJ・S・バッハのコラール前奏曲「われ、汝に呼ばわる、主イエス・キリストよ」(BWV639)が劇中の回想シーンやラストシーンで流れ、「サクリファイス」(1986)ではバッハの『マタイ受難曲』(BWV244)第39曲アリア「憐れみ給え、わが神よ」が物語を締め括る。数々の映画音楽を手がけてきた坂本にとって、音楽に対する厳しい批判眼を持つタルコフスキーの映画は、「音そのもの」という普遍的な問いをぶつける格好の素材だったのかもしれない。たとえそれが架空の映画だったとしても。

『async』のSNMと4つのカテゴリー

2017年春の『async』リリース時に行われたインタヴューのなかで、「ただ『もの』が発してい

(*10) 同前書、74頁。

(*11) アンドレイ・タルコフスキー「映像について」、『刻印された時間 映像のポエジア』鴻英良訳、東京:キネマ旬報社、1988年、234頁。

るだけの音を拾いたいと思った」(＊12)と語る坂本は、実際に自身が収集した音を聴いているうちに、これらの音にはM、つまりミュージックが足りないと気付いた(＊13)。それまで坂本が収集した「もの音」は、従来の考え方でいうとS（サウンド）かN（ノイズ）に位置付けられる。多種多様な音が溢れている現在、サウンドとノイズの区別はもはや使い古された無意味な対立項ともいえ、Mの定義も限りなく拡張している。

「もの派」と「タルコフスキーの架空の映画音楽」というふたつの明確なコンセプトに基づく『async』だが、全14の収録曲はそれぞれが強烈な個性を持っていて、一見まとまりがない。ここではこれら14曲をS、N、Mを用いた次の4つのカテゴリーに分類する。もちろん、この分類は絶対的なものではなく、他の様々な解釈が成り立つのは承知のうえだ。いったいどのような必然性が働いて、14の音楽が『async』として1枚のアルバムに収まっているのだろうか。

・M――楽曲としての音楽

M（ミュージック）はC（コンポジション）、つまり楽曲とも言い換えられる。より正確には、旋律やリズムといった基本的な要素を見出すことができ、楽曲として構成され、体裁が整えられた作品群である。このカテゴリーに入るのは以下の5曲。

1. andata
3. solari
6. stakra
7. ubi
10. tri

(＊12) 坂本龍一「坂本龍一ロング・インタビュー　あるがままのものを求めて」、『美術手帖』、2017年5月号、20頁。

(＊13) 坂本龍一、同前書、20頁。

2017年にリリースされたアルバム『async』。いまだ多くの人たちがこの作品を温ね、その魅力を語っている。

1曲目〝andata〟と3曲目〝solari〟はバッハのコラール(＊14)の書法を踏襲している。ピアノ独奏で始まる〝andata〟の旋律に出自のわからない音が影のようにまとわりつき、旋律はオルガンの音色へと受け渡される。そのタイトルがタルコフスキーの『惑星ソラリス』を示唆する〝solari〟は、俗世や現実から遠く離れたどこかをイメージさせるシンセサイザーの音色で演奏されている。坂本がライナーノーツで書いているとおり、主旋律と対旋律による「霧の動きの中から、厳密な論理」がぼんやりと姿を現す。

6曲目〝stakra〟は絶え間なく動き続けるパッセージに、いくつもの音の層が重なる。このパッセージが延々と繰り返されるだけで楽曲全体に特段の変化はないが、反復とそれを覆う音響によって構成された楽曲として解釈し、この曲をMのカテゴリーに入れた。

もの悲しいピアノによる7曲目〝ubi〟は、このカテゴリーのなかで最も「非同期」を感じさせる。ピアノによる音楽の時間、煌めくような音色で規則正しく刻まれる音の時間、これらの背後でひそやかに鳴り続ける種々の音の時間といった、複数の異なる時間をこの曲のなかに聴くことができる。

音高の違う複数のトライアングルによる10曲目〝tri〟はM、S、N、どのカテゴリーに入っても違和感がない。しかし、好き勝手に連打されているように聴こえるトライアングルは、曲の最後の約1分間、互いに歩み寄ってひとつの短いフレーズを作る。この構成と展開から「tri」をMとみなした。

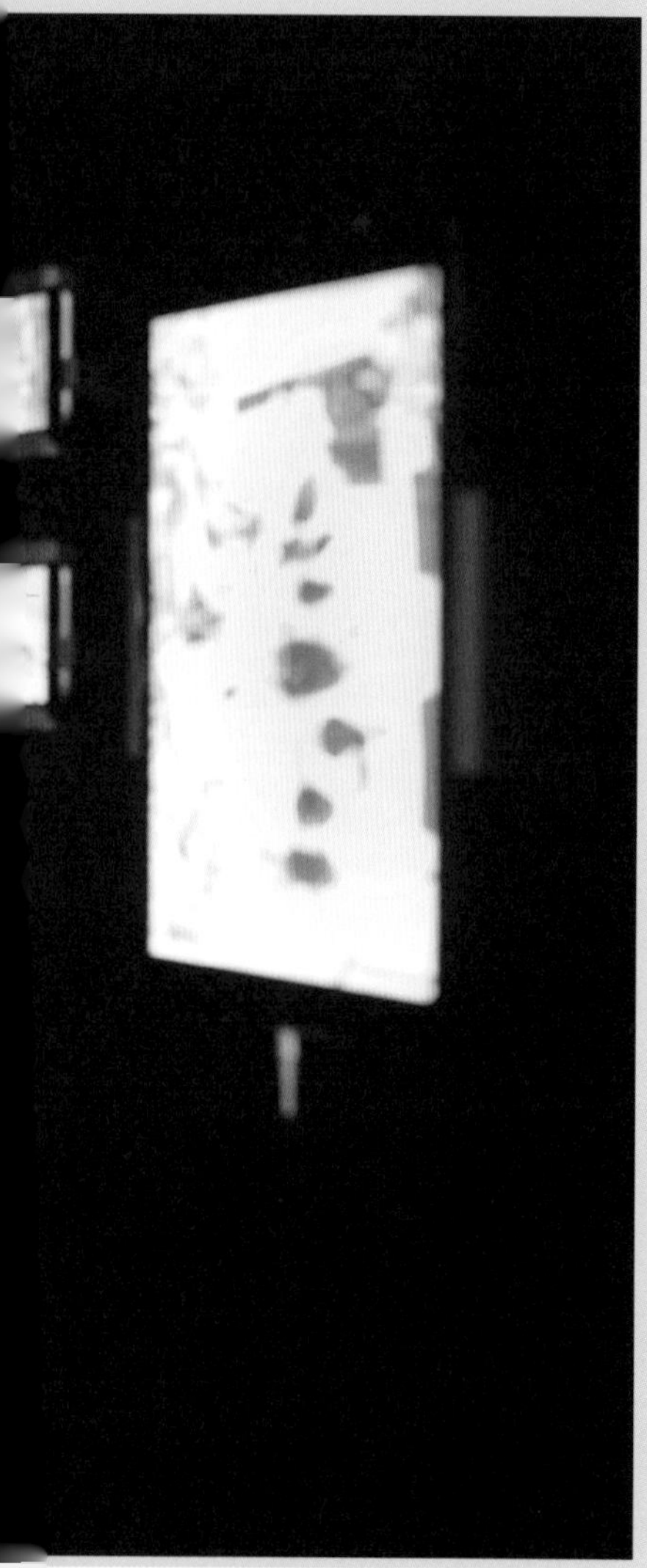

(＊14)コラール(chorale)は元来ルター派教会の全会衆が歌う賛美歌の総称だった。やがて主旋律と同じリズムで動く和音が付けられた四声体の形式へと発展し、複雑な動きの内声部や対旋律を含む書法として定着した。

・SとN——サウンドとノイズ
このカテゴリーは構成されたMとは明らかに異なる、より抽象的な音響による作品を対象とする。ここではサウンドとノイズを区別せず、「SとN」として一括りにした。

2. disintegration
5. walker
9. async

2曲目〝disintegration〟は、ピアノの内部に物を置く等の細工を施して通常のピアノとは違う打楽器的な音色を獲得したプリペアド・ピアノによる。いわゆる「ドレミ」ではない音高を奏でるこのピアノは、「もの」としての響きを出す装置と化している。

5曲目〝walker〟にはハリー・ベルトイア（＊15）の音響彫刻の音が用いられているはずだが、人間の足音、ドローンのような音、虫や鳥の鳴き声が混ざったような環境音、犬の遠吠えや尺八にも聴こえる音など、この曲は判然としない音の数々からできている。この場合、それぞれの音の出所を暴こうとはせずに、じっと耳を傾けるのが正しい聴き方なのかもしれない。

弦楽器による9曲目〝async〟はこのアルバムのなかで最も強く激しい曲だ。Sの要素は希薄で、Nが前面に出ている。打楽器的な音響効果の点で、Mにカテゴライズされた10曲目〝tri〟と類似しているが、楽曲としての構成と展開を有する〝tri〟と違い、〝async〟は弦の打撃音という音響現象に焦点が当てられている。このような理由で〝async〟をSとNのカテゴリーに入れた。

（＊15）ハリー・ベルトイア Harry Bertoia（1915-78）イタリア出身でアメリカを活動拠点とした芸術家。金属を用いた数々の音響彫刻を制作した彼は、家具デザイナーとしての顔も持っていた。

・MとSとN——音楽とサウンドとノイズの間

このカテゴリーにはM、S、N全ての要素を併せ持つ曲が該当する。

4. ZURE/ between music and sound
12. honj/ sound, noise, melody between music and noise
13. fff/ sound, music, drone, abstract
14. garden/ sound, music, composition, chorale

4曲目〝ZURE〟は本当にタルコフスキーの『惑星ソラリス』に出てきそうな曲だ。「ズレ」を表すシンセサイザーの和音の狭間でピアノの音が聴こえてくる。このピアノの音は2011年の東日本大震災の被害に遭った「津波ピアノ」による。津波ピアノは物語を背負った存在だが、ノイズの波が無情にもピアノの音を覆い、この物語もいつの間にか打ち消されてしまう。

12曲目〃honj〃は時に旋律のようなものを奏でる三味線の音、京都市立芸術大学に所蔵されているバシェ兄弟(＊16)による音響彫刻の音、笙の音にも聴こえるシンセサイザーの神秘的な音からできているが、どの音も交わらず、ぶつかり合わず、独自の時間と空間を作り出している。三味線の余韻に沈黙や間《ま》を感じることもできる

13曲目〃ff〃はこのアルバムのなかで最も抽象的な曲だ。緩やかに、そして微かに動くドローン状の音響に旋律を期待してしまう瞬間が幾度となく訪れるが、この音響がかたちを形成することはない。

アルバムの最後、14曲目〃garden〃には〃ff〃とやや似ているところがある。オルガンのような音色のうねりのなかから、アルバム冒頭を思い出させるコラールが今にも聴こえてきそうだが、音の波は最後まで波のままだ。

・声とサウンド

人の声は聴き手の注意を否応なく引きつける。ここでは声による2曲を他の三つのカテゴリーとは異なる、やや特殊な存在として扱う。

8. fullmoon
11. LIFE, LIFE

8曲目〃fullmoon〃には、映画『シェルタリング・スカイ』(ベルナルド・ベルトルッチ監督、1990)の原作者である作家で作曲家のポール・ボウルズが映画のラストシーンに登場した時の

(＊16)エンジニアのベルナール・バシェBernard Baschet(1917-2015)と彫刻家のフランソワ・バシェFrançois Baschet(1920-2014)の兄弟(ともにフランス生まれ)は1954年頃から音響彫刻の制作を始めた。欧米でも彼らの展覧会が開催されたが、日本とも縁があり、1970年に弟フランソワが大阪万博鉄鋼館の展示のために来日して17点の音響彫刻を制作。現在、修復された渡辺フォーンと桂フォーンが京都市立芸術大学に所蔵されている。

語りがサンプリングされている。この台詞は坂本の自伝のタイトルにもなった「ぼくはあと何回、満月を見るだろう（How many more times will I watch the full moon rise?）」を含む。ボウルズに続いて中国語、ドイツ語、ペルシャ語、フランス語など様々な言語の語り手がこの一節を語り、最後に聴こえるイタリア語の語り手はベルトルッチ。語られる言葉以前に、このような構成だけで、この曲は充分にドラマティックである。

11曲目〝LIFE, LIFE〟の語り手はデイヴィッド・シルヴィアン。ここで語られるのはタルコフスキーの父で詩人のアルセーニイ・タルコフスキーによる詩「それは夢で見た、これも夢で見る（And this I dreamt, and this I dream）」（＊17）で、先のボウルズの一節と同じく人間の生と死に肉薄した内容だ。

どちらの曲も、最初は前景で鳴り響いていた声が、他の音響のなかに徐々に飲み込まれて行く。それでもなお、人間の声と言葉は存在感を維持している。

S、N、Mを手がかりに『async』の全14曲を読み解いてみた。アルバム内の曲の配置に規則性や意味を見出そうとするのは無粋かもしれないが、それを想像する楽しみが残されている。また、このアルバムは聴取環境によって印象がその都度変わる。筆者は可能な限り多くの音を聴き取るために、自宅で集中して何度もアルバムを聴いた。それでも聴き漏らしてしまった音がまだまだある。アルバムのミックス段階の音源を車上で聴いてみた坂本は、外の音と混ざり合うことで、このアルバムの面白さが倍増するのだと言う。その後、坂本は理想の聴取空間と体験を求めて、『async』をパフォーマンスやインスタレーションへと発展させていった。

（＊17）アルセーニイ・タルコフスキー「（それは夢で見た、これも夢で見る）」前田和泉訳、『アルセーニイ・タルコフスキー詩集 白い、白い日』東京：エクリ、2011年、68-71頁。ウクライナ生まれの詩人アルセーニイ・タルコフスキー（1970-89）はアンドレイの父親。新聞記者や翻訳業の傍らで詩作を続けていた彼は1962年に詩集『雪が降る前に』でデビュー。奇しくも1962年は、息子アンドレイが初の長編作『僕の村は戦場だった』を発表した年でもあった。

interview with
Spencer Doran

interview with Spencer Doran

21世紀における細野晴臣に吉村弘、尾島由郎との出会い
――スペンサー・ドーラン、インタヴュー

質問：小林拓音
questions by Takune Kobayashi

通訳：青木美絵
interpreted by Emi Aoki

photo by Jonathan Sielaff

２０１０年代を通して、もし欧米においてジャパニーズ・アンビエントのリスナーが増えていたとしたら、それはこの人に責任がある。エレクトロニック・ミュージックのリスナー、それもアンビエントや実験音楽を好む人たちのあいだでは、ライアン・カーライルとのプロジェクト、ヴィジブル・クロークスのメンバーとしておなじみだが、時代の流れを掴もうとする耳の早いリスナーたちのあいでは、彼の研究の最初の成果となった２０１０年の伝説的なミックス「Fairlights, Mallets And Bamboo: Fourth-World Japan, Years 1980-1986」（細野、坂本、ムクワジュ・アンサンブル、清水靖晃からDip in the PoolにPhewまで）を手がけた人物として認知され、そして『kankyō ongaku : Japanese Ambient, Environmental & New Age Music 1980-1990』（２０１９）の監修者として広く知られていることは、いまさら言うまでもないだろう。とにかく、ドーランの名は知らずとも、「なんだか日本のアンビエントだか環境音楽が海外で人気らしいよ」という声は、ここに端を発しているのである。つまるところ彼は、わたしたちの今回の特集号において、話を聞かなければならないひとりなのだ。本人の公式サイトにメールを送ると、日本における「第四世界」を調査したこの人物は、快く応えてくれた。

「環境音楽」という用語の正確な意味は、時代とともに変化していますが、本来は、イーノの「アンビエント・ミュージック」という概念を日本に紹介するために使われたものでした。しかし、それ以前にも環境芸術には長い歴史があり、1966年には「空間から環境へ」展が開催され、1964年の東京オリンピックの選手村では、実験工房のメンバーである秋山邦晴による音楽が流れたていました。

——そもそも「環境音楽」との出会いはどのようなものだったのでしょうか？

SD　環境音楽というカテゴリーに分類される音楽を最初に聴いたのは、イエロー・マジック・オーケストラあたりのアルバムを開拓していた頃に見つけた細野晴臣の『マーキュリック・ダンス〜躍動の踊り』だと思います。そのような音楽をさらに探しているうちに、吉村弘の『AIR：エア・イン・リゾート』に出会い（よく知られているアルバムなので、比較的容易にそこに辿り着きました）、そこからさらに環境音楽の世界にのめり込んでいきました。

——「Kankyō Ongaku」をタイトルにした理由を教えてください。

SD　「環境音楽」という用語の正確な意味は、時代とともに変化していますが、本来は、（ブライアン・）イーノの「アンビエント・ミュージック」という概念を日本に紹介するために使われたものでした。しかし、それ以前にも環境芸術には長い歴史があり、１９６６年には実験工房／エンバイラメントの会による「空間から環境へ」展が開催されていますし、さらに前の１９６４年の東京オリンピックの選手村では、実験工房のメンバーである秋山邦晴による音楽が流れたりしていました。最近復刊されたR・マリー・シェーファーによるサウンドスケープ研究の書物や、著書『波の記譜法——環境音楽とはなにか』に見られる芦川聡の文章を参照すると、環境音楽という概念は、建築デザインの延長線上にあるものだということが、当時から明確にされていたように思います。また、同時期には、環境音楽という領域の概念や、それに関連する概念を取り扱った音楽が、日本各地で爆発的に誕生していました。そこで今回、環境音楽のコンピレーションを制作するにあたり、そのすべてを「傘」のように包括するタイトルにしたいと考え、このようなタイトルになりました。

interview with Spencer Doran

――「環境音楽（environmental music）」はアンビエントやニューエイジ音楽とどう違うと思いますか？

SD 環境音楽には、その作品が存在する物理的な環境、つまり「場所」という感覚に特有の配慮がなされていることが多いと感じます。従来のいわゆる「ミューザック」やBGM（どのような環境にも存在できるようにデザインされた汎用的な音楽）の概念とは対照的に、環境音楽は特定の空間やセッティングの中で体験されるようにデザインされています。「ニューエイジ」音楽は、西洋の資本主義的な背景に、様々な地域の宗教的風習をコラージュした、アメリカ特有のスピリチュアル・ムーヴメントと絡んでいることが多いですが、その最終的な使い道は、スピリチュアルなものではないことが多いようです（リラクゼーションやストレス解消、自己啓発、仕事の最適化など）。「アンビエント」音楽は、エレクトロニック・ミュージックや90年代のクラブ・カルチャーという歴史を経て現代に至るまで、アート・ミュージックとして独自の流れを汲んでいます。このふたつのコンテクストにおいて活躍している日本人ミュージシャンももちろんいますし、「環境音楽」という日本語は世界における「アンビエント・ミュージック」の概念と同義語にもなってきています。しかしわたしにとっての環境音楽には、ニューエイジともアンビエントとも異なる特有の概念があり、英語でも「環境音楽（environmental music）」という言葉が使われはじめているようです。

――環境音楽の魅力はどのようなところにあると思いますか？

SD 音楽の構成において、環境音楽の多くには、空間という感覚が緻密に整えられていて、アメリカの（ラ＝モンテ・）ヤング／（フィリップ・）グラス／（スティーヴ・）ライシュ／（テリー・）ライリーの系統でいうところの「ミニマリズム」とは対極にあるようなミニマリズムがあると思います。人間の知覚の脆さというものに留意し、繊細な音楽的ジェスチャーを際立たせ、音楽に対する細心の配慮が全体に渡ってなされており、それらは、自分が音楽や芸術に取り組む姿勢に通じるものだと感じました。それから多くのミュージシャンや作曲家が、80年代のバブル経済という高度資本主義制度のなかで、これほどまでに芸術的に意義深く、奥深いクリエイティヴな世界を切り開くことができたことに、深い感銘を受けたという点もあります。

――環境音楽の世界を探求するなかで、もっとも共感したアーティストを教えてください。

SD 尾島由郎さんと柴野さつきさんです。彼らが80年代という時代背景から脱却し、１９９０年代に（柴野さつきの）『Caresse』や尾島さんの『Hands・Some』のような独

自のアート・ミュージックを創り上げていく姿にとくに共感を覚えました。

——2008年、音楽ブログ「Root Strata」に80年代の日本の音楽のミックスを公開した理由を教えてください。

SD　2000年代の後半にそのような領域の80年代の邦楽をいろいろと聴いていて、その際に様々なアーティストから、重複するアイデアや楽器、音色、サウンドデザインが多々聴き取れたのですが、それにかんする明確な言及やコメントはいままでなされていませんでした。似たようなアーティストが参加した他のミックスもいくつかありましたが、このミックスにある楽曲のように、わたしに深い感動をもたらしてくれた、超然とした（detached）、アヴァンギャルドな感じには焦点が当てられていませんでした。当時わたしは〈Root Strata〉から音楽をリリースしていたアメリカ西海岸のミュージシャンたちが集うゆるいシーンに関わっていて、〈Root Strata〉のレーベルとブログを運営していたジェフレ・カントゥ＝レデスマとマックスウェル・オーガスト・クロイとは友人関係にありました。ジェフレ・カントゥ＝レデスマにこのミックスを送ったところ、彼が気に入ってくれたので、サンフランシスコで予定されていたわたしのライヴのプロモーションもかねて、〈Root Strata〉のブログに載せてくれたのです。

——2011年のコンピレーション『Fairlights, Mallets And Bamboo Fourth World Japan, Years 1980-1986』のコンセプトに、ジョン・ハッセルの「第四世界」の概念を導入した意図について教えてください。

SD　YMO界隈のミュージシャンの多くは、音楽制作において非常に汎文化的アプローチを取っていました。たとえばマライアの『うたかたの日々』（日本の伝統的な祭り囃子のメロディ、アフリカのマレットという楽器、オーストラリア人ヴォーカリストが歌うアルメニア語の歌詞）は、「ポップ」音楽が多方面からの文化的影響を受けているという考え方を、ジョン・ハッセルの作品以上に進化させたものだと思います。またYMOと細野の活動領域には、インたとえばマライアの『うたかたの日々』は、「ポップ」音楽が多方面からの文化的影響を受けているという考え方を、ジョン・ハッセルの作品以上に進化させたものだと思います。またYMOと細野の活動領域には、インドネシアや琉球といった島のメロディを現代のエレクトロニクスで再構築するという、ハッセルの作品と音響的にも概念的にも類似した流れが、長く続いていました。

ドネシアや琉球といった島のメロディを現代のエレクトロニクスで再構築するという、ハッセルの作品と音響的にも概念的にも類似した流れが、長く続いていました（細野の『Paradise View』のサウンドトラックはその好例です）。日本社会という枠組みのなかでこのような伝統音楽の要素を改めて探求することは、欧米の音楽家が同じことをするよりもはるかに深い文化的意味合いがあると感じ、文化的アウトサイダーである私はその意味合いを構築することに興味をかきたてられたのです。

——あなたのレーベル〈Empire of Signs〉が吉村弘の『Music For Nine Post Cards』をリイシューしたことにより、それまでほとんど知られていなかった彼に大きな注目が集まるようになりました。なぜ彼の作品を出そうと思ったのですか？

SD 彼の音楽は、アンビエント・ミュージックの世界的なレジェンドのひとりとして評価されるべきだと私は感じていましたが、日本以外で彼の音楽を知る人はいませんでした。彼の作品を再リリースする意図は、これまでの常識を覆す試みとして世界中のオーディエンスに彼の音楽を届けるということでしたが、それと同時に、ただ単純に彼の物語を正確に伝えながら、人びとに彼の音楽を広めるということでした。私たちがこのプロジェクトを進めているのと同時期に、彼の音楽はインターネット上で人気を集めていましたが、その文脈の多くは不明瞭だったり不完全なものでした。私たちは、彼のレガシーに敬意を払う形で彼の音楽を伝えたいと思ったのです。

——〈Empire of Signs〉というレーベル名は、ロラン・バルトの日本論『表徴の帝国（L'Empire des signe）』からとったものですよね？ 同書でバルトは、西洋文化が「意味」にあふれているのに対し、日本文化は「記号」＝外側ばかりで、中身がないこと、空虚であることを指摘しています。なぜこのレーベル名にしたのですか？

SD まさしくそのとおりです。バルトの文章は、日本文化のアウトサイダーであることや、日本文化を外部からの有利な視点で覗き見ること（クリス・マルケルの『サン・ソレイユ』もその一例です）、そして空虚に関する記号論について、とても上手に説明していると感じたからです。バル

尾島由郎さんは、私が『環境音楽』のコンピレーションを制作する上でリサーチした重要人物でもありました。彼は、東京の80年代のシーン（彼は音楽仲間のことを「アール・ヴィヴァンの子どもたち」と呼んでいました）に関わっていただけではなく、記録家でもあったからです。

トの文章が日本でも評判になったことを知って驚きました。じつは、尾島由郎さんからも、私物であるバルトの日本語版の著書を贈与してもらったのです。

——尾島由郎とはじっさいにコラボレイトしていますよね。彼についてコメントをお願いします。

SD 尾島さんと親しくなれたことをとても光栄に思っています。コラボレーションという過程を通じて私と尾島さんには、創作活動のプロセスや音楽史への興味など、多くの共通点があることに気づきました。初めて尾島さんにお会いしたとき、彼は私たちの作品にとても敬意を表してくれました。ヴィジブル・クロークスは、〈Lovely Music〉（ミミ・ジョンソンとロバート・アシュリーが設立したニューヨークのレーベル）の21世紀版だと言ってくれたとき、彼は私たちのクリエイティヴな立ち位置を本当に理解してくれているのだと気づきました。私たちは互いにクラシック以前の音楽（あるいは「古楽」）に深い関心を持っていることがわかり、また彼が長年取り組んできた生成音楽システム（ジェネレイティヴ・オーディオ・システム）は、私たちがヴィジブル・クロークスで使っているものと非常によく似ていることもわかりました。尾島さんは、私が『環境音楽』のコンピレーションを制作する上でリサーチした重要人物でもありました。彼は、東京の80年代のシーン（彼は音楽仲間のことを「アール・ヴィヴァンの子どもたち」と呼んでいました）に関わっていただけではなく、記録家でもあったからです。彼が私のリサーチを手伝ってくれたことに深く感謝しています。

——細野晴臣と坂本龍一についてあなたのご意見をお聞かせください。

SD 語りたいことはたくさんあります。本が一冊書けるくらいです（実際、執筆することになるかもしれません）。彼らは、文化の開放性において二極を示す存在だと思います。坂本龍一は世界市民であり、人類のさまざまな音楽的展望を吸収し、世界規模の有名人として活躍してきました。

interview with Spencer Doran

細野晴臣は、音楽やスピリチュアリティにまつわる伝統の両方を「見物人(sightseer)」という形で体験し、自らの文化的離散性(cultural diaspora)を見つめることで、世界各国の伝統要素を日本文化の内側へと反映させた、奥行きのある音楽世界を創造しました。彼らはともに、文化的なコラージュをおこなってきたわけですが、坂本は世界という外に向けて、細野は日本という内に向けてそれをおこなってきたと思います。両者とも、ハイパーカルチャーという現代のグローバルな社会を先導してきましたが、ふたつの異なる道を歩んできたと言えると思います。

——ツイッターで南方熊楠について触れていましたね。彼のどんなところに興味を持ちましたか？

SD 私が熊楠の作品に出会ったのは、〈Empire of Signs〉からリリースしたイノヤマランドのコンピレーションにかんするリサーチをしているときでした(このコンピレーションのいくつかの楽曲は、上野公園にある国立科学博物館で開催された「熊楠の変形菌」展から抜粋したものです)。彼の考え方が科学史において非常に進んでいること、そして、自然の相互関連性と宇宙のスケールにかんする彼の考え方が、(東洋と西洋という)双方の世界に深く根づいた知識体系を結びつけていることに感銘を受けたのです。環境保護に対する取り組みがこれまで以上に必要となっている現在において、彼は参考にすべき重要な歴史的人物であると言えます。ヨーロッパにおいても、アレクサンダー・フォン・フンボルトのような人物が、幅広い分野の研究や概念を結びつけ、全体としての世界観(自然という概念そのもの)を明らかにしたということで博学多識と評価されることが多いですが、フンボルトらは恵まれた環境で、研究者のネットワークと協力しながらこのようなことを成し遂げました。その一方で熊楠は、現代の基準からしても見事としか言いようのない専心的な努力の過程を経て、独力でこのような視点を獲得したのです。(わたしが大学に通っていた)UCSC(カリフォルニア大学サンタクルーズ校)の研究者たちが粘菌による経路行動を活用して作成した、宇宙最大の構造物(繊維状のガスや暗黒物質)の画像を見せてもらったとき、わたしは瞬時に理解しました。それはまさに熊楠が1903年に粘菌の研究をおこなった際に得た洞察と同じものであり、UCSCでレンダリングされた画像は、熊楠が描いたかの有名な「南方曼荼羅」と非常によく似ていました。熊楠が顕微鏡を覗き、宇宙の秩序というものに気づいた「ひらめきの瞬間」に、私は深く感動したのです。

——現在活動している若い世代の日本のアンビエント・アーティストで注目している人は誰ですか？　その理由も教えてください。

SD　わたしがもっとも興味を抱いているアーティストの作品は、どちらかというとサウンド・アートと呼ばれるものに近いかもしれません。細井美裕は、声と現代的な空間・編集技術のみを駆使したじつに素晴らしいミュージシャンです。松本望睦は、コンテンポラリー・アンビエントという閉塞的な条件において、メタ・コメンタリー（メタ解説）という形で非常に印象的なサウンドデザインを手がけています。梅沢英樹は、日本のアート界における環境音楽の流れを強く意識しているアーティストであり、その文脈のなかでとても興味深い音楽を制作しています。タカオのアルバム『Stealth』も最近のお気に入りだし、ウルトラフォッグのリリースはどれも美しい……キリがありませんね……。

Spencer Doran（スペンサー・ドーラン）

アメリカのポートランドを拠点とする音楽家かつレコード蒐集家で研究家、もともとはヒップホップのDJで、最初はWhite Sunglassesとして2006年にアルバム『Puzzles』を発表。当初はブロークンビーツ風の作品だったが、Spencer Doran And Cloaks を名乗った次作『Echoplexia』からアンビエントなフィーリングが表現されるようになる。ライアン・カーライルとのヴィジブル・クロークスが本格的に始動するのは2015年だが、2010年には自身のブログ、「Root Strata」にアップロードしたミックス「Fairlights, Mallets And Bamboo: Fourth-World Japan, Years 1980-1986」が評判となり、80年代の日本の音楽の研究家としても知られるようになる。ヴィジブル・クロークスとしては、〈Rvng Intl.〉からリリースされた2017年のアルバム『Reassemblage』が日本で評判となって、続く、尾島由郎／柴野さつきとの共作『Serenitatem』も大いに話題となった。しかしやはり、いまのところもっとも有名なのは、彼が監修した『kankyō ongaku : Japanese Ambient, Environmental & New Age Music 1980-1990』だろう。

https://spencerdoran.com/

「kankyō ongaku」の発明

ポール・ロケ
written by Paul Roquet

訳：五井健太郎
translated by Kentaro Goi

日本におけるアンビエント・ミュージックは何十年も前から存在しているが、個別的な一つのジャンルとしての「ジャパニーズ・アンビエント・ミュージック」は、最近になって発明されたものである。後者は、バブル時代にたいするノスタルジーと、アルゴリズムによる最適化が接近するなかで生まれたものだ。またこの発明によってアンビエント・ミュージックは、かつての宿敵のイメージのもとで再定義されることになった。すなわちそれは、生産性の向上や効果的なブランディングのために用いられる、機能的で、企業にむけられたバックグラウンド・ミュージックというイメージのもとで再定義されることになったのである。

2010年代の前半、私は1970年代と1980年代におけるアンビエントの美学の出現について、日本でのその歴史に焦点を当てながら一冊の本［*Ambient Media: Japanese Atmospheres of Self*］を書いた。私の興味は、人びとが日常生活における気分を調整する道具として記録メディアを使いはじめたときに、いったい何が起こったのかという点にあった。70年代に急成長したライフスタイル資本主義のなかで個人は、リラクゼーションやストレス解消という目標にむかって反射的に気分を調整するために、録音された音楽や映画やヴィデオ、さらには文学がもつアンビエントなムードを用いはじめたのである。

バックグラウンド・ミュージックなるものは、生産性や集中力を高め、売上を向上させることを期待して、すでに何十年も前から工場や小売店で使われていた。し

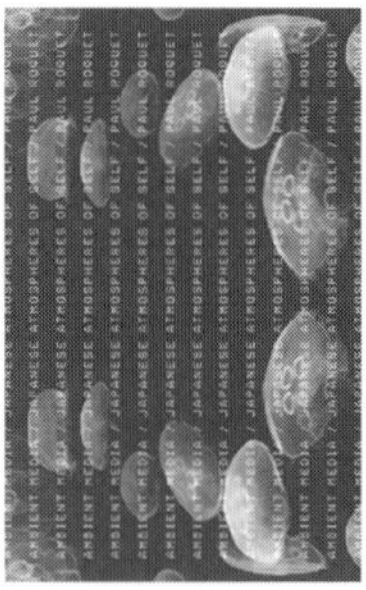

ポール・ロケの著書『Ambient Media: Japanese Atmospheres of Self』（Univ of Minnesota、2016）の書影。2章に詳述されている日本の「アンビエント・ミュージック」は、細野晴臣、テツ・イノウエ、畠山地平の3名。ちなみに表紙のクラゲは、黒沢明監督の『アカルイミライ』の映像と隅田川に浮かぶクラゲ、および著者のなかのアンビエント・イメージが重なったというもの。

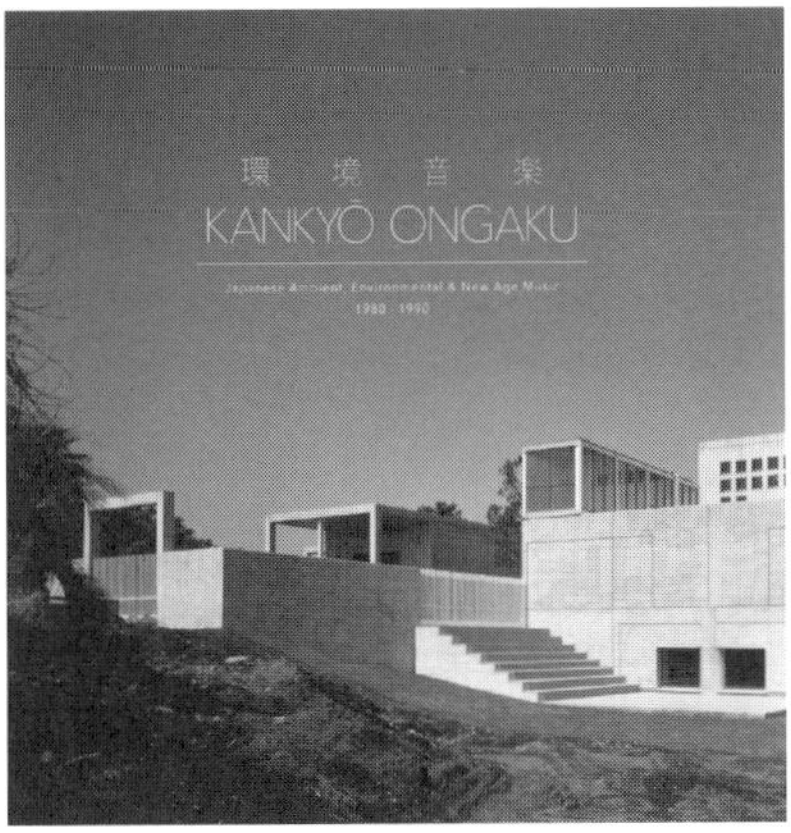

コンピレーション『kankyō ongaku：Japanese Ambient, Environmental & New Age Music 1980-1990』（2019）のスリーヴアート。みごとに日本のある時代のある場面を表象している。

かしブライアン・イーノが70年代後半に一つのジャンルとして定式化した時点における**アンビエント・ミュージック**は、そうした純粋に実用的なスタイルとは美学的な面で一線を画していた。たしかにアンビエント・ミュージックは、バックグラウンド・ミュージックがもつ気分を調整する特性の一部を借用してはいるが、同時にまたそれは、露骨に商業的なものであるその従兄弟たちよりも、より高度な美的複雑さと感情的曖昧さを手放すまいとするものだった。このスタイルは、たんに心を落ち着かせるだけのものではまったくなく、そもそもそうした対処技術を必要とした不快な状況そのものを記録することを狙うものでもあったのだ。先の本で論じたとおり、こうした二面性は、一方でアンビエント・ミュージックというスタイルがもつ治療的な効果を高めたが、他方で**同時に**、「リラクゼーション・ミュージック」がもたらす初歩的な安心感に親しんでいるところを見られたがらない中流や上流階級のリスナーたちにたいして、ちょうどいい口実を提供することにもなったのだった。

しかしながら、この本が出版された2016年以降、リスニング環境は劇的に変化した。フィジカル・メディアはすっかりストリーミングに道を譲り、音楽の発見はいまや、レコード店での気ままな出会いや、ラジオやミックス・テープなどから、オンライン上の音楽ブログやアルゴリズムのレコメンドへと移行することになった。録音された音楽の歴史はいまや、長く忘れ去られていた作品がオンライン上でバイラル化する手助けをしたいと願う、野心的なレコードハンターたちのための膨大なアーカイヴとして理解されるようになった。

そしてそれこそが、一つの明確なジャンルとしての「ジャパニーズ・アンビエント・ミュージック」の出現を可能にした音楽の新たな生態系である。もちろんこれまでの出版物のなかでも、アンビエントというスタイルを使って活動する特定の日本人アーティストたちについて書かれてはいたが、しかしその議論が、日本独自のスタイルにまで及ぶことはなかった。この点にかんして私自身はといえば、映画研究を専攻していた背景から、国というものをもとにしたカテゴリーに頼りすぎることにたいして警戒心をもちつづけていた。例えば、「日本映画」をそのスタイルの面から定義しようとする試みは、日本の映画の歴史にかんする歪んだ理解を生み出してしまう傾向にある。そうした試みは、国際的な(この場合はつまりは欧米の)観客に理解されやすい、作家性の強い監督を優先してしまい、多くの海外の観客がもつ「日本」なるものに対する既存のイメージに合わない作品を軽視してきた。

　近年における、グローバルに知られた一つのジャンルとしての「ジャパニーズ・アンビエント・ミュージック」の登場も、同じような軌跡をたどっている。しかし「日本映画」なるものを生み出した前世紀半ばの国際映画祭とはことなり、ジャパニーズ・アンビエント・ミュージックは、どちらもアメリカを拠点とした人間たちとアルゴリズムが、オンライン上で介入をおこなうことによって生まれている。この二つこそが、ジャパニーズ・アンビエント・ミュージックというジャンルが２０１０年代後半に出現するために不可欠なものだったのである。

　考えうる一つの出発点としてジャーナリストたちが挙げているのは、オレゴン州ポートランドを拠点とするミュージシャンでありキュレーターのスペンサー・ドーランが、〈Root Strata《ルート・ストレイタ》〉レーベル（２００８~２０１８）によって運営されていた音楽ブログに投稿した、１９８０年代日本における「第四世界」的と冠された音楽のストリーミング・ミックス・シリーズである。ひとまずは非公式なものだったこれらのオンライン・ミックステープはその後、〈Root Strata《ルート・ストレイタ》〉を運営するマックスウェル・オーガスト・クロイの協力のもとに２０１６年になってドーランが立ちあげた、〈エンパイア・オブ・サインズ（Empire of Signs）〉という再発レーベルの登場によって、より公式的なビジネス上の提案に結びついていくことになる。こうして〈エンパイア・オブ・サインズ〉がリリースした最初の作品は、２０１７年、吉村弘の『Music for Nine Postcards』（１９８２）の再発だった。〈エンパイア・オブ・サインズ〉というレーベル名は、フランスの作家で記号学者のロラン・バルトが、１９６０年代なかばに何度か日本を訪れたすえに執筆した『表徴の帝国［*L'Empire des signes*］』（１９７０）から借用されたものである。よく知られているようにバルトは、何層にも重なる周到に作られた象徴体系で満ちていながら、その下にあるものには実質的な関心を示さない、美しい無意味の国として日本を読み解いた。後にノエル・バーチが著した日本映画研究の古典『遠く離れた観者に向けて――日本映画における形式と意味［*To the Distant Observer: Form and Meaning in Japanese Cinema*］』（１９７９）のタイトルがそうであるように、ここでのバルトの著作への目配せは――秘義めいて難解な日本におけるプロジェクトの数々を解読し、海外のリスナーのためにあきらかにするという――間に立つ外国側の対話者としてのドーランとクロイの立場を強調している。

　こうしたフレーミングは、「ジャパニーズ・アンビエント・ミュージック」がグローバルなジャンルとして登場したことをはっきりと告げる作品においても、あらためて繰りかえされることになる。その作品とはすなわち、ドーランによるキュレーションのもと、〈エンパイア・オブ・サインズ〉の親レーベルであるシアトルの〈ライト・イン・ジ・アティック〉からリリースされた、『Kankyō Ongaku: Japanese Ambient, Environmental & New Age Music 1980-1990』（２０１９）のことである。広く評価され、最終的には

2019年のグラミー賞の「ベスト・ヒストリカル・アルバム」部門にノミネートされたこのコンピレーションは、日本独自のジャンルとして理解されうるものの範囲と、それにかんする歴史的な語りの両方を確立することになった。

ここで重要なのは、「kankyō ongaku」をあえて翻訳することなく、このコンピレーションが提示するのだという三つのジャンル（アンビエント、環境、ニューエイジ）にかかわる、より広い意味をもったカテゴリーとしてそれを用いるという、ドーランの選択である。日本語におけるカタカナによる音訳はしばしば、外国語の概念にたいし、直接的に訳してしまっては失われてしまうような、神秘的な魅力をもたらすものとして機能することがあるが、そうした場合と同様ここでは、「kankyō ongaku」を英語に翻訳しないという選択によって、このジャンルには日本独自の何かが存在しているのだということが暗示されている（このことは、たとえアルバムに収録されたブックレットのエッセイが、ようするにこの言葉は、日本語における「環境音楽［environmental music］」のことなのだと述べているとしても変わらない）。ここでは——たとえばエクトル・ガルシアとフランセスク・ミラージェスの著作『Ikigai: The Japanese Secret to a Long and Happy Life［邦題：『外国人が見つけた長寿ニッポン幸せの秘密（IKIGAI）』］』（2017）に見られるように——近年海外で人気の、著者が主張しているのは日本独特の概念なのだという点を中心に据えた自己啓発本の数々と同じ戦略が繰り返されているわけである。

だが、以上のようにいささか広すぎるフレームとして「kankyō ongaku」を展開させていくことは結果として、三つのジャンルのあいだにある緊張関係を解消してしまい、元来イーノのアンビエント・ミュージックがニューエイジやより実利的な環境音楽と対立していたことを見えづらくしてしまうことになる。その代わりに、このコンピレーションはむしろ、「ジャパニーズ・アンビエント・ミュージック」のイメージを、より商業的なサウンド・デザインの方へと押しやっている。収録された作品は多岐にわたるとはいえ、いずれにせよそこには、オフィスビルや美術館や小売店の店内用バックグラウンド・ミュージックのために書かれた曲が含まれている。そしてそうした機能優位な舞台の設定は、槇文彦の設計した岩崎美術館(1983)がジャケットに採用されることによって、さらに強調されている。イーノの『Music for Airports』は、いまだ実際の空の旅とは隔たった地点に位置するものだった(またじっさいそれは、あるときついに実在の空港で流されたさい、それほど評価されなかったといわれている)。だが一方で、『kankyō ongaku』における作品は、与えられたものとしてすでにある、制度的な資金を前提としている。

このコンピレーションを導入するものとして収録されているドーランのエッセイは、「kankyō ongaku」が、バブル期の日本経済を背景とする企業の大盤振る舞いに支えられていたプロジェクトの数々と並走するかたちで、いかに多くの民間企業によって依頼されていたかを強調している。またこのエッセイは、日本におけるアンビエント・ミュージックの歴史にかんする私の研究を活用しつつ、「kankyō ongaku」をノスタルジックな対象として位置づけようとする議論の転換をおこなっている。それは日本の豊かさという想像上の過去から掘りだされたものであり、こんにちのグローバルな消費のために提示されているものなのだというわけである。

じっさい、「ジャパニーズ・アンビエント・ミュージック」を明確な一つのジャンルとして確立しようとする、ドーランをはじめとしたオンライン上のキュレーターたちの周到な努力は、一度は忘れ去られていたアルバムの数々をリスナーに紹介する、より強力な力と並行して作用した——その力とはつまり、YouTubeのレコメンデーション・アルゴリズムである。このことのもっとも分かりやすい例として、吉村弘の音楽とキャリアが急速に再評価されていることが挙げられる。私が先の著作を執筆していた2010年代初頭、吉村は日本以外ではほとんど知られておらず、日本語の情報源のなかでさえ、私が彼の名前に出会ったのは、アンビエント・ミュージックではなく、サウンド・スケープやサウンド・デザインの文脈がほとんどだった。

　それが一変したのは、彼のアルバムのクリップが、チルアウトしたバックグラウンド・ミュージックを探し求める世界中のYouTubeリスナーのあいだで人気を集めだして以降のことである。YouTubeは1986年の彼のアルバム『Green』の投稿を、リラクゼーション用の映像やそれに類する心を落ち着かせるような選曲につづけて、しきりに推薦しはじめた。2016年にはじめて投稿されたこのアルバムのもっともよく見られている投稿は、現在300万回に迫る再生回数を記録している。動画のコメント欄を見ると、この音楽がもっぱらリラクゼーションの手助けとして、あるいは学習やその他の認知的業務のためのバックグラウンド・ミュージックとして使われていることが分かる。ドーランが強調する企業のバックグラウンド・ミュージックと似た話だが、YouTube上での「ジャパニーズ・アンビエント・ミュージック」もやはり、このプラットフォームを利用する者たちに向けられた、純粋に機能的なバックグラウンド・ミュージックとして働くものという理解へと近づいていったわけである。

　その多くは匿名でYouTubeに動画を投稿する人びととドーランとのたがいに絡みあった努力の結果として、吉村は死後、ほとんど無名の存在から――高田みどり、芦川聡、尾島由郎など、1980年代の作品が海外で新たなリスナーを獲得した他のミュージシャンたちと並んで――こんにちの海外において「ジャパニーズ・アンビエント・ミュージック」のもっともよく知られた顔となった。もちろんじっさいのところ、これらのアーティストのすべてが、当時の黒字経済の恩恵を受けていたわけでは

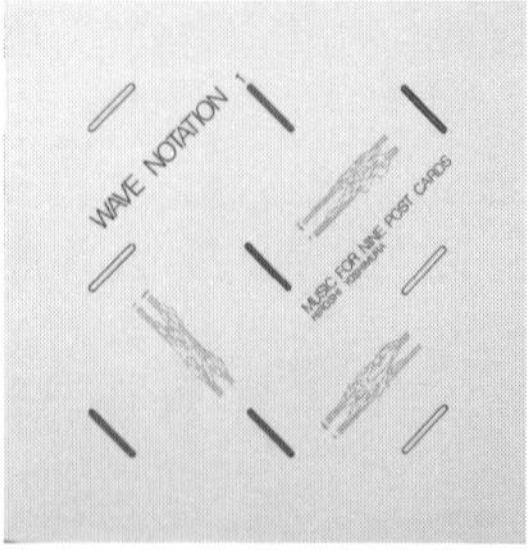

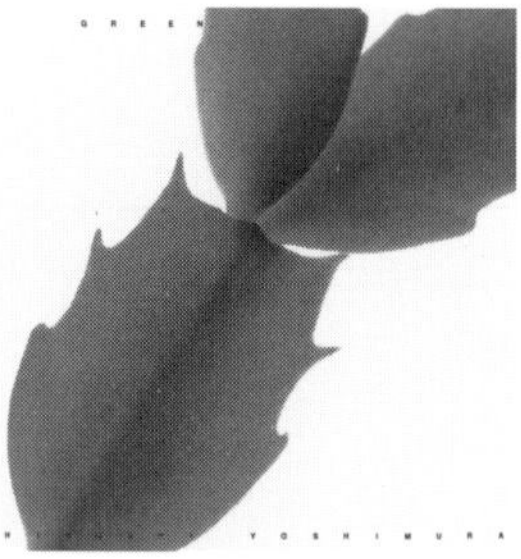

〈エンパイア・オブ・サインズ〉がリリースした最初の作品、吉村弘『Music for Nine Postcards』の再発盤。そして〈ライト・イン・ジ・アティック〉が再発した『Green』。

ない。たとえば高田は、『鏡の向こう側』（１９８３）を制作するさい、予算がきわめて限られていたことを指摘している。とはいえ、そうした「明るく、美しく、恥ずかしげもなく企業的な作品の数々」（ライターのジャック・ニーダムの表現[1]）にたいする海外からの欲望は、あきらかに偶然などではなく、同時代のシティ・ポップというスタイルにたいする似たような関心の高まりと並行して生まれたものである。すでにライターのルイス・ゴードンが書いているとおりだが、このことは、「西洋のオーディエンスが、「ジャパニーズ・アンビエント・ミュージック」をフェティシズムやエキゾチシズムの対象としているのではないか」という小言めいた疑念を抱かせるのに十分なものだといえる[2]。

この種のバブル期にたいする「借り物のノスタルジア」は、１９８０年代のサイバーパンクにもともと見いだされるテクノ・オリエンタリズム的な空想と強い共鳴関係にあり、じっさい（ドーランのものも含んだ）日本におけるアンビエント・ミュージックにかんする英語の文章は、頻繁に「日本の伝統と最先端テクノロジー」の組み合せについて言及している。だが、もはや日本がアメリカやその他の国のオーディエンスにとっての直接的な経済的脅威を意味しなくなったいま、自分たちを脅かす豊かで都会的な日本というかつてのイメージは、いつとも知れないのんびりとした時代にたいする焦点の定まらないノスタルジーに取って代わり、身の程をわきまえ、動くことのないままつねに背景《バックグラウンド》に留まっているものというイメージに取って代わることになった。こうした「ジャパニーズ・アンビエント・ミュージック」のイメージは、その中心には何の実体もない記号の国としての日本という、バルトの抱いた幻想によく似たものであり、音楽が何かしらの意味をもつ必要がまったくなくなるほどまでに、とにかく潤沢に資金を与えられた生活という夢想に由来しているものなのである。

［訳注1］Jack Needham, "Lullabies for air conditioners: the corporate bliss of Japanese ambient" in *The Guardian*, 2019, Feb 19. 〈https://www.theguardian.com/music/2019/feb/19/lullabies-for-air-conditioners-the-corporate-bliss-of-japanese-ambient〉

［訳注2］Lewis Gordon, "Another Green World: How Japanese ambient music found a new audience" in *Fact Magazine*, 2018, Jan 14. 〈https://www.factmag.com/2018/01/14/japanese-ambient-hiroshi-yoshimora-midori-takada/〉

アール・ヴィヴァンとその時代

立花幸樹
(鎌倉カフェ・アユー店主)
written by Koki Tachibana

雑誌
『ART VIVANT』
の数々。

1 ― それはどんな風景だったのか

西武百貨店池袋店のエレベーターで12階のランプが消え扉が開くと、いきなり薄暗く、全面濃いグレーのカーペットが敷かれた広い空間。初めての人は面食らったかもしれない。百貨店全盛期、地下の食品売り場から各階とも人びとで溢れかえって賑々しいのに、打って変わって無機質でひんやりとし、休日で誰もいないビルのロビーに迷い込んでしまったかのようである。そのぽっかりとしたスペースの奥、正面に、美術展の入り口がある1980年代前半、その展覧会はクレー、デュシャン、ロシア・アヴァンギャルド(芸術と革命)、それからミショー、シュヴィッタース、ピカビア、ボイスであったろう。

美術展入り口の左手にウイングを広げるようにあるのが、ミュージアムショップというよりは図書館のワンフロアに近い広さの〈アール・ヴィヴァン〉のエリア。壁という壁は天井までステンレスの棚。20世紀以降を中心にした美術家の作品集がアルファベット順にぎっしり並べられている。フロアにいくつも置かれた、一台が畳より大きかったろうかと思われるガラスの陳列台には、所狭しと美術書が積まれている。こちらは主に新刊や、海外で話題の展覧会カタログ。特にポンピドー・センターのカタログはバルテュス展やイヴ・クライン展をはじめいつも数種類は揃っていた。ボイスやクリスト

も常時あった。H・R・ギーガーの大型の作品集や、スーパー・リアリスムのホルンバインなんかも毒々しく彩りを添えていたし、いつも人気のホックニーの新刊は色暖かなのに冷たい光線を放っていた。こっそり隙間に置かれたウイーン・アクショニズムのパフォーマンスの冊子のギョッとする表紙が目に入ったかもしれない。

いくつかの鍵のかかったショーケースには古書やグッズ。それは1930年代のシュルレアリスムの雑誌『ミノトール』原本や、デュシャンのオブジェだったかもしれない。ガラス什器の上には所々に話題本。小冊子『ペンギンのペンギン』を、寺山修司が踵の高いサンダルに黒いスーツ姿でじっと見ていた昼下がりがあった。小竹信節デザインのコンパスセット、リートフェルトのシュレーダー邸のミニチュア・キットもいつも積んであった。

書棚に沿って奥に進むと写真家、建築家のコーナー。そこには、輸入に際して数日前に砂消しゴムで数箇所傷つけねばならなかった真っ黒なピエール・モリニエの作品集やデュアン・マイケルズの写真集もあったろう。雑誌のラックには、最新の美術動向や話題の展覧会を伝える欧米の美術誌。書棚と同じシルバーの広い作業台のようなレジ・カウンターには、エプロン姿のスタッフが何人かいて、その先のエリアは美術和書。洋書よりさらに密集して本棚が並んでいる。

照明を落とした薄暗い、グレー基調の店内は、普段は大きな声など聞こえない。画集の内容を説明するスタッフや、海外のギャラリーの展覧会カタログを探している常連客の声ぐらい。このフロアだけ百貨店の館内放送も入らない。静かに、ポロポロと音が響いているか、ささやかなメロディーが聴き取れる。それは、アルヴィン・ルシエの〝I Am Sitting in a Room〟、ジョン・ケージの〝Sonatas and Interludes for Prepared Piano〟、マイケル・ナイマンの〝1-100〟、トム・ジョンソンの〝An Hour for Piano〟、ズーコフスキーが弾くフィリップ・グラスの〝Strung Out〟、スティーヴ・ライシュ（ライヒ）の〝Four Organs〟、芦川聡の〝Still Way〟、鯨の鳴き声のフィールド・レコーディングだったかもしれない。

フロア向けのそれらの音楽は、メインフロアから洞穴のように引っ込んでいる細長い空間、音楽コーナーからだ。一番奥のカウンターに、かつて芦川聡もいて、その後は田島敦夫、羽鳥久美子（3人とも故人）が、ひっきりなしに訪れる作曲家や批評家らを丸椅子に招いて情報交換、という以上に、じっくり話し込んでいた。記憶にあるところで、一柳慧、松平頼暁、高橋悠治、鍵谷幸信、秋山邦晴、藤枝守、吉村弘の各氏らの姿。あるいは、自主制作カセットテープの委託販売にきたミュージシャンと雑談したり、熱心なリスナーの興味や話題に応じて、迷いなく新品のビニールを次々開封して視聴の針を落とした。コーナー内の視聴用スピーカーからは、クルト・ワイル、ヤノマモ族のシャーマニズムの現地録音盤、ハル・ウィルナーによるニノ・ロータのトリビュート盤（『アマルコルド』）、シュトックハウゼン、チャールス・アイヴス、クセナキス、ジャン・ティンゲリーの音響彫刻、ニューウェイヴから実験音楽に発展したドーム、大竹伸朗のノイズ・バンドJUKE、オリジナル写本版カルミナ・ブラーナ（クレマンシック版）、ナム・ジュン・パイクの回転数を狂わせた交響曲など、他ではなかなか聴けない音楽が毎日かかっていた。

2─それはどのように成り立ったのか

80年代前半は百貨店が流行を作ることができた時代だった。中でも、日本一の店舗面積を誇る池袋西武は、この頃に売り上げでも日本一を記録。70年代から始めた、文化という付加価値をつけた「イメージ戦略」「文化戦略」が花を開いた時期ともいえる。1975年の大規模改装で12階に開館した西武美術館と、併設した現代芸術に特化した美術書と音楽を扱うアール・ヴィヴァンは、80年代にかけて、同じく池袋西武内の〈STUDIO 200〉などとともに、東京でのアートシーンの拠点の一つを成していた。

堤清二はオープンにあたって、美術館は「時代精神の根拠地」たるべきと宣言した。以来、海外の先鋭的な芸術動向を知ろうと、画家、画廊関係者、作曲家、デザイナー、批評家、研究者、詩人、文学者、メディアのライター、学生、さらにファッションなどの雑誌編集者らが集まった。その意味で、その目的は80年代にある程度実現していただろう。

アール・ヴィヴァン、会社名ニューアート西武の成り立ちは、当時の先輩・永江朗が『セゾン文化は何を夢みた』（朝日新聞出版）の中で創業者・芦野公昭（故人）に語ってもらっているので詳細は省く。要すれば、フランスでアールデコの工芸品を日本の西洋骨董商に卸す仕事をしていた芦野が、友人で後に西武百貨店社長にもなる水野誠一に介され堤に会った際、「美術館事業を広範にするアイデア」を求められ、「美術館売店を装ったその街一番の美術書店」をつくればいいと提案。紆余曲折の末、結局、芦野自らが立ち上げることとなった。

美術部門はそこから様々な助けを借りて、現代美術作家を網羅する「東洋一」規模の蔵書を誇るショップとしてオープンに至る。店名は芦野の命名で「新鮮な芸術という思い」だった。堤清二は一方で、一柳慧に音楽ショップづくりを依頼。一柳が、現代音楽、電子音楽、実験音楽、またジョン・ケージやクセナキスなどのスコアなども網羅するその後の音楽コーナーの基盤を作った。芦野は一柳から「芦川聡氏をはじめとする音楽人を紹介され」たという。美術部門と音楽部門は、だから出自は異なるが、店舗として一体化した。

芦川は当初は学生だったが、その後、1982年まで音楽コーナーを担当した。当時の象徴と言えるのは、イーノが1975年から1978年にかけてリリースした〈オブスキュア〉レーベルの作品群を大量在庫していたことだろう。シリーズの内容は『イーノ入門』（ele-king別冊）に詳しいので説明を避けるが、ほぼ同じデザインの黒いジャケットの全10作を芦川が大量に仕入れ、ストック用の棚という棚が真っ黒だったという。シリーズの中でペンギン・カフェ・オーケストラがまず売れ出して、付随して他のタイトルも売れ始めてきたことから、レーベル側の事情もあってアール・ヴィヴァンで〈オブスキュア〉レーベルの販売権を獲得したためだった。

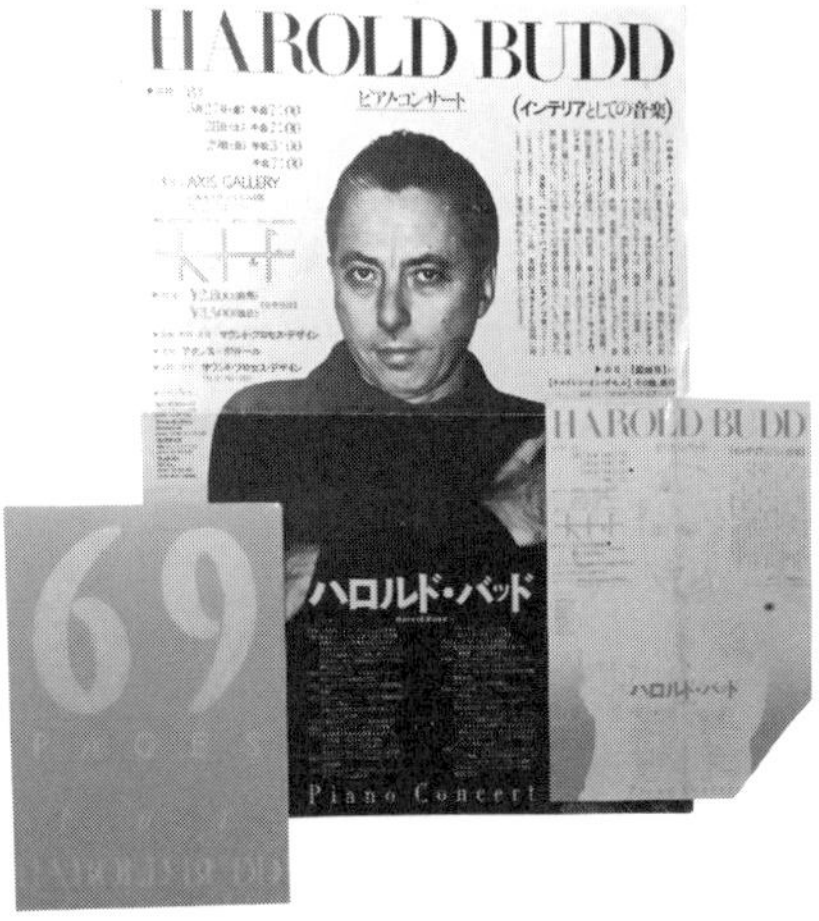

1983年5月、
ハロルド・バッド来日公演の
フライヤー類。

シリーズは総じて実験音楽家によるが、ミニマル、アンビエント的作品が多く、イーノは1978年から「アンビエント」をリリースしていくわけで、このオブスキュアこそ「半世紀にわたる彼の輝かしいキャリアの土台であり背骨」（松山晋也）と評価される。その一連の重要作に先んじて着目して紹介した意味は大きかったろう。音楽界で影響力ある方々も、ここでどれかを買われた方は少なくないのではかなろうか。

ちなみにその芦川は1982年に退社、サウンド・プロセス・デザイン社を立ち上げる。1983年5月には六本木の〈AXIS GALLERY〉でハロルド・バッドの招聘公演を実現した。その際のパンフレットに掲載された自社広告のキャッチは「私たちは音をデザインします」。業務内容として「店内等における音・音楽のデザイン、作曲・設計＋インテリア&エクステリア・デザイン、レコード（波の記譜法シリーズ等）制作・販売、情報の聴覚化」と列挙している。環境音楽をどうとらえ、どう展開しようとしていたのかの一端が窺えるが、いくつかの美術館、公共空間の音楽や、吉村弘と自身の2枚のアルバムを残し、1983年7月に急逝。同社の動きも徐々に失速する。

80年代に入ると、アール・ヴィヴァンは軽井沢の高輪美術館内（1981年）、次いで原宿のセントラル・アパート内にも支店〈Storedays（ストアデイズ）〉をオープン。ここはニューウェイヴ、実験音楽、現代音楽、写真集などに重点を置いた。1983年3月には渋谷西武の大規模改装に合わせ三店目〈Quinquinpoix（カンカンポア）〉を出店。ストアデイズは同年11月オープンの六本木WAVE内4階に移転。翌1984年には有楽町西武（現マリオン）内に四店目〈Cenacle（セナクル）〉も出した。75年の設立当時には採算が困難視されていた現代芸術の専門店が、次々と業務を拡張していったわけだ。

音楽に絞って、この時期どんなものが売られていたのか。毎月発行していた『サウンドスケープ』という新譜入荷情報のリーフレットが手元に残っている。タイトルのみ抜粋してみる。

新譜入荷情報誌
『サウンドスケープ』。

【1982年1月号】サティ『初期ピアノ曲集』（ピアノ＝ラインベルト・デ・レーウ）／マイケル・ナイマン『マイケル・ナイマン』）／マイケル・ナイマン『ディケイ・ミュージック』／ジョン・ハッセル『マラヤの夢物語』／（Storedays）ホルガー・チューカイ「ペルシアン・ラブ」

【1982年4月号】デヴィッド・トゥープ制作「I-クオーツ」シリーズ、001から007の内容紹介（001＝ニューギニアの聖なる笛の音楽：マダング第1集、004＝北ベネズエラのヤノマモ族のシャーマニズム』など）

【1983年6月号】クセナキス『サンドレ、ジョンシェー、ノモス・ガンマ』／アルヴィン・ルシエ『独奏者のための音楽』／AMM『発生的主題』

【1983年7月号】トム・ジョンソン『ナイン・ベルズ』／デヴィッド・ローゼンブーム『フューチャー・トラヴェル』／近藤譲『時の形』／帰らぬ兵士の夢、平和のための世界の歌ヨーロッパ編（音楽センター）／高田みどり『鏡の向こう側』／尹伊桑『クラリネットのための作品集』／ジョン・ハッセル『マジック・リアリズム』／（Storedays）ドミニク・ラワルレ『クランデスタン』、タキシードムーン『ザ・ケージ』

【1983年9月号】ティロ・メディク『シャッテンシュピール』／オーディオ・アーツ・マガジン（カセットのシリーズ、ジャン・ティンゲリー、デニス・オッペンハイムなど）／武満徹『ピアノ作品集』（ピアノ＝藤井一興／『東京裁判・予言 - ドキュメンタリー映像のための弦楽曲、キングレコード』

【1984年1月号】サティ『ヴェクサシオン』（ピアノ＝ラインベルト・デ・レーウ）／ハンス・アイスラー合唱団／尾島由郎『club』（複製技術工房のカセット）／アジア・太平洋の民族音楽シリーズ（ユネスコ・アジア文化センターのカセット）／A-Musik『e ku iroju エクイロジュ』

これらは当時、何を紹介したかったのかを反映したものと言える。当初に比べだいぶ幅広になっていたのではないかと思われる。芦川の後は田島、羽島が担当だったが、一柳をはじめ頻繁に訪れる専門家からの情報、レーベルやカタログの情報をもとに次々発注し、面白いものがあればその関連を、ライナーノーツを読み込んで新たな情報があれば仕入れてみる、というような繰り返しだったように思う。Soundcloud も YouTube も、CDすらもない時代、ことに、日本語の情報などまるでない特殊な分野である。そんな暗中模索が当然で、唯一の探求方法だったろう。

筆者ら商品管理の担当が百貨店から「海外から○箱!」と呼ばれ、大きな台車を持って集積所に取りに行き、海外出版社やレーベルからの重い段ボールを何箱も運び入れ、レコードは音楽コーナーに渡す。田島らが開梱して検品し、腕を組んで、あるいはライナーノーツを読んで視聴する。それを目に留めては聴きにいって、誰々が参加している、誰々がいいというから注文したけど、誰々の新作なんだけどどうだこうだ、傑作だ怪作だ駄作だ云々、などと論評を聞かせてもらったものだ。賭け、勘の部分も相当多かったと思うが、そんなふうにストックは増殖し、広くはない音楽コーナーはどんどん音の宝庫になっていったのだろう。

上記の『サウンドスケープ』から漏れているジャンルといえば、シャンソン(薩めぐみ~プレヴェール~コクトー)、モダン民族音楽というか、すでに隆盛を極めていたインドの映画音楽集なども80年代前半にはあった。また、クルト・ワイル/ブレヒト/アイスラーまわりからスペインやチリの抵抗歌集、さらにはエノケンのカセットなども仕入れていた。

3 ― それはどんなふうに展開していったのか

80年代はアンディ・ウォーホルがテレビCMに登場し(1983年、TDK)、ヨゼフ・ボイスが来

「ミュージアム・イン・ミュージアム」のフライヤー類。

日し（1984年、西武美術館）、芸大で対話集会が催され、タデウス・カントール、メレディス・モンクら前衛劇団・パフォーマーが次々招聘され（1982年、パルコ西部劇場）、現代芸術が目新しいものとして一種注目され、身近にあふれた。ミニマル・ミュージックから派生していったアンビエント、環境音楽もまた、文化的な層の間で一種の流行でもあった。

こうした中、アール・ヴィヴァンは欧米を中心とする現代の美術、音楽シーンを日本に紹介し、モノを提供するという機能がまずショップとしての大前提だったが、同時に、美術館内で催す定期的なコンサート「MUSIC IN MUSEUM（ミュージック・イン・ミュージアム）」の企画制作と、毎回特集テーマを据えた雑誌『ART VIVANT』の編集を行なっていた。これらのテーマ、企画内容には毎回毎号、強いメッセージ性があり、この二つのプロジェクトによる問題提起が、アール・ヴィヴァンのもう一つの目的となっていたように思える。

「MUSIC IN MUSEUM」は主に12月後半の展覧会のない時期、1975年から80年代にかけて計15回、美術館の中で催した実験的コンサート。一柳慧と企画制作した。当時の記録を見ると、そこで提示したものには、「今」よりも過去からくる今、あるいは「今」の客体化、また、自分が今いる「この場」の客体化、また、時代という『横』の広がりではなく、歴史の参照という「縦」へのベクトルが際立っている。いくつかタイトル程度だが例示する。

第8回（1981年）「1930－1984 そして今日　〜夜の来る前に」一柳慧＋高橋悠治。「閉塞し悲惨な終焉へとうねる時代に生きた音楽家たちの作品を取りあげるとともに、われわれの経験と予感から生みだされた今日の作品をあわせて、アクチュアルに時代に関わる音楽とその可能性を探ろうとする」

（カウントなし「イン軽井沢」）（1984年、軽井沢高輪美術館）

「融解和合 能・伝統音楽と現在」一柳慧＋観世栄夫。「現代における伝統の意味を問う舞台を創出」

第12回（1984年）「音楽の1960年代」小杉武久、柴田南雄、湯浅譲二、武満徹、近藤譲、一柳慧、松平頼暁、高橋悠治。「60年代が戦後の高揚期の頂点として、芸術の伝説的時代を築いたことは記憶に新しい」「70年代に（・・）熱気は失なわれ、さまざまに行われた試みも受け継がれることなく今日に至っている」「60年代とはどういう時代であったのか、又そこに今日との脈絡を見出すことは可能なのであろうか」

第13回（1985年）「音楽の水脈 アジア・アフリカの音が聴こえる」 韓国音楽＋高橋悠治＋尹伊桑、インド音楽＋菅野由弘＋テリー・ライリー、カクラバ・ロビ・ソロコンサート、アフリカ音楽＋スティーヴ・ライシュ。「ポスト・モダンの状況の中で、民族音楽と現代の音楽が様々な意味合いで接することで提起されるのは『音楽とは何か？』という根元的部分に深くかかわる問題」「西欧／非西欧という従来の枠組に対し新しい展望をもたらす契機に」

一方、『ART VIVANT』誌は、芦野と、芦野と長年コンビを組んでアール・ヴィヴァンを率いた元常務の高橋信也（現京都市京セラ美術館ゼネラルマネージャー）が中心となってテーマを決め、編集して発刊した。全35号のうち、3号（特集マルセル・デュシャン、1981年）から34号（特集クリムトとピカソ、1989年）までの32刊がそれだ。

高橋によれば、その時の最先端の美術動向を特集する号と、やや時代を遡ってなお情報化されていないところに着目する号とを交錯させていたという。当時大流行だったニューペインティングの特集（6号、9号）もあれば、当時はまだ資料が極少で日本で知名度もなかったフルクサスを掘り起こ

西武美術館にて、
「マルセル・デュシャン展」。

す特集（11号）があり、フランス現代美術特集（17号）もあれば、日本の前衛を再構成してみるという特集（22号）がある、という具合。そこには、20世紀の芸術の動向を今一度総覧、再評価を試みるという視座があったように思える。

また、これらとは別に、軽井沢の高輪美術館の開館記念コンサートとして、ジョン・ケージの来日コンサート（1981年）、クセナキスの来日コンサート（1984年）も開催した。ケージの方だけ触れる。

米国籍を取得し米国で1968年に亡くなったデュシャンだが、1977年、ポンピドー・センターが開館記念で大規模な展覧会を開催し、にわかに再ブームが到来する。日本では、瀧口修造と東野芳明の監修のもとに、東京大学で三つ目の『大ガラス』が1980年に制作される。そのお披露目ということで、西武百貨店が新たに開設する現代美術専門の軽井沢高輪美術館のオープニングにデュシャン展が企画された。

高橋信也によれば、ケージ、ティニー（デュシャン）夫人が来日してくれることがはっきりした段階で、西武美術館側の予算が何もなかった。「一柳さんとアール・ヴィヴァンとで企画してケージに頼んで、やるならやっていいよと言われたので、頼んだら引き受けてくれた」のだという。それで記念コンサートの開催があっさり決定した。曲目は、デュシャンの〝音楽的誤植〟、自身の〝ヴァリエーションズⅣ〟などで、演者は高橋アキ、山口恭範、ケージ（指揮）。ケージは自ら会場を出て美術館全体を動き回るパフォーマンスを展開した。『ART VIVANT』誌27号に、指揮をしたり、大きな板を自ら運んでいるケージの写真が掲載されている。

それにしても、現代美術のメインを「ピカソ以降」ではなく「デュシャン以降」と定めたアール・ヴィヴァンが、本格的に手がけた招聘公演で、デュシャンと深く交流したケージのコンサートを実現したのは象徴的である。そしてまた、当時流行のサティの、ミニマルの、アンビエントの「源流」でもあるケージを現前化させたのは、「ジョン・ケージ・ショック」の時代から変わって「現代芸術」すら消費の対象になったような時代の中で、アール・ヴィヴァンからの一つの回答でもあったというのは考えすぎであろうか。

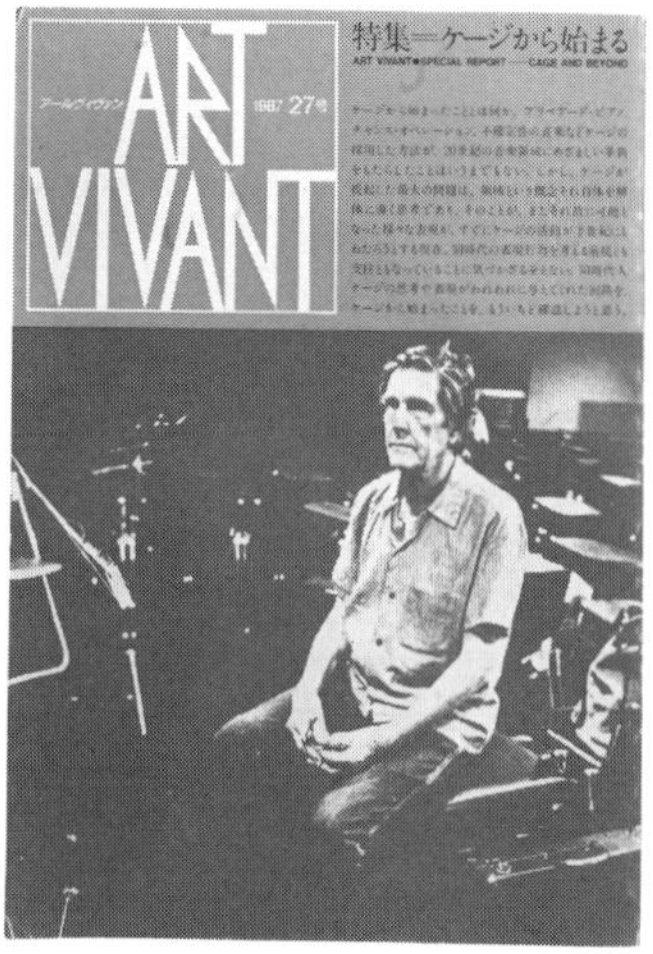

『ART VIVANT』のジョン・ケージ特集号。

4 ―それは何を残したか

西武美術館はその後1989年にセゾン美術館となり、エアーポケットのようだった12階から別館にアール・ヴィヴァンごと移動。ほどなく西武百貨店本体は経営不振に陥り、アール・ヴィヴァンは美術館に先立って1995年、閉店した。

情報が少なかった当時、西武池袋の12階は、冒頭触れたように『時代精神の根拠地』(堤清二)を具現していただろう。膨大な現代美術、建築や写真の洋書やカタログ、雑誌、日本にはここからまず入荷される海外の現代音楽や民族音楽などのレコード、まだ無名のアーティストが預けていったカセットがあり、何日でも時が過ごせたろう。フランスの『ART PRESS』誌や米国の『ART FORUM』誌、旧西独の『KUNSTFORUM』誌を手に取れば、その年の大規模展覧会で誰が注目されたか分かり、その作品集を探し求めることもできた。小さなギャラリーの展覧会のカタログも、変わったパフォーマンスが話題の現代音楽家のアルバムも、なければ発注することもできた。

ただ、アール・ヴィヴァンの存在意義は、他にないものがある、他にない情報が得られる、というだけではなかったと思う。『ART VIVANT』誌や企画コンサートなどを通して一貫して提起していたことは、今ある芸術、新たに生まれたかにみえる芸術、あるいは過去通り過ぎた芸術が、さらに自分たちが、歴史のどこにいるのだろうか、そのルーツはどこなのだろうか、その意味は何なのだろうか、を問い続けることではなかったか。

西武池袋の12階には、このような海外のアート雑誌をチェックできた。

『ART VIVANT』誌はケージ来日から6年後、「ケージから始まる」（27号、1987年）という特集を改めて組んでいる。その巻頭はこうである。

「ケージが提起した最大の問題は、領域という概念それ自体を解体に導く思考であり、そのことが、またそれ故に可能となった様々な表現が、すでにケージの活動から半世紀にもなろうとする現在、同時代の表現を考える前提とも支柱ともなっていることに気づかざるをえない。同時代人ケージの思考や表現がわれわれに与えてくれた回路を、ケージから始まったことを、もう一度確認しようと思う」

ただ、そんなふうに考える時代は終わったのだろうか。

創設者芦野公昭は2021年に逝去した。遡ることだいぶ前になるが、2006年、『graphic/design』誌2号で戸田ツトムを聞き手に、アール・ヴィヴァンを振り返ってこんなことを語っている。

「あのころは、西洋で起きている西洋美術の現在性というものが、速やかに手に取ることができなかったから、それをやることが楽しかった。でも（今は）情報的にいえば、インターネットで知ろうと思えば知ることができる。でも、あのころ、たとえば池袋の店に押しかけて、『パリの路地裏のあのギャラリーでいま何をやってるんですか』と言っていたような（人の）数ほど、コンピュータでいま探っている人はいないと思うんだよね。それほど今は閉ざされちゃって、文化的には完全鎖国時代に突入していると思うんですよ」

さて、これにどう答えるのだろうか。

横田進とレイヴの時代

野田努
written by Tsutomu Noda

写真提供：原野のり子

『Sakura』をしばらくのあいだ聴けなかったのは、なぜこの作品についての話を本人にもっと訊いておかなかったのかという後悔が先立ってしまうからだ。自己宣伝ができない横田進らしいというか、当時アルバムはまったくなんの宣伝もなく、しれっとリリースされた。素晴らしいアルバムとは思ったが、これが20年後も聴かれ続けることになる傑作とまでは最初は思わなかった。しかし、バブル経済がはじけ、阪神・淡路大震災があり、オウム事件や酒鬼薔薇事件があって、消費税は上がり、日本が21世紀の暗い時代へと助走をはじめた時期に生まれたこの「アンビエント」作品は、90年代初頭の熱狂への未練を残しつつも未来を向いていたことが、その数年後にはわかった。

Susumu Yokota

クラブやレイヴ・カルチャーを低俗だと見なすスノビズムをもっとも強く批判したのはオウテカだった。90年代後半、まさに『Sakura』誕生の前夜、エレクトロニカと呼ばれたサブジャンルの台頭は、どろどろゲロゲロの、ある意味風俗の極みとも言えるクラブ・カルチャーと自分たちは違うんだというアイデンティティを形成し、シーンの断片化／部族化を促した。こうした他者の排除／自分が認める世界のみを見るという態度が今日のインターネットにおける公共空間の喪失につながっていることは、ドイツ在住の思想家ビョンチョル・ハンの『情報支配社会』（花伝社）に詳しいが、もっともわかりやすいのは、リチャード・D・ジェイムスの次の発言だろう。「自分をアーティストだと思っている人ほど迷惑な人間はない」

1990年にザ・KLFがリリースした『Chill Out』というヒップホップの手法を使った、革命的で、神秘的で、奇妙で、同時に冗談めいたアルバムは、『ミュージック・フォー・エアポー

Susumu Yokota
Magic Thread
Skintone（1998）

「魔法の糸」と題されたこのアルバムこそ、『Image』とほぼ同時にリリースされた彼のレーベル〈スキントーン〉の第一弾で、ダンス・ミュージックのフォーマットから逸脱することを試みた最初だった。

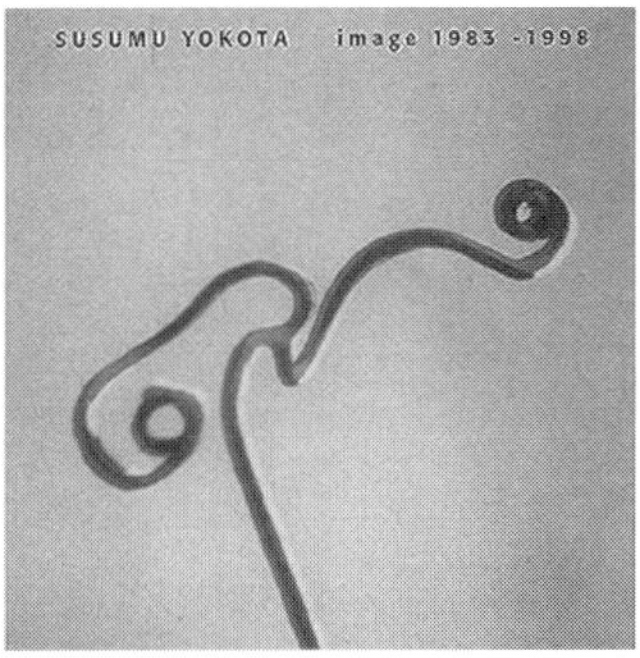

Susumu Yokota
Image 1983 - 1998
Skintone（1998）

ドゥルッティ・コラムとヤング・マーブル・ジャイアンツこそが彼にとってのアンビエントのルーツだった。MTRで録音されたギターの重ね撮りがそれを証している。彼はこれら実験の断片のいくつかをのちの自分の作中おいても使っている。

ツ』さえも古くさせ、アンビエント・ミュージックを完璧に更新した。癒やしでも自然回帰でもなければ、無愛想なアカデミック・ミュージシャンのためのものでもない。エルヴィス・プレスリーさえも羊の声や鉄道の音と同期するアンビエントであり、羊こそ宇宙の中心だと同作は言った。羊とは、我々人民のメタファーであり（あるいは、マタイによる福音書9章36節「羊飼いのいない羊のような群衆」の「羊」であり）、当のザ・KLFはこのアルバムをアナーキーな精神に導かれたものだとした。そして決定的なこの録音に立ち会い、「超世界の中心に君臨し、巨大化し続ける脈動する頭脳（A Huge Ever Growing Pulsating Brain That Rules From The Centre of The Ultraworld）」なるはったりめいたシングルを出したジ・オーブこそ、細野晴臣＆清水靖晃プロデュースによる〈東京ムラムラ〉において初来日を果たした、この時代のアンビエントの宣教師だった。このとき多くの日本のオーディエンスはフロア一面に用意された布団に座りながら、「アンビエント」がダンス・ミュージックになっていることを知ったのである。

横田進は、「ハウス・ミュージックに興味を持ったのは、椹木野衣の『シミュレーショニズム』を読んだから」と、ぼくに何度も話している。アシスタントを雇う程度には安定した収入のあるグラフィック・デザイナーだった彼が当時ダンス・カルチャーと出会うには、サンプリング・アートの文脈からのアプローチが自然だったとしても、横田がこの時代のサイケデリックな機運に能動的だったことは、彼の初期作品が表現している通りである。1994年、ぼくが東ベルリンの廃墟で、明け方、コンクリートに上で横になりながらピート・ナムルックのアンビエントDJを聴いていた同じ時間帯に、彼は絞り染めのTシャツ姿で当時はまだ銀行跡地の廃墟にあった伝説のトレゾアで汗まみれのライヴをしていた。前年1993年、西麻布のクラブ〈Yellow〉において日本では最初のアンビエントのイベント、「Eden In The Sky」もはじまっていた時代、同クラブにおけるUR初来日公演のフロントアクトを務めた横田は、裸のラリーズの

Susumu Yokota

Susumu Yokota
Sakura
Skintone（1999）

リヴァーブ、エコー、テープ・ループを駆使したマジカルな音響は、間違いなく彼の傑作であり、いちばんの人気作であり、そして、横田の作品群においてもっとも愛に満ちたものとなっている。スティーヴ・ライシュからの影響も感じさせるミニマル・アンビエント。

Susumu Yokota
Grinning Cat
Skintone / Leaf（2001）

ピアノ、ヴァイオリン、クラリネットなどの音色を活かし、彼のユートピアを創出する。『Sakura』とならぶ人気作／名作で、アンビエントなテイストと同時にダンス・ビートも活かしつつ、彼の圧倒的な別世界を展開。

元ヴィジュアル担当者をダンサーに従え、トランシーかつハードなライヴを披露している。このころ横田がクラブ・ミュージックを曇りない気持ちで愛していたのは間違いないが、その感情がやがて愛憎へと転じていったのも事実だ。その文化における快楽重視の保守性と創造性の放棄、シーンのなかのどん欲な商業主義を彼は嫌悪するようになったものの、こうした事態が彼に自分のレーベル〈Skintone〉の立ち上げをうながしてもいる。災い転じて、自分の好きな音楽を自由に創作できる場を得ることにも繋がったのだ。

『Sakura』あるいは『Grinning Cat』のような作品が生まれたのは、池尻の246を少し奥に入った木造アパートの一室だった。青山のデザイン事務所を引き払って彼が音楽に専念するために選んだのは、築何十年も経っていたであろう古くて安い住居で、その畳の部屋には、ずらっとTB303、909、808、JUNOといった（その数年後にはすべてが売られることになる)アナログ機材が並んでいる光景が面白かった。彼は俗人だったが仙人めいた面影があって、質素(ミニマル)であることが身についていた。横田の音楽はつねに彼の人生と結びついていたが、彼にとってのアンビエントはポスト・クラブ・ミュージックという位置づけだったと思う。早い話、クラブ・ミュージックがマンネリ化したときに、このままではいけないという思いが横田に『Sakura』や『Grinning Cat』のような作品を作らせている。だから、その動機はエレクトロニカとある意味同じだった。が、横田がクラブやレイヴを見下すことは決してなかった。

では、彼が次なる一歩を進めるにあたって何を引き寄せたかと言えば、まずは彼のルーツであるポスト・パンクだった。その成果は『Image 1983 – 1998』にある通りである。ただそれから1年後の『Sakura』になると、そのつながり以上に、ミニマルでより夢想的な、陽炎のような音の揺らめきが全体を包み込んでいる。冒頭の〝Saku〟は、エイフェックス・ツインの『アンビエント・ワークス vol. 2』とイーノの『MFA』との溝を埋めているかのような音響で、彼の真骨頂である「はかなさと美」を極めていると言えよう。素晴らしいミニマル・ミュージックの〝Gekko〟をはじめ、〝Uchu Tanjyo〟や〝Kirakiraboshi〟を聴けば、横田は畳の上で、あの安アパートから広がる宇宙を手にしていたことがわかる。ハルモニアやクラスターにも共鳴する〝Hisen〟とは〝飛仙〟だろうか、わからないが、具体的な政治に関心を寄せなかった横田だから(坂本龍一のファンではあったが)〝非戦〟ではないはずだ。とはいえこの曲も、そして〝Azuki No Kaori〟も、あまりに平和な心持ちに満ちている。〝Kodomotachi〟にリズムが入ってくるのは眠気を断つというよりは、喜びの感情のあらわれだ。〝Shinsen〟もまた名曲のひとつだが、この曲は横田らしい、あけすけな美への憧憬で、やがて母親の看病のために立川の実家で暮らすようになってから生まれた諸作にも引き継がれ、そしてより強調されていく感性が綴られている。

『Sakura』がリリースから20年以上経った今日でも、とくにヨーロッパにおいて人気がある理

Susumu Yokota

Susumu Yokota
The Boy And The Tree
Skintone / Leaf (2002)

アンビエントというよりも映像的な作品で、抽象的な音響が展開される。『もののけ姫』のための、架空のサウンドラックめいたアルバムだが、横田はほかにも『ラピュタ』を作っているほど宮崎駿のファンだった。

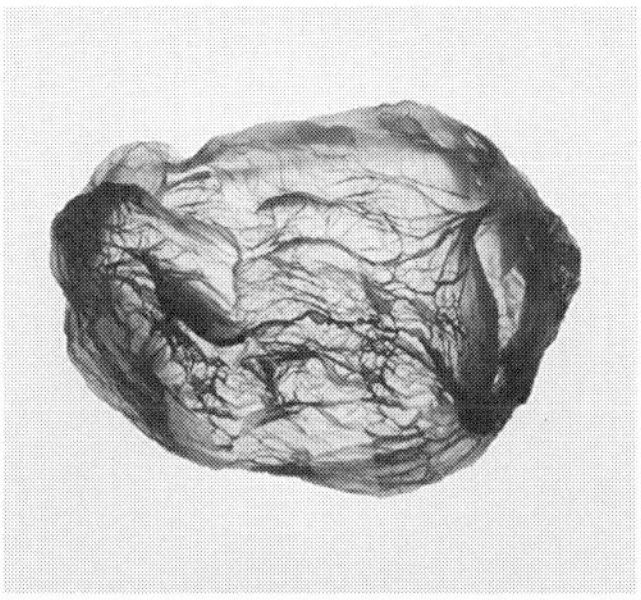

Susumu Yokota & Rothko
Distant Sounds of Summer
Lo Recordings (2005)

UKのポスト・ロック・バンド、ロスコとの共作。いっしょにスタジオに入ったわけではなく、データのやり取りで完成させているものの、ロスコは横田のメランコリアを抽出し、このダウンテンポ作品をほかにはない魅力的なものにしている。

由、そのひとつは、海外から見た日本という国の、いまでいうハイパーポップでカラフルでスピーディーでやかましい国の内部において、とくに見過ごされているであろう「美徳」をこの音楽に感じるからである。『Wire』は同作を年間ベスト・アルバムに選び、レディオヘッドは「この控えめなアーティストを何か助けることはできないか」とレーベルに申し出たほどで、2002年には、横田はスコットランドのフェスティヴァルにてフィリップ・グラスのサポートもしている。日本人で音楽ファンを自称する人たちのほとんどが横田を知らないことに、日本国内におけるそのおそろしい過小評価に、だいたいのヨーロッパの音楽人たちは驚く。かようにアンビエント／エレクトロニカ方面でいくら評判になろうと、横田は「ハウス・ミュージックを作らなくなることは絶対にない」と言ったし、結局彼は最後まで、健康を害し自由に動けなくなってからの数年間もダンス・ミュージックを作り続けた。彼にとってはクラブ・カル

Susumu Yokota

チャーもまた、刹那的な快楽という「はかなさと美」の文化だったのかもしれない。音楽的な観点から言っても、クラブ・カルチャーの実験的であっても大衆的でもある包容力は横田のスタイルに合っていた。まさに『Chill Out』がそうだったように。

とはいえ『Sakura』には、ザ・KLFやジ・オーブ（あるいは細野晴臣、もっと言えばエリック・サティ）にあった冗談のセンスはまったくない。これは、00年代以降の日本のアンビエントの多くが欠いてしまったものだ。しかしながら横田作品にはクラブやレイヴ・カルチャーを通過したうえでの良き精神がある。大衆的であることから切り離されない実験性、そこにいる誰もが感じられる伸び伸びとした生の感覚、我々の進むべき方向性を示そうとする物語。それがゆえこの音楽は永遠にドリーミーで、そしてユートピックであり続けているのだ。

2 アンビエント・ハウスは羊によって発明されました。
4 アンビエント・ハウスは、たとえあなたが愛さなくてもあなたを愛します。
11 アンビエント・ハウスはあなたのところには来ない。あなたがそこに行かなければならないのです。
14 アンビエント・ハウスは風に恋をして、星々と語り合います。
18 アンビエント・ハウスが世界を救いにやって来ました。
ザ・KLF「AMBIENT HOUSE - THE FACTS?」（1990）より抜粋

アンビエントの精神を具現化する、野外フェスティヴァル〈Off-Tone〉

野田努
written by Tsutomu Noda
photos by Matsusaka Tomoko

90年代前半のクラブには、だいたいチルアウト・ルームなるものがあった。ダンスで高まった心身を落ち着かせるための部屋で、ソファに座るか床に寝転びながら、激しくはない静かな音楽がかかっていた。つまり、この「チルアウト・ルーム」は、熱狂に対しての頭を冷やす機能を持っていたわけだが、同時に、このスペースは音楽リスニングの多様化を促す意味においても重要だった。クラブにおける「チルアウト・ルーム」が生んだヒット作でもっとも有名な

のはマニュエル・ゴッチングの『E2-E4』だが、ほかにもスティーヴ・ヒレッジの『Rainbow Dome Musik』があり、あるいは、テリー・ライリーの『A Rainbow in Curved Air』があったかと思えば、キング・タビー系のダブからラヴェルや日本のポップスまであったりするのだ。クラブ・カルチャーを通過した耳がやたら雑食的で、現代音楽からかつては避けていた音楽まで聴くようになったことの発端は、すべてここにある。

アンビエントに特化した野外フェスティヴァル〈Off-Tone〉は、日本では唯一この流れを引いている。2023年の出演者の顔ぶれは、尾島由郎&柴野さつき、長谷川時夫、イノヤマランド、ヤマジカズヒデからスガイケンやKaito、Miki Yui、井上薫、Tomoyoshi Date等々と、「チルアウト・ルーム」の雑食性の良きところを拡大解釈し

ているようだ。
「ぼく個人は、もともとは2000年ぐらいからダンス・ミュージックの作品を作っていました。それが2011年には、アンビエント・オンリーのイベントをやろうと思ってはじめたんです」、主宰者の松坂大佑は語る。「コロナで10周年ができなかったんですけど」
松坂は、もともとはテクノ寄りのハウスを作っていて、彼の音源はロラン・ガルニエもプレイするほどヒットもあった。2006年ぐらいまではダンス・ミュージックに集中していたが、仕事としてCMなどの音楽を作りながら、いまではクラシックのマスタリング・エンジニアもやるようになり、自分のスタイルもダンスからアンビエントへとシフトしていった。「10代の頃は、ブライアン・イーノや70年代のヴァージン系のも

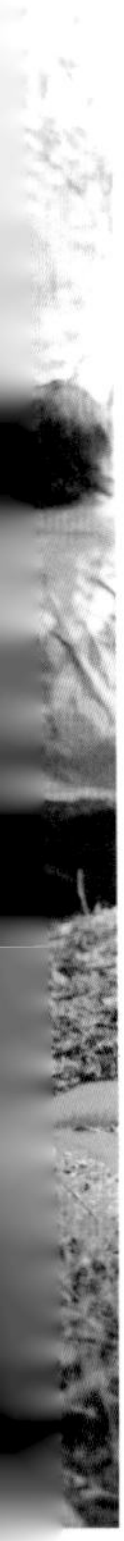

のをよく聴いてました。16歳のときに、ちょうどブライアン・イーノが『Neroli』を出したんです。それを好きになって……、いつの間にかハマっちゃいましたね（笑）」

「最初はダンス・ミュージックのことしか考えていなかったから、週末の夜から日曜の朝までのパーティをやっていました。そこに年上のお客さんから『日曜の昼で子どもを連れていけるようなのをやってほしい』と言われるようになって、昼と夜の両方を実現するためには、野外のキャンプ場でやろうと。それに、以前から自分はアンビエント・オンリーのDJもやってたんです。箱の人からも『これオンリーの（パーティ）できたら面白いよね』とは言われてまして、また、ちょうどその頃日本ではエレクトロニカがちょっと盛り上がっていた時期でもあった。京都の〈Night Cruising〉っていうレーベルのアーティストたちや、それこそ山梨のMoshimossくんとかが良い作品を出しはじめていた頃です」

松坂は、「自由」こそがアンビエントに感じている魅力だと言う。「いちばん自由に捉えられる音楽。聴こうと思えば集中して聴けるし、強要もしない。そこに自分は親和性を感じた。それこそブライアン・イーノのジェネレイティヴ・ミュージックであれば演奏すらしていないので、それをどう捉えるかがこっちに任せられているみたいな。それを個人的にではなく、大勢の人と同じ空間で共有してみたくなったんですよね」

「みんなが一緒の空間で音楽を共有する行為自体は好きなんですけども、僕は協調性のない人間なので、盛り上がりどころとか、そういったフォーマットが決まってきているようなもの、一体感の強要というようなところが苦手なんです（笑）。だからアンビエントってすごくいいです」

いちばん最初は、2010年のことで、松坂が眠れない夜のために「Off-Tone」というアカウント名ではじめたネットラジオだった。それが翌年には都内のヴェニューにて〈Off-Tone〉が開

かれ、2012年から2019年までは、山梨県山梨県甲府市の「マウントピア黒平」というキャンプ施設で開催した。これは、会場の管理者と子供の頃からの知り合いだった、このフェスのキーパーソンのひとりでありプロデューサーのMoshimossからのサジェスチョンだった。現在は山梨県甲斐駒ヶ岳のふもと、白州の森の中（尾白の森キャンプ場）で開かれている。「最初は200人限定ではじめました。多いときで300人ぐらいです。会場が小さいので、それ以上は入らない（笑）。500〜600や1000人みたいな中規模の音楽フェスという形になると負担も大きくなるし、オーディエンスのコントロールも300人あたりを超えるとしづらくなるな、というのが僕の体感としてあった。だから会場の大きさともちょうど良い規模だと

思っています」

最後に、アンビエントについて感じている可能性を語ってもらった。

「まず、世代を問わないことですね。アンビエントに関しては、アカデミズムの文脈もあると思うんですけど、いまはもっと間口が広がっているし、敷居も下がっている。気持ちよさっていう点では子どもたちも反応するし、現場を見ていると可能性は感じます。近年は、ヴィジブル・クロークスの功績もあって日本のアンビエントが注目されていますが、それがこの先どういった形になっていくのか、日本人のミュージシャンがどういったアンサーを出せるのか、みたいなことが大切なんじゃないかな、と思っています」

本号が出る頃には、無事〈CAMP Off-Tone 2023〉は成功のうちに終了していることだろう。そして来年に備えてまた、松坂たちはゆっくりと準備をはじまるだろう。この国にこんな素敵なフェスティヴァルがあることをぼくはうれしく思う。「オフトン」という名前も良いし。

【Webページ】
https://www.offtone.in/camp/

トランス集団「みんなのきもち」が試みる アンビエント・パーティ

ユキノイズ
written by yukinoise
写真提供：みんなのきもち

セカンド・サマー・オブ・ラヴから約30年の時を経て、2010年代末期から20年代初頭にかけてポスト・レイヴという新しい風がレイヴ・シーンに吹き始めた。かつてのレイヴ・カルチャーに対する憧憬と陶酔を単にリヴァイヴァル的な懐古主義で深めるのではなく、デジタルな感覚を持つ世代ならではのムードでサウンド、アート、ファッション、そしてインターネットを経由したストリートからフレッシュなパーティーが続々と登場する中、日本国内のローカル・シーンで燦然とした輝きを見せていたのが、みんなのきもちである。

弱冠20歳前後のプレイヤーたちによるトランス・パーティー・クルー、みんなのきもちはラッパーのブレイディー（Bladee）などを擁するドリアン・ギャング（Drain Gang）からインスピレーションを受けたライティング・システム、Y2Kから派生した現代的なテックウェアに包まれたオーディエンス、非現実的で崇高なethereal的トランス・サウンドで独

自の流れを築き上げ、クラブから野外レイヴに集うユースからkZmやTohjiといったレイヴ・カルチャーに接近する近年のヒップホップ・アーティストたちまでに熱い支持を受けている。強烈な上昇と解放感を突き詰めたプレイを最たる特徴とし若きダンスフロアのエネルギーを高める彼らだが、トランスの身体性を超越した音楽体験と美学に着想を得て、ついにはアンビエント・ミュージックを次なる実験場として見出したようだ。

　チルウェイヴやヴェイパーウェイヴ、クラウドラップといったポスト・インターネットの文脈で10年代にかけ誕生したローファイ・サウンドの勃興、20年代を語るには欠かせない世界的なパンデミックの影響を受けたホーム・リスニング傾向など近年のエレクトロニック・ミュージック・シーンにおいてアンビエンスな広がりが観測されたのは記憶に新しい。その潮流と同時代もしくは以降の世代にあたり、すでにアンビエンスな感覚が基調として備わっているみんなのきもちは、誰しもが自然であれる場でマインドフルネス的に

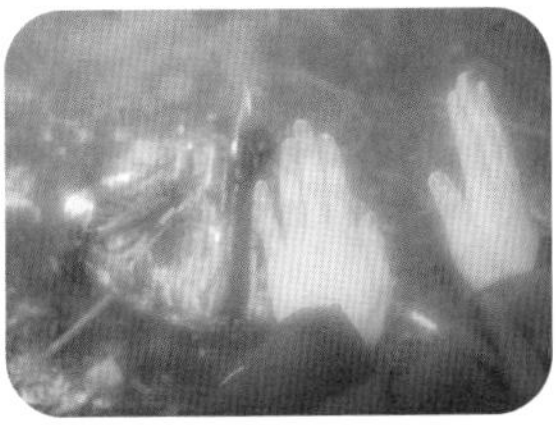

味わう変性意識をトランス的に再解釈し、彼らと同世代の周辺アーティストである松永拓馬やE.O.U.との協働パーティをはじめ真鶴半島でのビートレスなアンビエント・デイ・レイヴ《Sommer Edition》を成功させ、ポスト・レイヴ・シーンで加速する若者たちの魂を深く震わせた。公式SNSポスト曰く「速度が早すぎて普通に見えてた世界が全部光になっちゃった!っていうノリでアンビエントに行き着いた。速すぎるからアンビエント、テックパンクスのアンビエント」とのことで、加速主義が進む社会の下だからこそ辿り着いた安寧のユートピアがアンビエント、イージー・リスニングだったのだろうか。そういえば彼らの名前の由来は「みんなきもちぃい」なのもあり、もしかしたら現代的な快楽主義の果てとしても捉えられる。きっとその答えは、みんなの中にそれぞれあるものなのかもしれない。

日本のヒップホップとアンビエント

二木信
written by Shin Futatsugi

２０２３年に50周年を迎えたヒップホップが誕生したのは１９７３年――ブライアン・イーノがロバート・フリップとの共作でのちのアンビエントの萌芽となるようなテープ・ループの実験を試みたのと同年だ。ジャマイカ系移民のＤＪクール・ハークは、ターンテーブルを2台用いて、ファンク、ロック、ラテンなどのレコードのビートやパーカッションのパートを反復することでブレイクビーツを発明した。ＮＹのブロンクスの貧困地域＝ゲトーで生まれたヒップホップとはまず何よりビートを強調し、反復するブレイクビーツが基盤にあった。サウンドシステムでブレイクビーツを大音量で鳴らし、その空間に集まる人びとを刺激し、情熱的に踊らせるためだ。そうしたリズムやビートが要のヒップホップの起源は、「比較的静かな音響の微細な変化を表現の基調とし、ある特定の場所や空間に雰囲気を添えることを指向した」（高橋智子）（＊1）アンビエント・ミュージックとは根本的に対立しているようにみえる。しかし、私が専門とする日本のヒップホップとアンビエントという視点で歴史を振り返ると、そこにさまざまなユニークな音楽を再発見することができる。

「日本のヒップホップとアンビエント」――その始まりはスティール・パン奏者のヤン富田『Music for astro age』（１９９２）にちがいない。その3年前に富田は、いとうせいこうがアルバム1枚を通してヒップホップ／ラップに取り組んだ『MESS/AGE』をプロデュースしている。そこに収められた〝Astro

（＊1）高橋智子「アンビエント・ミュージック」、『Artwords®（アートワード）』。
https://artscape.jp/artword/index.php/%E3%82%A2%E3%83%B3%E3%83%93%E3%82%A8%E3%83%B3%E3%83%88%E3%83%BB%E3%83%9F%E3%83%A5%E3%83%BC%E3%82%B8%E3%83%83%E3%82%AF

DJ Krush
"Duality (feat. DJ Shadow)"
(アルバム『Meiso -迷走-』収録)
ソニー(1995)

ヤン富田
MUSIC FOR ASTRO AGE
ソニー(1992)

〝Groove Instrumental〟に萌芽があるものの、まだリズミカルなビートに比重がある。が、富田のソロ作には、スティール・パンのみの演奏〝Beyond The Blue Star Zone Part 1〟、テープレコーダーを用いた〝Memories Of Tape Recorder〟、電子音楽による戯れ〝Astro 2050 Systems〟等があり、決定的なのはジョン・ケージへの批評的視座を含んだ〝4'33"〟と〝4'33" Dub〟である。この作品からは、富田がヒップホップを既存の音楽構造から逸脱したミュジーク・コンクレートと捉えて応用して実験にいそしむ様子がうかがえる。

　そんなヤン富田に少なくない影響を受けたのが、日本のヒップホップの黎明期を支えたTINY PANXの藤原ヒロシと高木完だ。TINY PANX解散後、90年代前半の当時を「ヒップホップから離れたかった」(*2)と回想するのは、藤原だ。彼が元MUTE BEATのキーボディスト、朝本浩文と共同制作した『HIROSHI FUJIWARA in DUB CONFERENCE』(1995)の6曲中4曲はビートレスの美しい「アンビエント・ミュージック・ミーツ・ダブ」(藤原ヒロシ監修／川勝正幸編著『丘の上のパンク』178頁)だ。また、ファースト・ソロ・アルバム『フルーツ・オブ・ザ・リズム』(1991)を富田と共同プロデュースした高木は、通算4作目のソロ・アルバム『artman』(1997)に収録された〝FLOWSCAN〟では、池田亮司の全編ビートレスのエレクトロニクスにポエトリーで対峙している。加えて、〝アートマンのテーマ〟でも、アンチコンに通じるアトモスフェリッ

(*2)「藤原ヒロシインタビュー:〈後編〉 —イン・ダブ・カンファレンス:パンク、そしてダブ—」、newdubhall、2018年。https://www.newdubhall.com/interview/hiroshifujiwara/vol02.php

PLANTAZIA a.k.a KILLER-BONG
CANNABIENT
BLACK SMOKER RECORDS (2008) *CD-R

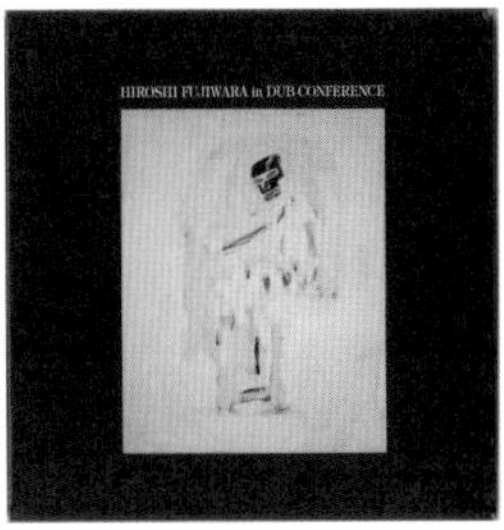

藤原ヒロシ
HIROSHI FUJIWARA
in DUB CONFERENCE
ビクター (1995)

クなラップ・ミュージックを展開した。

こうした試みの一方で、90年代前半のレイヴ・カルチャーにおけるアンビエントの捉え返しと併走する、よりフィジカルな作風を追求したのがDJ Krushだ。実際に私が彼にキャリアの転換点となった現場について尋ねると、DJシャドウらと1台の汚いバンでUKとドイツをツアーした1994年の「MO'WAX HEADZ TOUR」と答えてくれた(*3)。そこでアンダーグラウンドなレイヴ・カルチャーの洗礼を浴びたという。翌1995年、彼がDJシャドウと共作した〝Duality〟(『MEISO』収録)の2分過ぎからの約1分間のビートレスは現場の経験を活かしブレイクビーツの快楽をより効果的にするために、ビートの騒々しさと相反するアンビエント風の静けさを導入したと再解釈できる。ヒップホップとアンビエントの関係において、ビートレスは一つの重要な概念として浮上する。

◆

2012年、坂本龍一のレーベル〈commmons〉からアンビエントとビート・ミュージックの狭間を行く『Bird』をリリースしたFumitake Tamura(BUN)。元々クラシック音楽を学んでいたビートメイカーはアンビエントとの出会いによる変化について次のように語っている。

(*3) 二木信「DJ KRUSH　暗闇の中のロービート(前編)」、clubberia、2015年。
https://clubberia.com/ja/interviews/737-DJ-KRUSH/

YAMAAN
NN EP

Math.Beat (2017)

FUMITAKE TAMURA
BIRD

commmons (2011)

「アンビエントって言った時に、それは僕にとって環境音楽という意味ではなく、〝ビートレス〟っていうことかもしれないですね。僕にとってのアンビエントは陶酔できるものですね。（中略）それで、既存のビート・ミュージックから少しずつ遠ざかっていったんです」（＊4）

Fumitake Tamuraがヒップホップ・レーベル〈blacksmoker〉から発表した『Tamura000』（2019）において、KILLER-BONGが「あいうえお」から始まる五十音表を読み上げた声を用いた楽曲はブライアン・イーノが〝2／1〟（『Ambient 1: Music for Airports』収録）で音程を変えた女性の声を用いた試みを連想させる。

時代は前後するが、00年代中盤に国内のヒップホップ・アーティストでいち早く意識的に陶酔できるトリップ・ミュージックとしてのアンビエントの創作に取り組んだのが、前述したKILLER-BONG。モート・ガーソン『Mother Earth's Plantasia』（1976）に着想を得たPLANTAZIA名義の『S／T』（2004）と『CANNABIENT』（2008）などの作品がある。前者はビートの割合が多いが、後者はほぼビートレスで、シタールや虫の鳴き声などにエフェクトをかけてループする一方、90年代のモブ・ディープの鬱な音色やDJスピナの浮遊感を醸し出すビートをアンビエントで表現したようにも聴ける。10年代に入ると、Fumitake Tamura同様に、ヒップホップ（ビート）とアンビエント的なものをいかに共存させるかを創作の主題とするビートメイカーが他にも登場する。日本の12ヶ月の情景を描き出し

（＊4）二木信「アンビエント、ビート、ラップの美しい泥水　HIDENKA x FUMITAKE TAMURA (BUN)」、blacksmoker、2014年。http://www.blacksmoker.net/interview/hidenka-bun/

RAMZA
WHISPERING JEWELS
- ひび割れの鼓動
AWDR/LR2 (2022)

Bushmind
NEW β SOUND
Seminishukei (2019)

た『12 Seasonal Music』（2011）、ニューエイジも取り込みより質感を洗練させた『NN EP』（2017）などを発表したYAMAANもそのひとりだ。他方で、ニューエイジ／アンビエントの文脈で様々な音楽を再解釈した素晴らしいミックス作品も増えている。中でも、ミルトン・ナシメントやトータス、オブスキュア・ディスコなどで構成された、ラッパー、田我流の『HOLY NATURE』（2018）、自然の音やダブ、あるいはアンチコンのワイ?やRAMZAのトラックをサイケデリックに響かせるBushmind『NEW β SOUND』（2019）などは突出している。

Bushmindのミックスに収録されたRAMZAが電子音と環境音を多層的に重ね合わせた『WHISPERING JEWELS - ひび割れの鼓動』（2022）という舞台音楽は、ヤン富田『Music for astro age』から30年後の日本のヒップホップ・プロデューサーのミュジーク・コンクレートであり、もはやヒップホップとアンビエント・ミュージックが対立しているという次元の話は脇に追いやられてしまう。そして今年、荒井優作がリリースしたピアノをメインに用いたアルバム『a two』（2023）収録の〝あ／a〟に至っては、現在、国内の新世代のヒップホップで絶大な人気を誇るMall Boyz（Tohji、gummyboy）の、アシッド・ハウスとトラップを融合したような躍動的な大ヒット曲〝HIGHER〟のエモーショナルなシンセ音の一部をサンプリングして、静謐なアンビエントを作り上げてしまっているのだ。

interview with

Chihei Hatakeyama

ドローンを更新すること
畠山地平インタヴュー

三田格
by Itaru W. Mita

photo by Yasuhiro Ohara

その日、僕からの最初の質問が耳に届いたチヘイ・ハタケヤマは「どれでしたっけ?」と言って自分で自分の曲を検索し始めた。「どれも似たようなタイトルなので……」と自分で突っ込んでいる。僕が最初にしようとした質問は「坂本龍一さんが亡くなったとき、そうとは知らずに曲をつくっていたら、奇妙な感じがずっと続いていたということでしたよね……」というものだった。30分を超える〝Deep Rain Forest〟がそれで、『The Ancient Forest』シリーズの6作目に収録されている。それからしばらく坂本龍一の話になった。YMOは運動会で初めて聞き、坂本さんのCDは図書館に揃っていたので『千のナイフ』や『B-2 UNIT』を借りたり、中谷美紀のコード感に惹かれたり……等々。オピトープというユニットを一緒に組んでいる伊達伯欣が坂本龍一の訃報を受けてコンパイルした追悼盤『Micro Ambient Music』には〝Mexican Restaurant〟という曲を彼は寄せている。「明大に通っていた頃、アルバイトしたいと思って、大学の近くにあったメキシコ料理のレストランに面接に行ったんです。予想していなかった質問で、尊敬する人は誰かと聞かれて、とっさに思い浮かんだのが徳川家康と坂本さんと自分の父親でした。早く答えなきゃと思って、坂本龍一さんと答えたんです」「ちゃんと聞いたのは高校生のときだったし、小室哲哉みたいなプロデューサーだと思っていたので、アンビエント作品を聞いたときは驚きました。ポップスはもうやめたんだと思って。どういう心境の変化なのかなと気になって。元々は現代音楽の人だったというのは、後になって知りました。具体的にはわからないですけど、自分の作品にも影響はあると思います」

〝Deep Rain Forest〟を聴き直してみよう。透き通るような美しいドローンで、チヘイ・ハタケヤマの話を聞いてしまうと坂本龍一の魂が天に昇っていく場面をどうしても想像してしまう。「奇妙な感じ」というのはそれまで味わったことがなく、そのときだけの体験だったという。ちなみに徳川家康の好きなところはネチっこいところで、最後まで耐えるところがドローンに通じているという。

チヘイ・ハタケヤマはどちらかというと初期はノイズ・ドローンに近いプロデューサーで、10年代も後半に入ってから、つまりデビューして10年以上が経過してからストレートにアンビエントと呼べる作風に変わってきた。そして、20年代に入る直前には「優しさ」も加わり、〝Deep Rain Forest〟のような慈愛と恩寵が基調をなす曲が増えてくる。

Chihei Hatakeyama
Minima Moralia
Kranky (2006)

00年代ドローンの発信拠点となった〈Kranky〉からスターズ・オブ・ザ・リッドらに続いたソロ・デビュー作。ギターのアルペジオや不協和音など現在よりも様々なタイプを収録し、陶酔的な響きに満ちている。ラ・モンテ・ヤング直系と評された。

——ひたすらドローンだけど、このまま生涯、ドローンだけですか？

「いろんな音楽をやりたいという欲求はあるんですけど、いまのところ飽きないんですよね。同じように聞こえるかもしれないけれど、1曲つくり終わると、ああもできた、こうもできたと考えてしまって。やりきれなかったことが残るというか、次のアイディアがまた浮かんでくるんです。スランプになった時期もあって、そういうときにもほかのことをやろうというよりはもっと意固地になって同じことをやっちゃうんですね（笑）。そういうときは休んで遊んだ方がいいと思うようにはなりましたけど」

——以前はノイズを入れることが大事だと言ってましたよね。『Five Dreams』（15）や『Grace』（16）あたりからシフトし始めて『Afterimage』（18）や『Void XXIII』（19）になるとまったく夾雑物のない美しいアンビエントになって。それがまた最近の『Autumn Breeze』（20）や『Late Spring』（21）

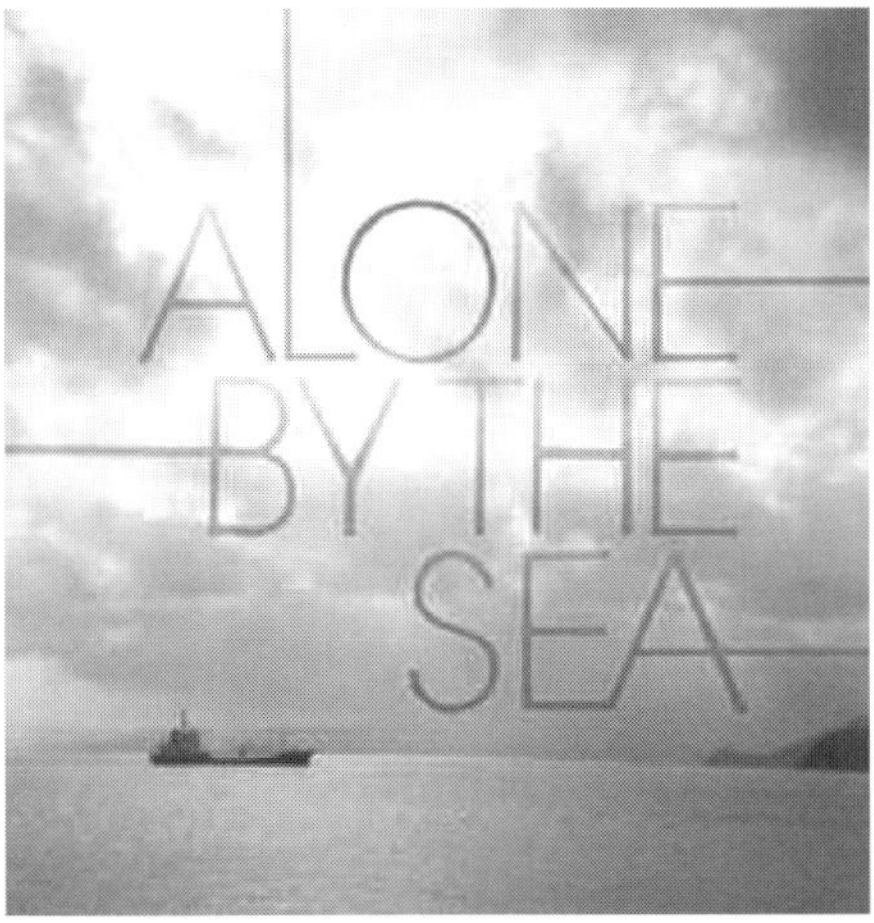

Chihei Hatakeyama
Alone by The Sea
White Paddy Mountain (2013)

100円コーナーのバロック音楽をサンプリングしたループ3部作＋1ドローン。修行僧が死ぬまで船で一人旅をする補陀落渡海をテーマに安らぎと諦めが混じり合う。古代史シリーズの2。ザ・ケアテイカー『A Stairway To The Stars』を彷彿。

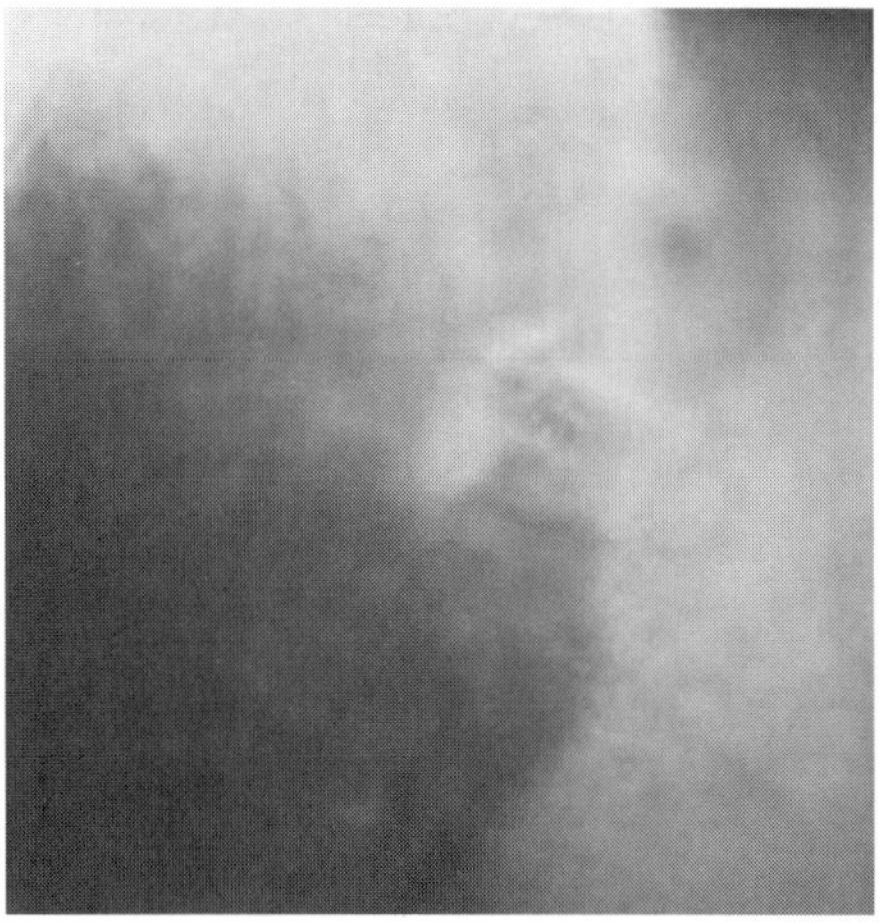

Chihei Hatakeyama + Corey Fuller
Euphotic
White Paddy Mountain (2016)

アメリカ生まれ東京育ちのサウンド・デザイナーと初コラボレート。パイプ・オルガンの音を素材に微細な変化から予期しないハーモニーを編み出していく。カラフルなラ・モンテ・ヤングというか。〝Euphotic 2〟はとくにスモーカーズ・デライト。傑作。

になるとノイズが入る感じに戻っていて、一時期だけ異様にピュアな感じが続いたと思うんです。

「そうですね、その時期は音の要素を減らして、ピュアなドローンって、どういうものだっていう方向性でつくっていた気がします。『Five Dreams』や『Grace』は結構手が込んでいるんですよ。トラック数も少なそうに聞こえてそこそこ多い。『Grace』は何度もライヴで試したりして、推敲していきました。反対に『Late Spring』だとオーヴァーダブもないし、シンプルなんですね。ヒスノイズを含めたノイズに関しては、結構時期によって変えたりしてますね、最近はちょっとまたキレいめになってきたかな」

——00年代はインプロヴィゼーション中心だったのが、10年代に入ってニューエイジやヴェイパーウェイヴが流行ると、それに影響されたのかなと思ったんだけど。ここのところはまたエレクトロアコースティックに揺り戻しているのでノイジーなものも増えてきてるし、僕にはそれに合わせているように聴こえる。

「ニューエイジの影響は無意識にあったかもしれません。最初の頃はアンビエントだと思ってやってなかったんですよ。自分はエレクトロニカをやっていると思っていて。アンビエントは軽すぎて恥ずかしいというか。いま聴くと『Minima Moralia』なんかぜんぜんアンビエントなんですけど（笑）。ニューエイジが出てきたときは驚きもあって。こういうのが受けるのかって」

——ああ。アメリカのニューエイジはもっと実体があるというか、カルトもどんどん増えて。統一教会どころか、この間も女性信者に焼きごてを当てていた教祖が逮捕されている。

「『アンダー・ザ・シルバー・レイク』という映画が好きで、2回観たんですけど（笑）。去年、アメリカに行ったら、あの雰囲気がわかるというか、どうしてアンビエントのライヴにこんなに人が来るのかと思って」

——僕も2回観た（笑）。あれは確かにカルトでした。ポール・トーマス・アンダーソン（『ザ・マスター』）とは違う描き方で。

「アメリカにはそういう切実さのようなものがあるのかなって。フェネスやフェリシア・アトキンソンと同じステージになることはあってもニューエイジ系の人と一緒になることはないんですけどね」

——ニューエイジは簡単にいうと「心」がテーマだったりするけれど、チヘイ君の場合は古代史がテーマだったりするからね（笑）。古墳3部作とか。

「そうですね（笑）。天皇の人権に興味を持ったことがあって、古代史はそこからだったんです。答えがないのが面白いというか、僕らのルーツに興味を持ってもらえたらいいなと思っていて。歌詞がないので伝わってないのは承知してるんですけどね。あと、脈絡はないかもしれませんが、千利休の茶碗を見たときにドローンだと思ったんです。わびさびとか、そういう感じではなく」

いろいろと話していて不思議に思えたのはチヘイ・ハタケヤマが最近まで『ツイン・ピークス』にハマっていたということ。彼の曲には自然を表す言葉がタイトルについていることはあっても〝なんとかガール〟のようなものはなく、目の前にいる人間に興味を持っているとはとても思えない。いま・ここに

Chihei Hatakeyama
Grace
White Paddy Mountain (2016)

マザー・テレサの「人生は歌。歌いなさい」に刺激されたソロ37作目。この時期はニューエイジの影響があったかもで、同じ趣旨のグローバル・コミュニケーション『76 14』に近い透明感。冒頭は『Five Dreams』同様、夏目漱石が題材。マスターピース。

いる人間を避けていて、それこそターナーのような風景画家と同じ作家性を強く感じてしまう。

「たしかに。深く考えたことがなかったかもしれないです。曲のタイトルは最後に決めるんですよ。そのときにパッと思いつくのが自然を表したもので、写真を撮るときも人ではなく風景を撮りたくなる。なるべく遠くから全体を撮りたいんです。坂本慎太郎さんが好きなんですけど、彼は目の前にいる人をちゃんと歌詞にしてますよね。僕がやっていることは、坂本さんとは違って、いま・ここではなく、遠くに想像力を飛ばすということなのかもしれない」

Chihei Hatakeyama
Late Spring
Gearbox Records (2021)

日本の四季から春と秋が消えていくなか、小津安二郎監督『晩春』をモチーフにしたソロ65作目。穏やかなドローンや自然の音にヒス・ノイズを被せた『Minima Moralia』への回帰＝円運動のイメージは『ツイン・ピークス The Return』の影響。

Chihei Hatakeyama
Hachirōgata Lake
Field Record (2023)

映画『Life Is Climbing』のOST盤に続く最新作。秋田の名所、八郎潟のフィールド録音にシンセサイザーやギターによるエレガントなドローンを重ね、『Late Spring』を壮大なスケールに拡張。蝉や蛙の声に始まり、水の表情が様々に変化。

徐々にフロアが非言語的領域に侵食され始めた頃に僕は完全に理解した

冥丁
written by Meitei

アンビエント。このテーマについて書いてみたいことは沢山あったけれど、書き進めて行く内に枝葉のような内容に終始してしまっているように感じて悩んでしまった。アンビエントが環境という広義な意味で理解されていることもあって、僕が考えているアンビエントの肝心な部分を言葉で伝えるには工夫が必要だと感じ始めていた。どこからがアンビエントで、どこまでがアンビエントなのか。それは個人の感覚的な部分による所も大きい。でもそれをただ丁寧に読み解くような説明は避けたかった。そこに線引きは存在するようで存在しないからだ。それを率直に書くことが僕の役割だと思った。そんな中でこの夏に開催していた『怪談』ツアーが始まった。このツアーを通じて書けることがあるような気がしていた。

振り返ってみると、2019年から冥丁の活動が本格化して国内外の様々なアンビエントの作家達と出会った。でもなぜ冥丁が彼らのようなアンビエント枠で語られているのか分からなかった。一度もアンビエント・ミュージックを作ろうと思ったことはなかったし、リ

冥丁（Meitei）
広島のプロデューサー。日本のエレクトロニック・ミュージック新世代を担うアーティストのひとり。「失日本」をコンセプトに掲げ、日本の文化から失われつつある過去の時代の雰囲気を追求している。デビュー・アルバム『怪談』（18）と『小町』（19）は「ピッチフォーク」にとりあげられた。以降『古風』（20）、『古風Ⅱ』（21）と、これまでに4枚のアルバムを発表。

スナーとしてはR&Bやヒップホップを軸にした音楽に慣れていた。2018年に『怪談』をリリースした後、2019年には同作のLP盤に加えて二作目に当たる『小町』のLP盤も発表された。この時からさらに冥丁にアンビエントのタグが付いた実感がある。よくどんなアンビエント・ミュージック（エクスペリメンタルも含む）を聴いているのか尋ねられたけど、殆ど聴いていなかった。海外のファンからはアンビエントについて私的な意見をよく求められた。僕が知っているアンビエント・ミュージックの殆どが静かで控えめだったので、最初にアンビエントについて感じていたことは現代人に向けてプロデュースされた精神的な涼のような印象だった。だからこそ、この文脈で冥丁が語られることが奇妙だった。癒しをもたらす動機で冥作（冥丁作品の略）をプロデュースしたつもりもなく、そのような市場戦略も持っていなかった。そんな私的な立場に立って、このアンビエントについて考えるようになった中でツアーは初日を迎えた。シンガポールから来日した〈KITCHEN. LABEL〉と合流し、炎天下の表参道を歩いて会場のWALL&WALLに向かった。

初日の会場では浮と港のお三方の皆さんとご一緒した。フロアは混雑していたので、本番前は高音質で楽屋に出力されているモニタースピーカーから聴こえる歌声に耳を澄ませて休んでいた。言葉にならない風情が伝わり、それが体に染み込んでいく。地下の楽屋のコンクリートの壁を挟んだ向こう側からは観客の熱気を感じた。そしてそこで息を潜めて緊張する動かない空気の様な自分の存在を感じていた。フロアに響き渡る音とは無関係に楽屋で佇む自分。この地下空間に発生するそんな感覚的なコントラストを感じた時に鳥肌が立った。内的な世界値の差異を体は感じとり、この場に突如現れた世界の境界線に反応する自分の存在を明らかにした。アンビエントに関して伝えたい部分のヒントはこの辺りにあると思った。

先程の話に戻ると、『怪談』と『小町』のリリースが展開されるのと並行して『古風』の制作も進めていた。アンビエント業界？での冥丁の認知も高まる中で、アンビエントとは言えないであろう作風に挑戦していた。その頃はT.Enamiという写真家の作品との出会いがきっかけで、明治〜昭和の日本の印象を音訳することに熱中していた。僕はそれを〝古美学乃風刺〟と呼び、それは三部作となる『古風』編の副題ともなった。先にも述べたことだが、冥作にはテーマ設定（日本にまつわる印象）があるので、これに準じて制作は進む。『怪談』は小泉八雲の「骨董」から始まり、『小町』は夜の京都に漂う雰囲気から始まった。ただこのような題材形式型の作風の影響で予期せぬことも起きた。『怪談』や『小町』のようなスタイルを潜在的に期待するレーベルからのリリースのオファーが増えていった。有名なレーベルの名前もリストされていたが、こちらが提出した『古風』のデモに彼らは懐疑的な印象を持った。音楽性が変わりすぎていると指摘された。所謂アンビエントではなかったからだ。僕としては横尾忠則さんみたいに作風がカオスするのは面白いと思ったのだけれど、キャリアの浅い一人の音楽家のカオスなリリースは成功を保証できるものではなかった。契約は白紙化したが、友人の心遣いで〈KITCHEN. LABEL〉からのリリースに行き着いた。それから3年経った今、『古風』もアンビエント枠に存在する音楽の一つとして語られるようになった。今思えば、僕がやりたかったことは正にこういうことだったのかもしれないと思う。音楽が音楽を縛らずに首輪の外れた状態でリスナー個人のシンプルな評価によって見出されること。これは正にサブスク時代の象徴的な結果だったのかもしれない。手前味噌ではあるけれど、冥作はそんな稀有な種類の音楽として、現代のアンビエント・ミュージックの一種を実現することができたのかもしれない。改めてアンビエントという枠（概念）が持っている懐の広さを感じた。

こうして筆を取っている間に、ツアーも佳境に差し掛かり始めた。ツアー・マネージャーの粋な計らいで熊本にある小泉八雲の旧邸にも足を運ぶことができた。風鈴の音、蝉の鳴き声、軒先から見える小庭、そんな環境の模様を感じながら保管されている文献を眺めて当時を想像していた。猛暑日にもかかわらず冷房のない邸宅には、この瞬間のこの時間に差し込む真夏の斜光が現れ始めていた。人びとはそれを情緒や風情と呼んでいる。この時に点と点が繋がった。間違いなくアンビエントはこの瞬間の様子のことだった。それは淡々と響くシンセサイザー関連の音のレイヤーではなく、時空と時空の境界線にある音（模様）を音楽的に感じとる人間の内なる感覚的代物によるもので、もはや音楽以前の段階にある抽象的なサインと言えるものなのかもしれない。

灼熱の夏日が続く中、博多公演が開催されるUNION SODAに到着した。リハーサルを終えて少し休んだ後で開演中の会場に戻り、僕も観客の一人として野中克哉さんの尺八を聴きながらフロアの雰囲気を楽しんでいた。その時に思い出したことがある。いつも特定の印象を感じる時に自然と目覚める感覚のことだ。あの日、野中さんの尺八と彼が客席に向けて話す語りが会場に色をつけた。満員で酸欠気味なフロアには、同時刻に屋外で開催されている天神大名の御祭りの活気も薄っすら混じり込み、目には見えない高揚感が会場を包み込んでいた。徐々にフロアが非言語的領域に侵食され始めた頃に僕は完全に理解した。今ここで起こり始めていること。この瞬間に感じている肝心なこと。少なくともこれが僕にとってのアンビエントだと思った。

いつもアンビエント・ミュージックが静かである必要はなく、ここには多様性が存在している。

いつの間にか世間師へと変貌してしまった己の感性の化けの皮を引き剥がす効能

SUGAI KEN

written by SUGAI KEN

アンビエント・ミュージックと聞くと、二つの事が思い浮かぶ。

・遍在

・ヘッド・ミュージックとボディ・ミュージック

・遍在

朝、半せん妄状態の中、雲の流れを眺めていると「自分がいようがいまいが、この流れは明日も続いていく」という事をとても感じる。大自然とは言えない郊外の夜明けであっても、空の明るさの推移と共に様々な鳥や虫、人の営みの音が移り変わり、今日もキチンと機能しながら季節は進む。

この世はほぼ〝知られない〟存在によって形成されており、人の世も歴史に名が残ることのない〝その他大勢〟が多数を占めている。僕もその一人で、おそらくあなたもそうであろう。そして、この世の「音」もまた、聴かれる事のない様々な営みでほとんどが形成されている。

SUGAI KEN

神奈川のプロデューサー。日本におけるエレクトロニック・ミュージックの新世代を担うひとり。〈EM Records〉からリリースされた『如の夜庭』(16)や〈RVNG Intl.〉からの『不浮不埋』(17)で大きな注目を集める。その後も利根川をテーマにした『Tone River』(20)や『必ず喫茶時にお聴き下さい。』(21)など意欲的に作品を発表、海外ツアーも多くこなしている。

人間が認識できる「音」は恐らく全体からするとほんの一握りであって、その本体を聴く事は不可能であろう。人が一生で聴くことのできる「音」というのは高が知れているのだ。

個人的にとても惹かれる「忘れ水」という言葉がある。

Ｗｅｂで検索すると「野中の茂みの中などで人の目につかず忘れられたように流れる水」と出てくる。〝忘れられた〟という表現が無駄に情感を誘うので邪魔だが、自然・人工かかわらずほとんどの音の正体は結局コレなんだと思っている。取り沙汰されず、知られる事のない響き。

鬼の泉水（泉水＝庭園）、神の田圃などの言葉にも通じる。

遍在とは「あまねく存在する」「どこにでもある」といった様な意味で、その視点はとても抽象度が高く、一個人が扱い切れるレベルではないモノだと思うが、この視点を意識できるできないの差はとても大きい。

インターネット以前も以後も、人の世は日々騒がしいニュースやトレンド、ゴシップが知名度を競い合い、世間を翻弄する。ともすればそういった事象がこの世のマスに思えてしまうかもしれないが、現実は逆のはずである。その類の「騒ぎ」は1％以下で、99％以上は無名の人生が占めている（はずだ）。

人も自然も音も、無名が今日も遍在している。

・ヘッド・ミュージックとボディ・ミュージック

精神性と身体性。抽象と具体。錯雑と単純。寄り目とサウナ。

怪しいスピリチュアル商法の宣伝文句の様だが、この世は本当に対が多い。

アンビエント・ミュージックで汗はかけないが、ダンス・ミュージックでは汗をかける。

ダンス・ミュージックは爆発力が求められる（気がする）。

ここ数十年の歴史を見ても思うが、いつもダンス・ミュージックの潮流は海外からやってくるばかりで日本発信のものが世界を席巻した例を僕は知らない（あれば是非教えて下さい）。トレンドを模倣する技術力は日本のアーティストも高いレベルだと感じるが、最後の決め手である〝爆発力〟が毎回どこか少し物足りない（気がする）。

その筋に詳しい友人に聞くと「国策」や「業界制度」の差という事も関係しているそうだが、無根拠な個人的意見としては味覚や嗅覚がとても結びついている様に感じるのである。

（本来は）世界に類を見ない〝繊細さ〟や〝奥深さ〟を内包する日本の飲食物。

それに対して、卒倒する程に辛い韓国料理や、白目を剥きそうになる程に甘い海外製スイーツなど、潜在的に過剰な〝刺激〟を持つ食べ物が感性形成に影響しているのではないかと思ってしまう。深く分析をすればK-POPが世界を席巻したのは唐辛子と紐づいているかもしれない。

となると、（本来は）〝深味大国〟ニッポンの優位性はクリエイティブ面において何処なのか？深味・深薫に眠る可能性を今一度見つめ直す段階なのかもしれない。

ここで全く関係のない事を書きたいと思う。

僕は執拗に一つのモノ・コトの研究や制作を続けておられる方にとても惹かれる。

そこには必ず何らかの理由・信念が存在し、熟成された感覚が存在するからだ（注：単に時間をかける事だけに価値を見出す事はとても危険&不毛）。

そして、そういった場面では大概その制作者自身が対象物（対象事）に似ているのだ。

職人であれば作り出す制作物の形状にどこか似ており、農家であれば農産物に……と言った具合だ。別の業種であれば質感が似ていたりする。

「何を馬鹿な事を」と笑われそうだが、〝気のせい〟では済まされない数のケースを目の当たりにしてきた。

自論として、これは擬態の一種なのではないかと思っている。

途方もない時間、その対象物（対象事）と向き合う中でいつしか自分がソレと同化してゆく。

これは品質保証に値する事であり、僕の選択基準の一因を担っている事は確かだ。

さて、今回の寄稿にあたって実はもう一つテーマを頂戴していた。

「なぜ自分にアンビエント・ミュージックが必要なのか？」というものである。

正直に書くと、僕にとってアンビエント・ミュージックは必須のモノではない。

だが、現在の世の中には必要とされているのではないかと感じている。

プラットフォーマーが利益を吸い取るサブスクリプションというサービスの氾濫により、ユーザーは過剰な提案を日々受ける羽目になり、不必要な忙しなさに翻弄されている現代。

じっくりと一つの作品に向き合いたいと思えど、その思いは気付けば掻き消されてしまっているユーザーが実はかなり多いのではないだろうか？ そしていつの間にか自分の好みが〝再生回数〟という価値観にすり替わってはいないだろうか？

そんな時に有用なのが実はアンビエント・ミュージックなのかもしれない。

ゆっくりと思考に釣り糸を垂らす時間。いつの間にか世間師へと変貌してしまった己の感性の化けの皮を引き剥がす効能。

そういったモノがアンビエント・ミュージックにはあるのかもしれない。

読者の方は僕が何を言いたいのかよくわからないかもしれないが、僕もよくわかりません。

五・七・五を聴く——ケージの音楽と俳句

高橋智子
written by Tomoko Takahashi

ジョン・ケージ

音楽的になりすぎた音を除けば、聴いていて楽しくなかった音を私はまだ聴いたことがない。（＊1）

聴取を創造行為のひとつとみなすこと。これはジョン・ケージ（1912-1992）が20世紀以降の音楽にもたらした最大の功績だろう。聴取も音楽創造の一翼を担うと考えたケージは、人間の意図や作為とは関係なく鳴り続けている自然の音や環境音、聴こうと思っていなかったのに不意に耳に入ってきた音、音楽や楽曲として構成されてない有象無象の音、この世界に溢れているありとあらゆる音に耳を澄ますことの重要性を説いた。無音に近い状況も含むあらゆる音響現象が、今では聴くに値するものとして、サウンドス

（＊1）"A MEETING OF SOUND MINDS: JOHN CAGE + BRIAN ENO"初出は雑誌『Musician』1985年9月号だが、ブライアン・イーノのアーカイヴを集めたウェブサイトMore Dark Than Shark http://moredarkthanshark.org/eno_int_musician-sep85.html で公開されている。

ケープ、フィールド・レコーディング、アンビエントなどの音楽へと再構成されるようになった経緯もケージの音楽抜きには語れない。

作者や作品の概念を有する西洋音楽では、人間が音を操作して音楽を組み立てていく。作曲家が全ての音楽的な要素を設計し、音を人間に従属させるかのような同時代の前衛音楽にケージは強く反発した。儒教の経典で占いの書でもある『易経』やコンピュータのプログラムに音楽の生成と行く末を委ねる偶然性の音楽と、演奏のたびに異なる結果を呼び起こす不確定性の音楽によって、彼は人間の意図から解放された音楽実践を模索した。結果がどうであれ、そこで起きたことをあるがままに受けいれる。ケージはこれらの音楽を通して、そこで生じた音にまずは耳を傾けてみる態度を養おうとしたのだった。

ケージが目指した「音のあるがまま」や「音の解放」の考え方の大部分はインド哲学、仏教、禅などの東洋思想に由来する。1939年頃、ケージはシアトルのコーニッシュ・スクールで「禅とダダ」の講義を聴いて東洋思想に関心を持つようになった。以来、仏教や禅の書物に触れていた彼は、彼にとっては異文化であるこれらの思想に自身の創作の新たな拠り所を求めた。

1940年代の終わり頃から、弦楽四重奏曲『四季』(1948)をはじめとするケージの音楽にインド哲学の影響が現れ始める。1951年に彼はコロンビア大学で開講された鈴木大拙の禅の講義へ通い出した。講義内容のみならず、風呂敷に包んだ本を持って静かに教室に入ってきて、開始時間が過ぎようと10分くらい何も言わずに黙っていることもあった鈴木の佇まいも受講生を惹きつけた(*2)。周囲の雑音にかき消されようと静かに話し続ける鈴木の振る舞いが、ケージに「沈黙」について真剣に考えさせるきっかけのひ

(*2) ケネス・シルヴァーマン『ジョン・ケージ伝――新たな挑戦の軌跡』柿沼敏江訳、東京:水声社、2015年、112頁。

とつになったのではないかと想像できる。

ケージの禅や日本文化への関心は鈴木の講義に参加する以前から彼の音楽に直接反映されていた。彼は１９５０年から51年にピアノ曲〝Haiku〟を作曲した。この曲は６つの小品が集まったもので、６曲とも９小節分の長さしかない。各曲は俳句の形式に倣い、５＋７＋５に区切られる拍または断片で構成されている。各曲のタイトルも俳句になじみ深いテーマ——親友（第１曲〝親愛なる友へ〟）、静寂（第２曲〝なんという静寂！〟）、蛙（第３曲〝青蛙の声〟）、川（第４曲〝プルラベル川〟）——に基づいている（＊３）。なかでも「蛙」は言わずと知れた松尾芭蕉の「古池や　蛙飛び込む　水の音」とのつながりを想起させる。既に19世紀末に英語圏の研究者による英訳が世界各地に紹介され始めた背景をふまえると（＊４）、ケージが芭蕉をはじめとする様々な俳句に親しんでいた可能性は高い。しかし、「俳句」は他のケージの音楽と同様に抽象的な音楽である。どの曲ももちろん無調で、簡単に口ずさめるような旋律や心地よい和音の響きは皆無だ。散発的に鳴らされる音よりも、その音の余韻に浸る類の音楽といえる。

今と違って気軽に旅行なんてできなかった時代に、芭蕉は命がけで旅をしながら俳句を詠んだ。目に見えるもの、耳に入る無数の音、その場所の温度、湿度、風、光、その時の自分の心境や過去の記憶や今後への不安など、俳句はあらゆる現象や存在を極めて簡潔な形式と言葉で捉える。隙間なく音を敷き詰めて完結した世界を構築する西洋音楽に飽き飽きしていたケージは、わずかな文字数で構成された俳句から音楽的な着想を得たのだろう。その後も彼は俳句、俳諧、連歌の形式を参照したピアノ曲〝Seven Haikus〟（１９５１－52）、78人の奏者のためのアンサンブル曲〝Renga〟（１９７５－76）、フルートと創作楽

（＊３）第５曲と第６曲は無題。第４曲〝プルラベル川（The River Plurabelle）〟はケージの愛読書でもあった、ジョイスの『フィネガンズ・ウェイク』の登場人物ALPことアンナ・リヴィア・プルラベル（Anna Livia Plurabelle）のパロディ。

（＊４）アイルランドの日本文学研究者W・G・アストンが１８７７年に著書『日本語文語文法（Grammar of the Japanese Written Language）』で世界で初めて俳句を英語で紹介したと言われている。

器ズームーゾフォンのための〃Haikai〃（1985）、ガムランのための〃Haikai〃（1986）を作曲した。

なぜ、こんなにもケージは日本の詩歌形式を好み、信頼していたのだろうか。私たちは俳句を味わう際、そこに置かれている言葉とその意味だけでなく、言葉と言葉との間（あいだ）や句と句の間からも風景や心情を見出して解釈しようとする。全てを詳細に描写するべく連ねられた言葉の数々よりも、そこに見えない言葉がむしろ私たちの想像をかき立てる場合もある。俳句の簡潔な形式には冗長さが微塵もないが、それでも多くを語る可能性を秘めている。ものごとの表層や内容ではなくて、それが起こる機序や原理を重視していたケージは、最小にして最大を語る俳句に、沈黙に音を聴く聴取の詩学を見出したのかもしれない。

地上のどんな音でも聴こうという考えにつながります。周知の通り、全てのものは振動の状態にあり、茸のみならず、たとえば椅子やテーブルの音さえも聞けないことはないからです。目と耳の両方を使えるような音の展覧会へいくことも可能性かもしれません。それが理想です。（*5）

ケージは自分の目と耳を使って音を聴き出す必要性を訴えた。そこに音はないと思っていても、それは自分の耳を周囲の環境に対して積極的に開かなかっただけのことで、世界は常に音に満ちている。「沈黙」の名のもとに潜んでいた音を聴こうとする時、聴取は創造的な営みとなるのだ。

（*5）ジョン・ケージ「インタビュー集　ケージの音楽　1970年以降」伊藤制子訳、『ジョン・ケージ著作選』小沼純一編、東京：筑摩書房、2009年、101頁。このインタビューの初出はDavid Cope, "An Interview with John Cage," *The Composer Magazine*, Vol. 10/11, 1980, 6-22.

たゆたう、アンビエント／環境・ミュージック／音楽

北條知子
written by Tomoko Hojo

「どんなジャンルの音楽が好きですか？」と聞かれると、いつも答えに窮してしまう。音楽のジャンルによって好き嫌いを分けている訳ではないからだ。ポップス、ロック、ヒップホップ、カントリー、ダンス、テクノ、クラシック、ジャズなど、大枠のジャンルだけでも数多くあるが、細分化していくとその数はさらに膨れ上がる。名称からはどんな音楽か容易に想像できないようなものや、一聴しただけでは既存のものと何が違うのかわからないものなど、枝分かれした先々で発展した独自の音楽コミュニティの奥深さに驚くことも多い。新しいジャンルの名づけ行為は、批評家や研究者など第三者によってなされることも多く、それゆえに当事者が意図しない形でカテゴライズ化されてしまう弊害もあるが、作家本人によってステイトメントのようなかたちでなされることもある。

ブライアン・イーノが提唱した「アンビエント・ミュージック」は後者にあてはまる。イーノは1978年にリリースされたアルバム『Music for Airports』のライナーノーツの中で、特定の環境のためにデザインされた音

楽としてMUSAK社に代表されるようなBGMを引き合いに出しながら、アンビエント・ミュージックとは何かにふれている。BGMが馴染みのある楽曲を軽やかにアレンジしたものであり、環境を「明るく」することでルーティーンワークの退屈さを軽減することに主眼が置かれたものであることに対し、アンビエント・ミュージックは、主に特定の時間や状況にむけて作られた、さまざまな雰囲気に適した音楽であり、静けさや考えるための余白を残すものだという。ここで確認しておきたいのは、環境を意味する単語であるアンビエントが含まれているからといって、かならずしも環境音が含まれている必要はないという点だ。音色やメロディ、リズム、スタイル等によってその音楽が規定されているわけではなく、その音楽がどこでどのように聞かれるか、聴取環境ありきで制作されていることがその特徴として挙げられるだろう。

どんな場所でも音楽で均質的な空間に塗り変えてしまうのではなく、その場の特性を尊重しながら雰囲気として寄り添う音楽——そのさまざまな場への適応可能性の高さゆえに、何をもってしてアンビエント・ミュージックとするかは、個々の主観に寄るところが大きい。また、留意しておきたいのは、アンビエント・ミュージックが元々もっていた意味合いや文脈、捉えられ方が時代を経て変わってきている点だ。イーノがアンビエントの作品を発表し始めたのは1975年頃、今から約50年前だ。この間、目まぐるしく変化してきた音楽の聴取環境を思い返せば明らかだろう。日本に焦点を当てて考えると、1980年代の日本のアンビエント・ミュージックを集めたコンピレーション・アルバム『Kankyō Ongaku (Japanese Ambient, Environmental & New Age Music 1980 - 1990)』の発売を中心に、2010年代後半以降、欧米を中心に80年代の日本のアンビエント・ミュージックを再発見していく一連の流れが記憶に新しい。現在のリバイバル・ブームにおける受け取られ方と、80年代当時のそれはどのように異なるのか。そして、日本においてアンビエント・ミュージックが何を意味してきたのか。歴史的な文脈を参照しながら少し考えてみたい。

イーノがアンビエント・ミュージックという言葉を使い始める以前にも、アンビエント＝環境を意識した音楽は存在していた。古くからはエリック・サティ、イーノの参照点ともなった「家具の音楽」（1920）は、サロンなどで音楽の演奏が時に流し聞きされる状況に対し、あってもなくても差し障りのないものとして皮肉的に作られた。無音の作品として知られるジョン・ケージの〝4分33秒〟（1952）は音楽作品の外側にある音へと耳が開くもので、ノイズも含めた環境音への意識が高まった。イーノがアンビエント・ミュージックを制作し始めた1970年代、日本でも吉村弘、芦川聡などの作家を中心に「環境音楽」という名を冠する作品が発表されていた。同時期に、「サウンドスケープ」の概念を提唱したカナダの作曲家・理論家のマリー・シェーファーの書籍『世界の調律』（1977）も出版され、以後日本でも鳥越けい子らの手によって、さらなる理論化、実践化がすすめられた。少し時代を遡って、1960年代から1970年代初頭にかけて作曲家の一柳慧によって提唱された「音のデザイン」——コンサートで聞く楽音としての音だけではなく、日常生活の音、騒音にも意識を向けそれらをデザインしようとする動き——もひとつの実践例として捉えられるだろう。

では、現在注目を集めている80年代の日本の「環境音楽」は、一体どう位置付けられるだろうか。バブル経済期の80年代は、多くの企業が文化に対してお金を出していた時代だった。たとえばセゾングループが運営していたスタジオ200は、ひとつのジャンルでは括れないインターメディア的な芸術や新しいコラボレーションをも数多く取り上げており、環境と音楽にかんする催しも多く行われていた。同時に、美術館、万博パビリオンやテーマパークの建設ラッシュに伴い、従来の音楽市場においてはマイナーに属する環境音楽を志向する作家が、こうした施設への作曲依頼を受ける機会も増加していた。ごく一部のオーディエンスにとどまることなくマスに対してその音楽が開けたことは、環境音楽の概念を社会的に流布する上でも喜ばしいことのようにも思える。ただ、その裾野が広がることによって、煩雑な音であふれる混沌とした都市の音環境に耳を傾け、そのあり方を再考するという批評的な目線は薄れ、環境音楽の特徴ともいえる主張の少なさ——音量も控えめで音響的な変化も微細、かつやわらかい雰囲気をもつ作品が多い——が表層的にヒーリング音楽のように捉えられる側面もあった。実際、1986年に出版された書籍『波の記譜法』（時事通信社）によると、当時の環境音楽は、「その言葉の物珍しさやファッション性ばかりがさきばしり、ともすると『都市の新風俗現象』といったレッテルさえ貼られがち」だったという。

この時点において、アンビエント・ミュージックと環境音楽は、提唱者は異なるものの、その背景にある思想や音楽自体は明確に差別化されていなかったと考えられる。しかし、90年代以降ではこのふたつの用語の使われ方に差が出てくる。先にあげた80年代日本の環境音楽のコンピレーション・アルバムのキュレーター、スペンサー・ドーランはThe Outlineのインタヴューで、90年代以降、クラブ・ミュージックにおいてアンビエント・ミュージックが注目を集めることでその言葉が一般化し、逆に環境音楽はフィールド・レコーディングのような意味で使われるようになったと指摘する。80年代の日本において幅広いリスナーにリーチした環境音楽＝アンビエント・ミュージックは、時代の変遷や新しいジャンルの興隆とともに意味するものも変わり、2020年代、海外から逆輸入されるかたちで再び脚光を浴びている。ただ、ここではイーノやシェーファーの思想の背景にあるような「環境」は影をひそめ、個々人の生活に密着するようなマクロなレベルでの環境において寄り添う音楽として受容されているようだ。特定の音環境への意識の変革という理想と、あくまで音楽の一ジャンルにおけるコンテンツとして享受されている現実。80年代時点で既に生じていたこの乖離は、時を経てさらに広がっている。この事実をどのように受け止めるべきなのか、世界から注目を集めている今だからこそ、日本発のさらなる議論が期待される。

photo by Tomoyoshi Date

「アンビエント・ジャパン選書」
books guide for AMBIENT JAPAN

選・文：野田努

デイヴィッドトゥープ　佐々木 直子 訳
音の海—エーテルトーク、アンビエント・サウンド、イマジナリー・ワールド

水声社（原書は1996年、翻訳は2008年）

結局のところブライアン・イーノの「アンビエント」が重要だったのは、その定義の二面性／両義性にあった。無視もできるし集中して聴くこともできる、BGMでありながら前衛……ニューエイジやムーザック、ムード音楽にはこうした両義性／その内部における異質さがない。デイヴィッド・トゥープによるこの名著が「アンビエント」たりえている理由のひとつはそこにあるのだろう。また、本書が重要なのは「アンビエント」とは同時にリスニング文化でもあることを暗に主張していることだ。聴くことは学ぶこと。19世紀末のドビュッシーの異文化へのアプローチを、のちの大衆音楽における「サウンド」に見られた文化的対話の序曲とし、その航海ははじまる。

細野晴臣
アンビエント・ドライヴァー

ちくま文庫（初版は2006年、文庫版は2016年）

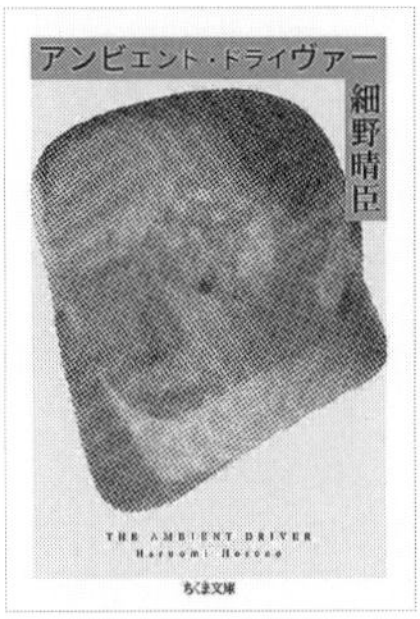

「アンビエント」について解説している本ではなく、音楽エッセイ集。しかし、著書が「アンビエント」にハマっていた1995年あたりの文章が掲載されており、冒頭ではなぜ「アンビエント」に心酔したのか、その理由が綴られている。有名なアンビエント・ミュージックとは「ある精神状態を表す言葉だ」もここにある。ただし、本書において細野晴臣の「アンビエント」はより広義に展開されている。そもそも著者の「観光音楽」および偽エキゾティカは諧謔性という点においてエリック・サティ的で、あるいはまた、音楽活動の最初から異文化との対話を重ねてきていることを思えばトゥープの『音の海』や『エキゾティカ』の世界とも大いにリンクしている。

David Toop
Exotica: Fabricated Soundscapes in a Real World

Serpent's Tail（1999）

本書は、妻の自殺を境に長年信じてきた音楽の意義を見失い、それを取り戻そうとする情熱が契機となっている。ここでいう「エキゾティカ」はレコード屋の商品棚のタグを意味しない。異質さを最大の魅力とする音楽の強度であって、『音の海』同様に世界の多彩な音楽作品が展示されている。マーティン・デニー、レス・バクスター、バート・バカラック、アリス・コルトレーン、ビーチ・ボーイズ、ヴァン・ダイク・パークス、マディ・ウォーターズ、デューク・エリントン、ドクター・ジョン……、そして細野晴臣。細野へのインタヴューは興味深く、ブレヒトの「他人の目を通して見る」ことの実践としての「エキゾティカ」「フェイク・オリエンタリズム」が語られる。

アンビエントが1980年の時点でジョン・ハッセルの『第四世界』へと展開したことはいまとなっては大きかった。これはアンビエントのハイブリッド化であり、戦後日本におけるいくつかの素晴らしい音楽は、異文化との対話のなかに活路を見出しているのだ。以下に紹介する本は、あらためてその意味を調査するうえでの手助けになる。

Paul Roquet
Ambient Media: Japanese Atmospheres of Self

Univ of Minnesota (2016)

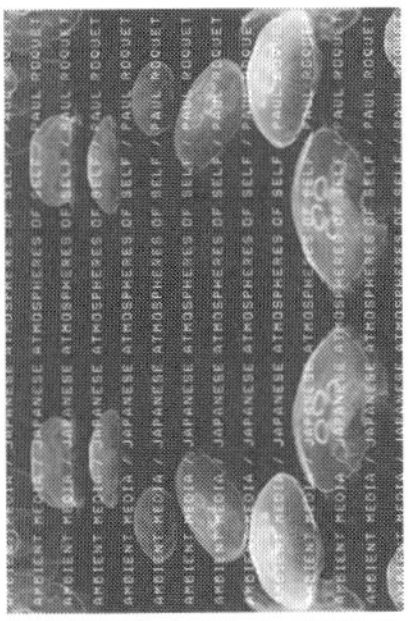

新自由主義が支配する現代の日本においては、「空気を読む」文化によって自己責任を強制する社会が広がっている。本特集で寄稿してくれた研究者、ポール・ロケの本書は、日本独自の抑圧からの解放を具現化する感覚をアンビエントの主観化と呼ぶ。それはある種の安全性を希求することのみならず、現代のライフスタイルの不安定さを再定義もしている。音楽に限らず、映画やヴィデオアートなどさまざまな分野で「日本のアンビエント文化」を分析しているわけだが、日本におけるBGMの誕生からエレヴェイター・ミュージック、あるいはサティ・ブームなど歴史を追いながら、アンビエント・ミュージックに関する2章（体現された安心の音）では、細野晴臣、テツイノウエ、畠山地平の3人を取り上げて、その音楽とその社会背景の変遷も解読している。

小川博司、庄野泰子、田中直子、鳥越けい子
波の記譜法—環境音楽とはなにか

時事通信社（1986）

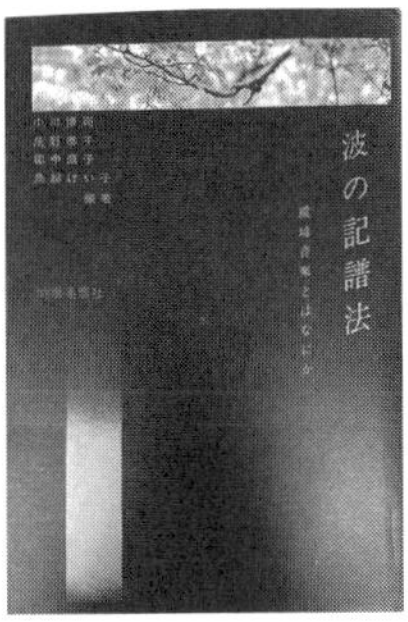

80年代の日本において、「環境音楽」と翻訳されたジャンルを巡っての多岐にわたってのさまざまな考察。冒頭には芦川聡のいくつかの遺稿を収め、R・マリー・シェーファーの名著『世界の調律――サウンドスケープとはなにか』（平凡社ライブラリー）の訳者であり、日本におけるサウンドスケープの研究者として名高い鳥越けい子による論考をはじめ、高田みどりによる興味深いエッセイ（環境音楽とはいえ、旧来の音楽と同じ聴き方をしている現状）も読める。ブライアン・イーノの〈オブスキュア〉と「アンビエント」、ジョン・ケージからミニマル・ミュージック、ルシファーにクセナキス、そしてこの当時の言葉で日本の「環境音楽」作品について読めるのは貴重。

秋山邦晴
エリック・サティ覚え書

青土社（1990）

「アンビエント」について語るとき、なにかとサティの〃家具の音楽〃の話になるが、じっさいの同曲は有名な〃ジムノペディ第1番〃とは対極というか、どちらかと言えば賑やかな室内楽だったりする。〃県知事の私室の壁紙〃なんかコメディ映画に合いそうだ。ただその反復性は、たしかに「家具のように、生活に影響を与えず、意識的に聴かれることのない音楽」というに値する。いずれにせよ、ここにはユーモアを好んだサティらしい諧謔の精神も少なからず影響していることだろう。現代音楽、シュルレアリスム、フルクサス……日本に前衛を紹介した実験工房のメンバーでサティ研究の第一人者によるサティ読本は、その功績をまとめた決定版であり、いかにサティが日本で愛されたかを知るうえでの記録と言える。

JAPAN discs

文：三田格（無署名）
野田努
小林拓音
デンシノオト
河村祐介

by Itaru W. Mita,
Tsutomu Noda,
Takune Kobayashi,
Denshinooto,
Yusuke Kawamura

photo by Tomoyoshi Date

selected AMBIENT

日本のアンビエント・ディスクガイド78選

「アンビエント」には少なくともイーノの定義があるけれど、「環境音楽」にはない。よく目にするのは「日本のアンビエント・ミュージック」というものだけれど、イギリスにいる吉村弘のフォロワーなどは「イギリスの環境音楽」と呼べばいいのだろうか。そもそも「日本のアンビエント」といった時点で定義はイーノを踏襲するものだろうし、実質的に「アンビエント」だというなら「環境音楽」と呼ぶ必要はどこにあるのだろう。「定義なんかないんだよ、例によって気分だけだよ」という声がどこからともなく聞こえてきそうだけれど、そうした気分の背後にナショナリズムが潜んでないことを願うばかりである。せっかくだから僕なりに勝手な定義を試みてみよう。「アンビエント」というのは人間の社会を対象としたもので、「環境音楽」はその社会がどこに築かれているかも考えるというのはどうだろう。学問で言えば「アンビエント」がシステム論で、「環境音楽」は最近、提唱されているオルトネットワーク論。ネットワークの対象に人間だけでなく自然や人工物もカウントするという壮大な構想の学問である。オルトネットワーク論はまだまだ確立されたとは言い難い段階なので、すぐに応用できるものではないけれど、もう少し学問的整理が進めば、「環境音楽」と「ニューエイジ」を切り分ける理論的な根拠を促すことも可能になっていくかもしれない。たとえば「パワースポット」を人間と自然のネットワークとして再現性可能な理論として研究対象に含めるか、それともただのオカルトして片付けるか。どちらかに決めていけるということである。個人的にはそんなことに白黒つけることが必ずしもいいことだとも思わないし、「環境音楽」という言葉を使いたい人たちが考えるべきことだと思うのだけれど、気分だけで「日本のアンビエント」にのっかてるとしか思われないだろうから、78枚のディスク・ガイドを作成するにあたって少し真面目に考えてみた。当たり前のことだけれど、あらゆる時代のあらゆる音楽に影響を受けた「日本のアンビエント」はなにかひとつの原理によって説明できるものではない。そのヴァリエーション豊かな世界観を聴き、楽しんでいただけたらと思います。（三田格）

高田みどり
鏡の向こう側

RCA Red Seal（1981）

日本ではムクワジュ・アンサンブルとしてミニマル・ミュージックの先駆とされるマリンバ奏者のソロ1作目。アフリカ式のポリリズムはもちろん、林英哲や越智義朗といった打楽器奏者とは異なり、時には背景に音が沈んでしまうほど音が小さかったり、高音と低音に集中させたりと自由自在に催眠的な叩き方を駆使。イーノの「聞かなくてもいい」発言に反発していた通り、確かに吸い込まれてしまう。本作は仏教の典礼歌にインスパイアされ、高野山で真言宗の僧侶たちと録音。動画サイトへの違法アップロードがきっかけで秘教的だと話題になり、17年、スイスの〈WRWTFWW〉から再発。18年には新進気鋭のラファウンダとコラボレーション・アルバムも。

吉村弘
Green

AIR Records Inc.（1986）

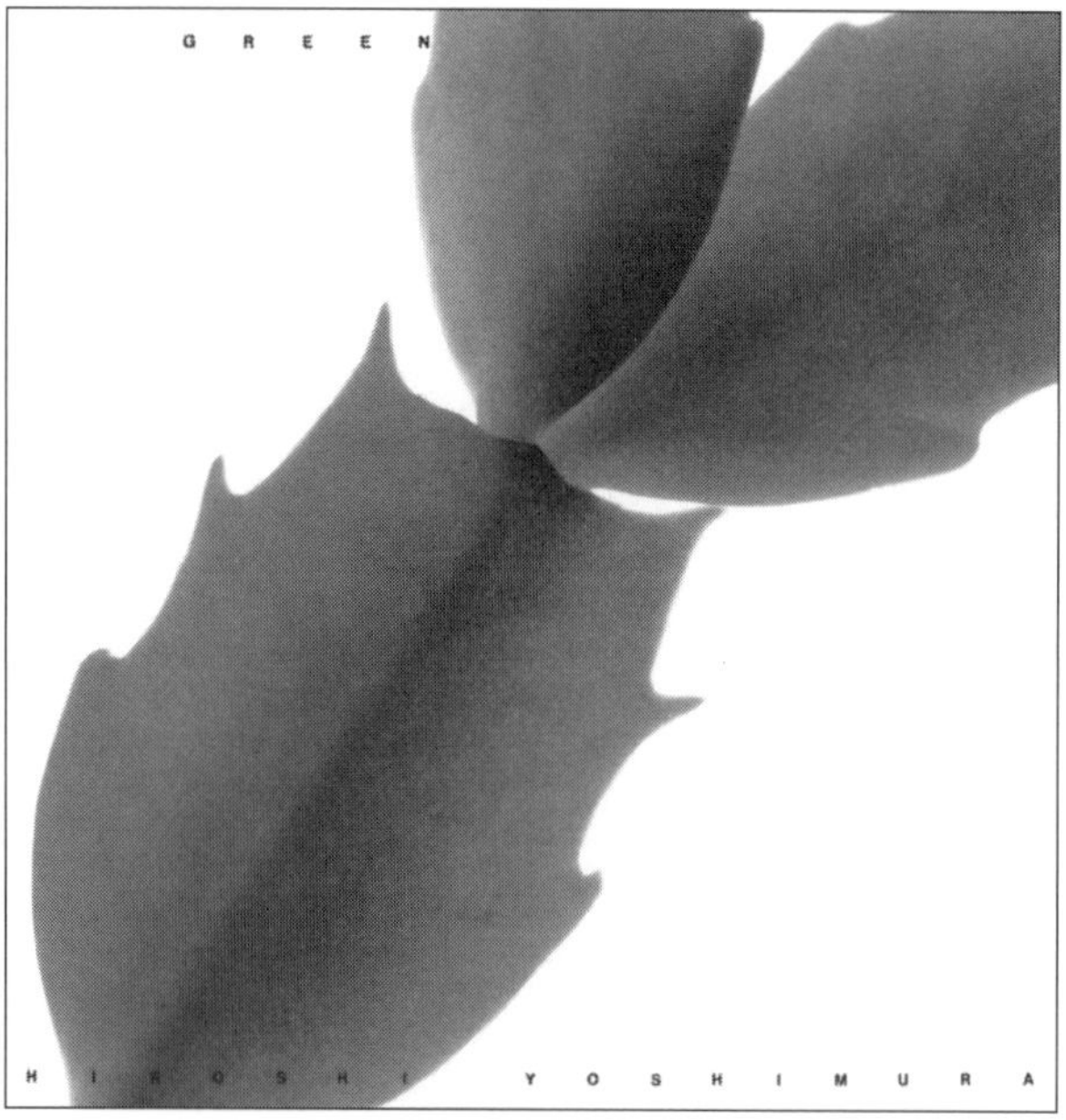

22歳でケージに衝撃を受け、70年代は小杉武久のタージ・マハル旅行団に参加。実験音楽こそ彼の出自だ。神奈川県立近代美術館に展示された図形楽譜や創作楽器はその証左だが、83年以降は博物館や企業、市などとの連携において環境音楽を追求。人気の本盤では『Nine Post Cards』（82）同様、ミニマル・ミュージックの手法が活かされている。表題曲を筆頭にやさしげな旋律が頻出、無視できないレヴェルで展開。本人もライナーノーツに「本当はちゃんと聴いてほしい」と記しているように、イーノのアンビエントとは異なる発想で駆動する、日本で独自進化を遂げた環境音楽の名刺代わりの1枚。20年、シアトルの〈Light In The Attic〉からリイシュー。（小林）

浜瀬元彦
インタリヨ
Shi Zen (1986)

ジャコ・パストリアスが日本まで会いに来たというジャズ・ベースの才人で独特な理論家によるソロ2作目。セッション相手がいなくなり、80年代は1人でアンビエント・アルバムを連発する(90年代にはテクノも)。スティーヴ・ライヒを思わせるパーカッシヴなミニマルにベースでメロディを加え、ジョン・ハッセルや坂本龍一の影響も。音数は少ないのにゴージャスで豊かな精神性に支えられ、梶俊雄をフィーチャーした〝Oiseaux A La Pluie〟も爽やかなのに重厚な聞き応え。18年に自ら再レコーディングした。前作『Reminiscence』や2年後の『#Notes Of Forestry』も人気。アルバム・タイトルは「凹版」の意。

尾島由郎
Une Collection des Chaînons I: Music for Spiral
Wacoal Art Center (1988)

アート・オブ・ノイズを先取りしたようなシンセ・ポップの使い手による青山スパイラルの館内音楽集。2枚合わせて20曲。1枚目は〝Mensis〟や〝Glass Chattering〟など慈しみがあり、中盤から後半に至る展開がたまらない。2枚目はイーノやグラスを独自に解釈したような曲から重みのあるシンセサイザー・ドローンなど少し陰がある。オープン当初、近くの事務所で働いていたので毎日のように浴びていたのに、こんなに凝ったつくりだったのかと驚かされる。バブル経済というとジュリアナ東京ばかり取り上げられるけれど、むしろこうしたことにお金をかけられた贅沢を懐かしむべきかも。18年に〈WRWTFWW〉が再発。

アキ・ツユコ
Ongakushitsu
Childisc (1999)

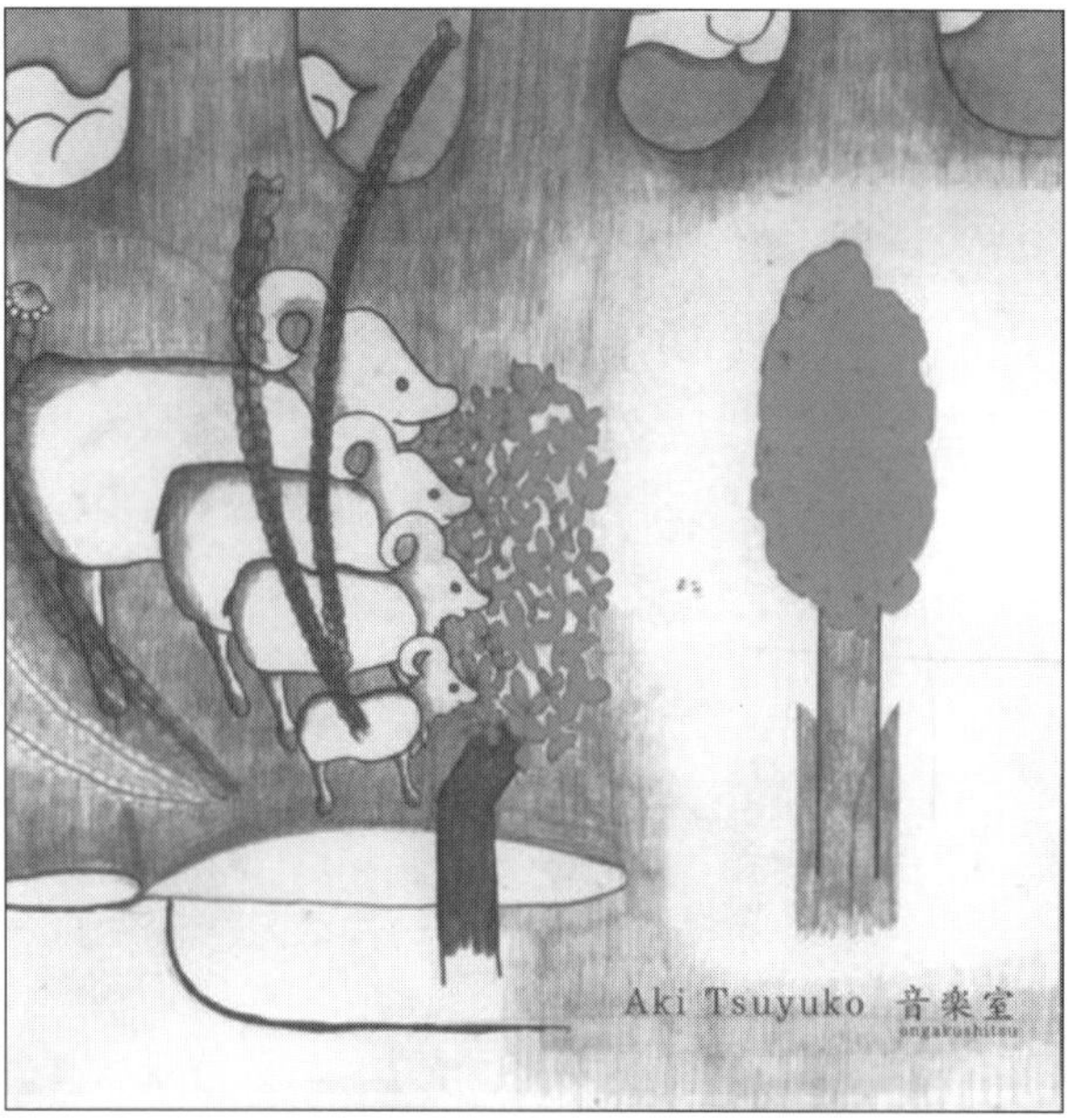

これ以上ないというほど音数が少ないのに、いわゆる素朴ではない電子オルガン奏者のソロ1作目。静かな不安と優しくて奇妙な不条理ムード。〝Another Room〟は不思議な音の組み合わせ。〝The Voice Of The Night〟は音の騙し絵のよう。電子音が初めて大衆文化に放たれた時の戸惑いを再現しようとするスペース・エイジ回帰は何人も続いたけれど、ここまで刷新できた人はいなかった。竹村延和プロデュースで、しばらく彼のつくった架空のキャラクターだと思われていた。翌年、ジム・オルークの〈Moikai〉がライセンス。海外進出が裏目に出たか、2作目はエキゾチシズムが様式化されてしまう。

長屋和哉
Utsuho
Ame-Ambient (1999)

修験道をテーマにした「吉野3部作」の1作目。『Tibetan Bells』(72)と同じく鐘の音をドローン化したもので、タイトル通り虚ろな響きを増幅させ、過剰にストイック(と感じる時点で精神性の低さが露呈してしまう)。ジョン・ケージに比べればにぎやかだし、どこまでも「無」が広がっていく感じは意外とカラフル(と感じる時点で狂い始めている?-)。〝Cinnabar〟はシンセサイザー・ドローン(かな? 人の声が怖い)。〝Yoshino〟は映画『地球交響曲 第四番』に使われた。ミックスCDにフィーチャーしていたリッチー・ホウティンが11年に〈M_nus〉から再発。堀尾翔太『刻刻』を読む時にはぜひとも聞いて欲しい。

高木正勝
Journal For People
Daisyworld Discs (2002)

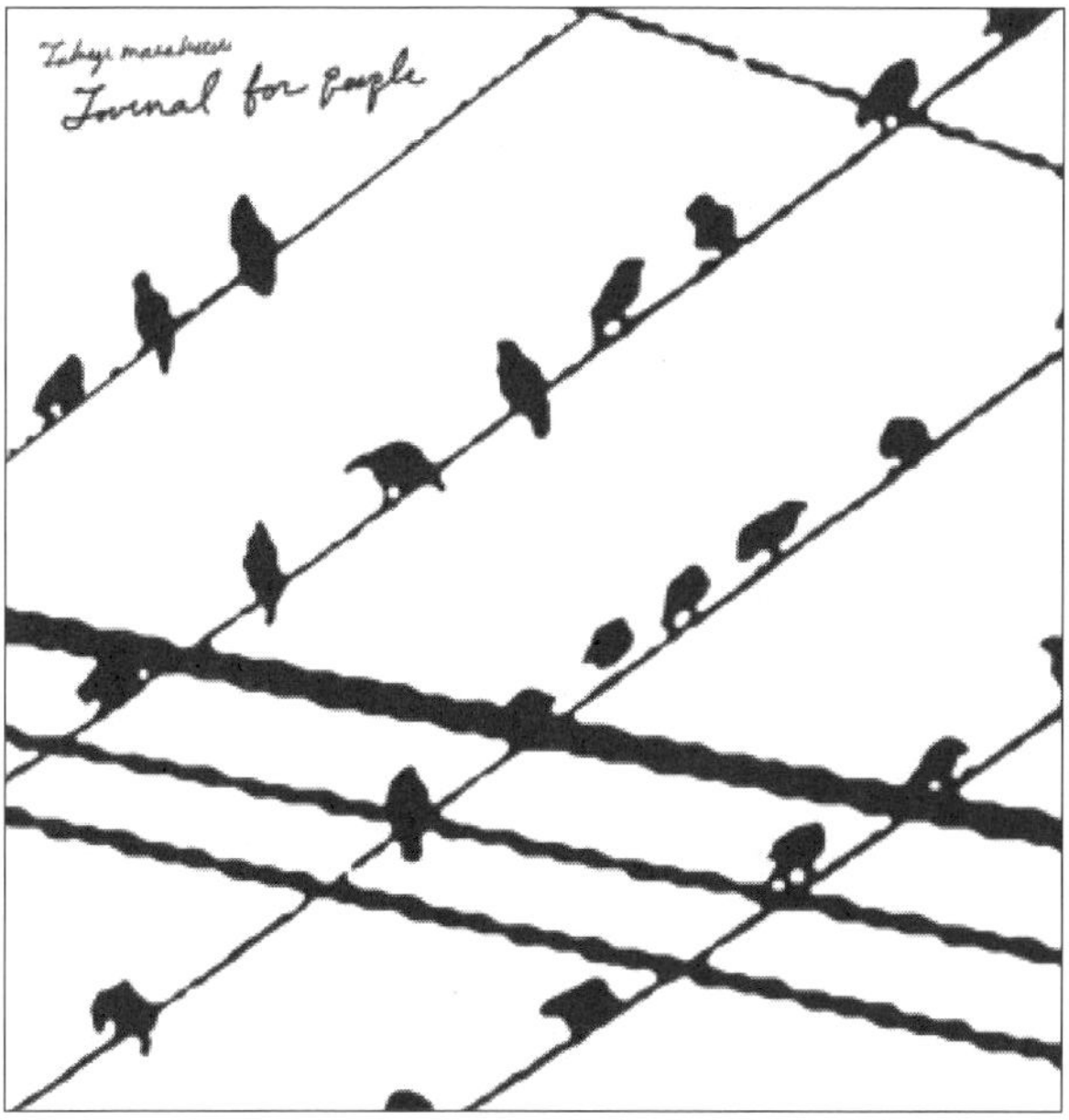

同時多発テロとイラク戦争に挟まれた年にリリースされたとは思えないほど広がりのあるポップな響きに彩られたグリッチ・エレクトロニカのソロ3作目。あるいは日常というものを強く意識せざるを得なかった時期にはかえって親しみやすい音楽性だったのかもしれない。無邪気に奏でられる細かいピアノのフレーズに断片的な電子音が絡みつき、ほとんどの曲で小さな幸せのイメージが紡がれる。シャトル358やフェネス以降の希薄なグリッチ・サウンドにゲルニカを思わせる唱歌や懐メロを組み合わせた感もあり、聞き応えも充分。細野晴臣のレーベルからリリースされ、おそらくスケッチ・ショウの音楽性にも影響している。映像用の作品をまとめたもの。

Sugai Ken
UkabazUmorezU = 不浮不埋
Rvng Intl. (2017)

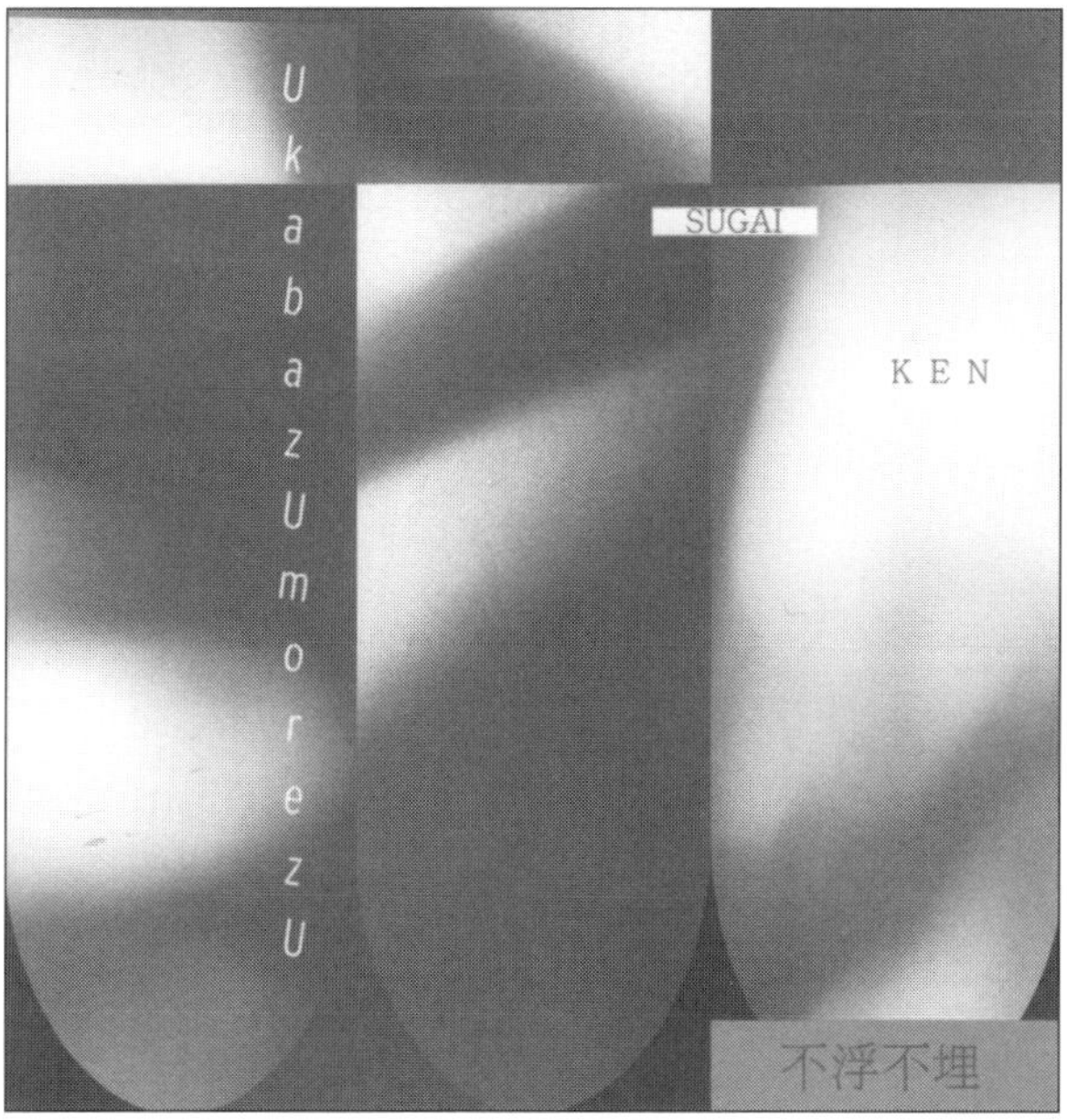

高田みどりや吉村弘の再評価が一気に進んだのと同年なのは時代の機運か。前作『鯰上』(16)で海外の一部のリスナーから注目されはじめていた彼がより広範にその名を知らしめることになった出世作。間を活かした空間構築がとにかくすさまじい。鳥の声はじめ具体音らしきものが随所に仕込まれているが、『如の夜庭』(16)では虫の鳴き声をすべて電子音で模倣していた彼だ。どこまでがホンモノかはわからない。〝をちかえりと渦女〟や〝桂〟、〝鈴生り木節〟などのシンセにはOPN/ヴィジブル・クロークス以降の現代性を感じる。〝贋扇拍子〟や〝障り柳〟における声らしきものの実験も聴きどころ。10年代日本の電子音楽を代表する1枚だ。(小林)

Meitei / 冥丁
Komachi
Métron Records (2019)

Jディラや初期フライローにおけるリズムの調整、そしてボーズ・オブ・カナダのホーントロジーが明治以前の日本（それも大衆文化華やかし江戸）に着地したときこの風変わりで魅力的なサウンドスケープは時空の彼方から照射されるのだろう。妖怪の民俗学で知られる学者、小松和彦によれば妖怪の登場は世相の乱れとリンクするそうだ。この音楽を「アンビエント」と結びつけるならこういう言い方もある。今日の日本の不安定さがもはや決して戻ることのできない明治以前に異郷を見出していると。そういう意味では近代の失敗をこれほど切実に直感的に表しているサウンドはそうないし、しかもこの音楽はその創造のレヴェルにおいて突き抜けている。（野田）

Akhira Sano
Kalo
Sun Ark Records (2019)

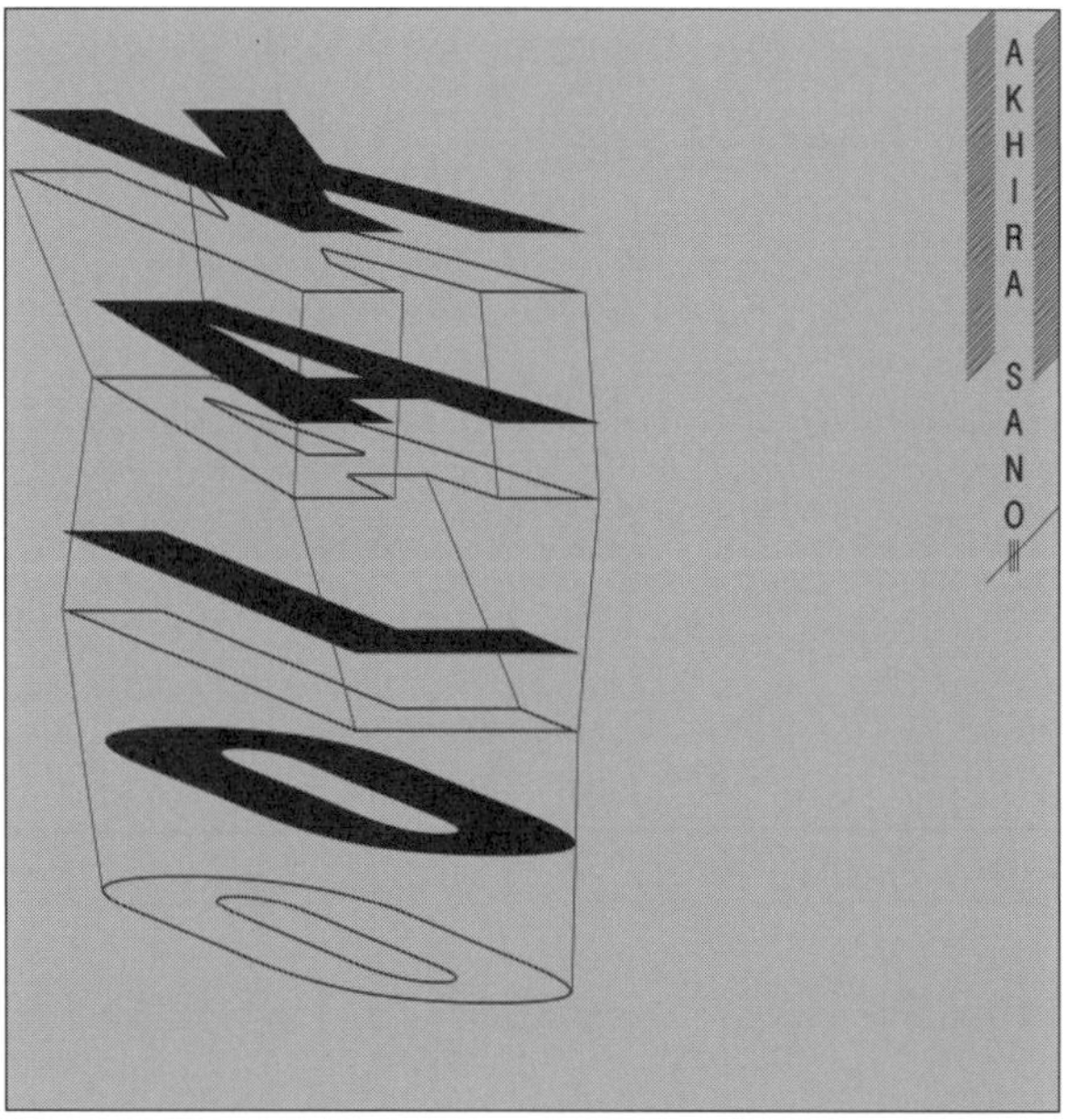

音や形が不完全だったり、不規則だったりすることに注目した作品を制作するという佐野明は美術作品と並行して音源の制作にも意欲的。サン・アロウのレーベルからリリースされた『Kalo』はなるほど「お風呂の鼻歌」と野田努が表現するような空間と隙間に執着を持つ彼の趣味に合致していて、シュタインブリュッヘルを思わせるスモーカーズ・ドローンや間延びさせたエレクトロアコースティックなど奇妙なユルさが突出。アルヴァ・ノトがリー・ペリーと出会ったような〝Friend〟や食品まつりがティム・ヘッカーと合体したような〝envy〟などダブとしても面白い。以後、〈The Trilogy Tapes〉や〈12k〉からもリリース。

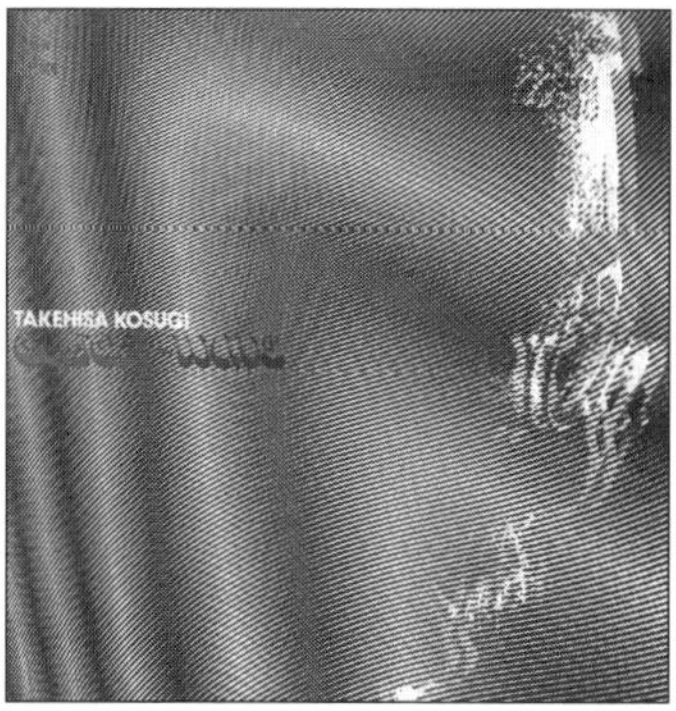

小杉武久
Catch Wave
CBS Sony (1975)

ピクニック(＝生活空間＝環境音楽)を実践したタージ・マハル旅行団のヴァイオリニストによるソロ1作目。自我を超越するためにマノ・ダルマと呼ばれるシステムを通して音に予期せぬ変調を起こし、瞑想に引きずり倒すインプロヴィゼーションを2パターン収録。ストイックでホラーっぽい。『Catch Wave '97』で再演。

大野松雄
Space And Maryjuane Trip Is Same
Too Records (1977)

日本初のアニメ『鉄腕アトム』の音響効果で知られるパイオニアがシュトックハウゼンに影響されて展開したクリーピー・ドローン。幽玄というのか、少し不気味な感触は何度聞いてもナース・ウイズ・ウーンドを思い出す。NWWはちなみに80年代エレクトロアコースティックの代表。11年に〈EM Records〉が再発。

高野昌昭
しずくたち
宮長レコード (1978)

特攻隊の生存者だという音響プランナー。水滴の落ちる音を録音しただけ。水滴以外の音を取り除くのにかなり苦労したらしい。なぜかずっと聞いてしまう。水滴の落ちる間隔がAB面で異なり、B面が早め。聞く人によって催眠的だったり、覚醒的だったりと印象がまったく異なる。81年には「自然音コンサート」を開いている。

武満徹
秋庭歌一具
Victor (1980)

邦楽をオーケストラに取り入れた"ノヴェンバー・ステップ"(67年初演)で世界的な評価を得た「世界のタケミツ」が73年から79年に発表した雅楽の6部作。退廃的な聴き方で申し訳ないけれど、坂本龍一やチヘイ・ハタケヤマを大量に聴いたあとでは無機質なエスニック・ドローンに聞こえる。意外とシガー・ロスっぽい。

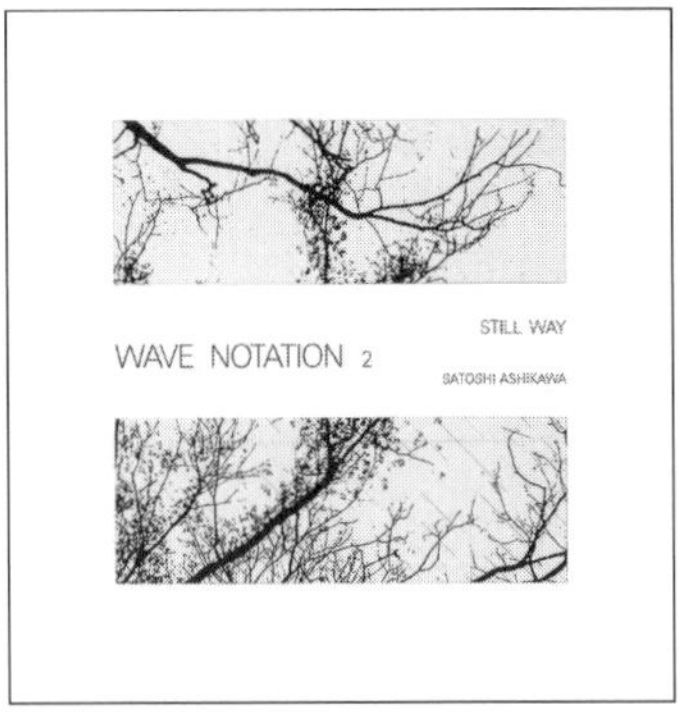

芦川聡
Still Way

Sound Process (1982)

70年代後半に輸入盤文化が多様化するなか最も知的で値段も高かったアール・ヴィヴァンの店長によるソロ作。武満と同じく雅楽とシンセサイザーを組み合わせ、環境というよりは人の内面を浮き彫りにした民謡や哀歌のヴァリエーションに聞こえる。この物悲しさは音楽の商品化に強い危機意識を抱いていたことが影響したのか。

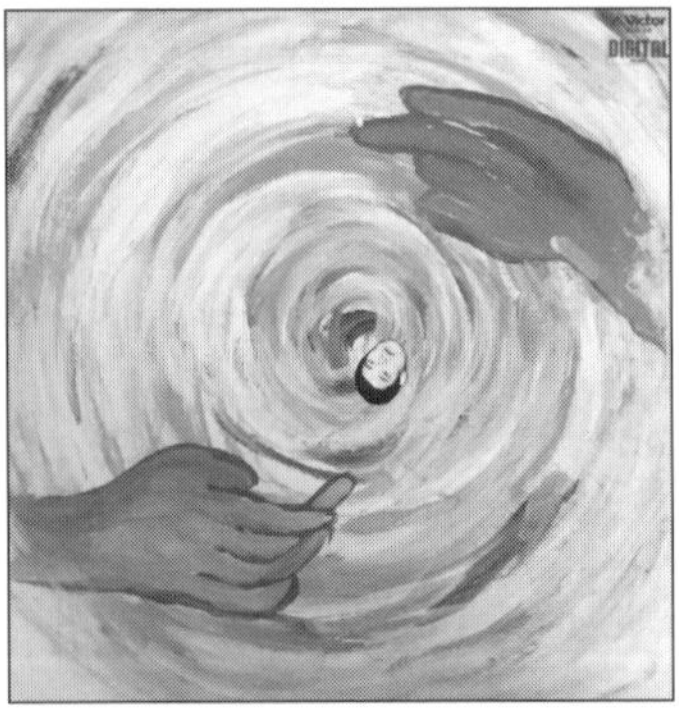

林英哲
風の使者

Victor (1983)

鬼太鼓座や鼓童の創設メンバーである和太鼓奏者のソロ1作目。オープニングと中盤はドカドカと太鼓がうるさい（なぜアフリカン・ドラムに聞こえないのだろう）。雅楽に逆回転テープ、高田みどりのマリンバ、ハネムーンズ（フランク・チキンズ）の掛け合いと多彩な楽曲群が続く。21年に〈Studio Mule〉が再発。

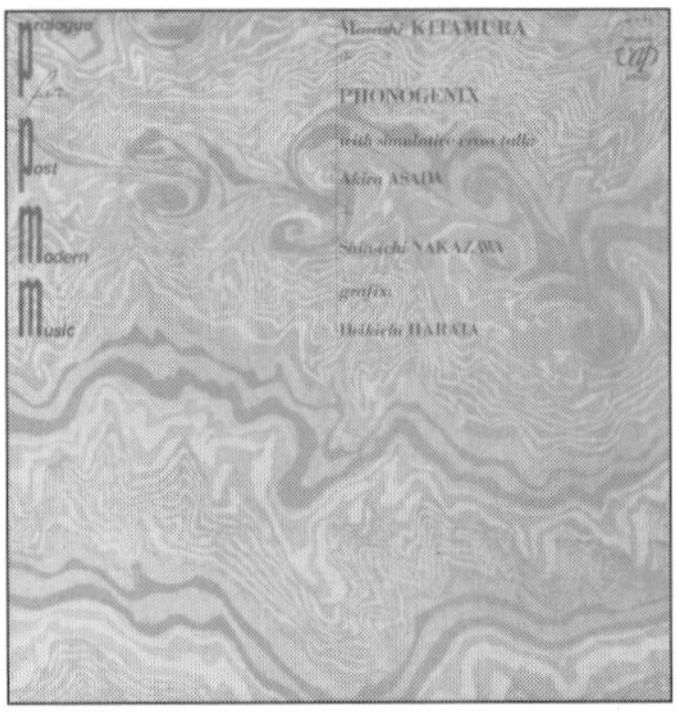

北村昌士 + Phonogenix
Prologue For Post Modern Music

Vap (1984)

フールズ・メイトの編集長とプログレの新月によるコラボレーション。一風堂を思わせるマシナリーなニューウェイヴ・サウンドで、アジア的な情緒がメラメラと引き出される。『環境音楽 = Kankyō Ongaku』に〝Variation・III〟が採録され、20分を超す〝幻のアジア〟は琴のループに様々なエフェクト。

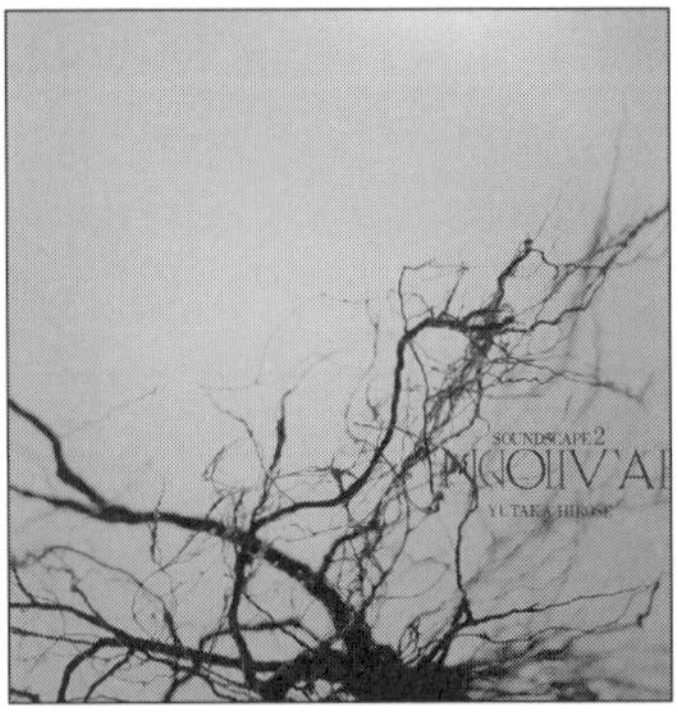

広瀬豊
Soundscape 2: Nova

Misawa Home (1986)

芦川聡設立のサウンド・プロセス・デザインに加わっていた廣瀬による初作。吉村弘も名を連ねるミサワホームのシリーズ「SOUNDSCAPE」の第2作として発表された。楽器やシンセとフィールド・レコーディングをどう共存させるか、日本における環境音楽発展期の格闘の記録。19年、スイスの〈WRWTFWW〉からリイシュー。（小林）

菊地雅章
水 Water

Geronimo (1988)

マイルス・デイヴィスのエレクトリック・ジャズを逸早く実践したピアニスト。『Susuto』ですべて出し尽くしたか、唐突にシンセサイザーを手にして「六大シリーズ」を完成。2作目は水のイメージそのままなんだろうけれど、ビートレスのジェフ・ミルズみたいに始まり、一気に手慣れた感じでスペース・エイジ回帰。

越智義朗
Natural Sonic

Newsic (1990)

TVやファッション・ショーの音楽に加え、自然の音と遊ぶワークショップなどを開催している打楽器奏者のソロ1作目。基本的にはジャズ・ファンク・フュージョンで、ミッキー・ハートよろしくアフリカやインドネシアのドラム・サウンドを洗練させた響きに変え、水の音を加えるなど催眠的なパフォーマンスをつくり出す。

Kimitoshi Nakamura
蠍座

Sound Works (1992)

正体不明。とても完成度の高いドローンを聴かせる。〈Nash Music〉の梨木良成が関わっているようで、『戦場のメリークリスマス』をグローバル・コミュニケーションがリミックスしたような三野瑞枝と共に〈Planetaria Sound〉シリーズの1枚をなす。ほかに『Taurus = 牡牛座』も。

ヘンリー川原
Shaman

Green Energy (1992)

オカルト本の専門店だけで売られていたという自称「サイバーオカルト」による細野晴臣のB級解釈（意外とない）。キワモノ狙いのタイトルが多くて疲れるけれど、トライバル・ドラムとドローンを組み合わせたクラブ・ミュージック風「第4世界」の模倣は意外と生真面目。『Near Death』は本格トリップ・モード。

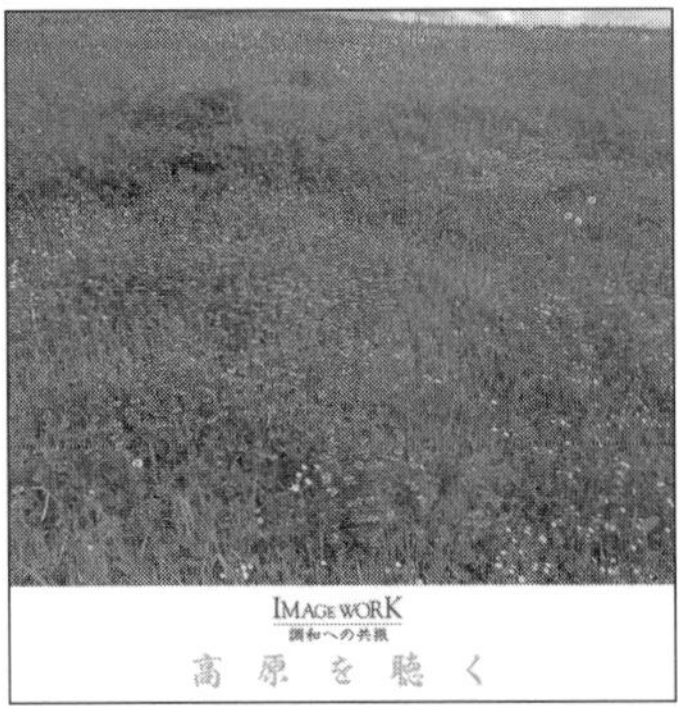

梨木良成
高原を聴く

Nash Studi (1992)

早くから著作権フリーを標榜してきた〈Nash Music〉主宰。ニューエイジどころかイージー・リスニング風のデザインでものすごく損をしている多作家で、今作はとくに素晴らしく、モリス&ナムルックが『Dreamfish』でサンプリングしまくったレドルフィを想起。後にストイックなドローンへと発展する予兆も。

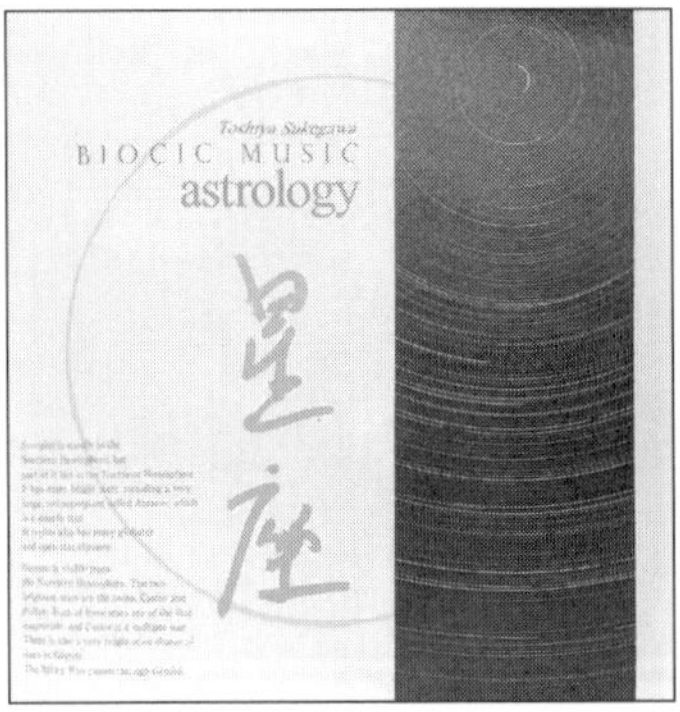

助川敏弥
Bioçic Music-Astrology / バイオシック・ミュージック「星座」

Victor (1993)

広橋真紀子や永野光浩といったヒーリング・ミュージックの後陣を育てたバイオシック環境音楽研究所の設立者による連作。ほかに「水」「宝石」「四季」など。日本のニューエイジがクラシックの退廃と環境音楽の共犯関係で成り立っている好例。アメリカのように帝国主義が踏みにじるものに対して罪の意識がなく、怖いほど無邪気。

Child's View
The Scenery Of S.H.

Lollop (1995)

サウンドを強制しないヒップホップというものがあるなら、元ヒップホップDJの竹村延和がやっている。ジョン・ハッセルにリミックスを依頼したほどの彼に「アンビエント」的感性がないはずがない。表題曲は波の音からはじまり、「音の海」へと誘う。同時期のSkaylabのリミックスではテリー・ライリー的なミニマルを引用。(野田)

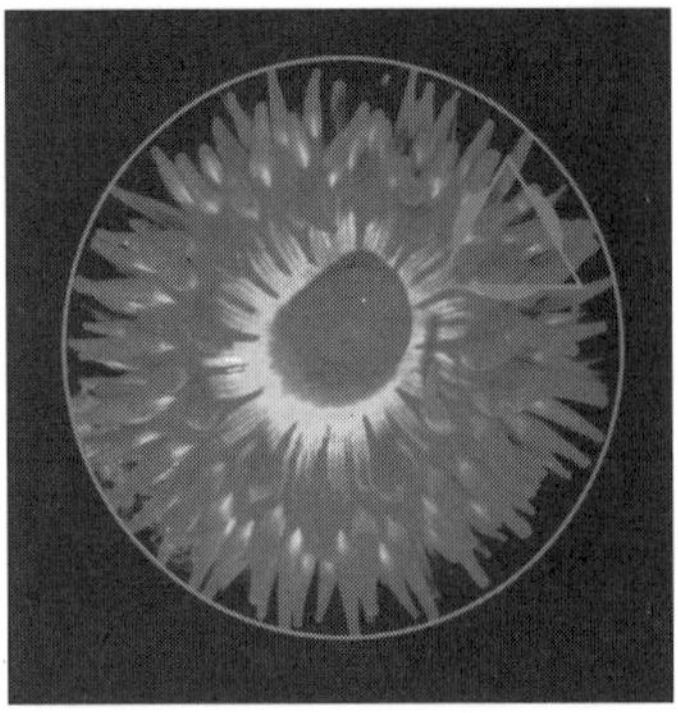

Organic Cloud (Tetsu Inoue)
Organic Cloud

Fax +49-69/450464 (1995)

フランクフルト・ハードコア・テクノから身を起こし、10以上のユニットに参加した井上徹のマスターピース(アンビエントではほかにアトム・ハートとのマスターズ・オブ・サイケデリック・アンビエンスが圧巻)。ベルリン・スクールのダークサイドを追求し、ポジティヴに反転させてしまったストロング・タイプ。

Akio/Okihide
Scratches

Sublime (1995)

アンビエントの故郷を70年代ドイツの「コズミッシェ」に見る向きもある。すなわちタンジェリン・ドリームや『E2‐E4』。この水脈にポスト・パンク（およびハウス）が絡んだとき大阪／京都のタンツムジークが生まれた。それは異界の音楽であり、同時に日常のサウンドでもあったことはこのアートワークが物語っている。（野田）

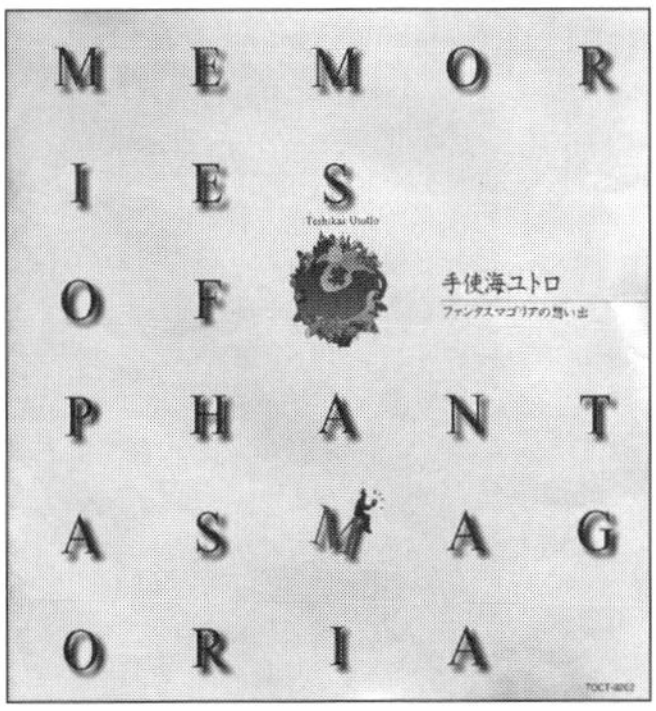

手使海ユトロ
ファンタスマゴリアの想い出サウンドトラック

Eastworld (1995)

本名の小笠原寛でTVアニメなどに曲を提供し、93年に改名。ほのぼのとして幽霊とは無関係なたむらしげるの絵本『ファンタスマゴリア』をアニメ化したサウンドトラックで、YMO周辺を思わせる勇壮としたエキゾチック・サウンド。実際にはムソルグスキーらによる19世紀ロシア国民楽派を理想としているらしい。

三上敏視
気舞 (Kimai)

Gru-Gru Records (1996)

細野晴臣＆環太平洋モンゴロイド・ユニットのメンバーによる「気舞」というトレーニング方法のサウンドトラック。神楽の研究家で、邦楽の要素も聴き取れるけれど、基本は瑞々しくてさわやかなミニマル・ミュージック。23年にテキサスのメタル・レーベル〈Night Rhythms Recordings〉がなぜか再発。

Tagomago
Flower Instrumental

Zero Gravity (1996)

初期クラスター的な電子音響を彷彿とさせるファースト（ムードマンの〈ダブ・レストラン〉）、セカンドを経て、一転してラウンジ／モンド・リヴァイヴァル的なセンスも持ったライトなムードのサード。〈トランソニック〉傘下の電子音楽レーベルより。その後プロジェクトはコラージュ／ブレイクビーツ的な方向性へ。（河村）

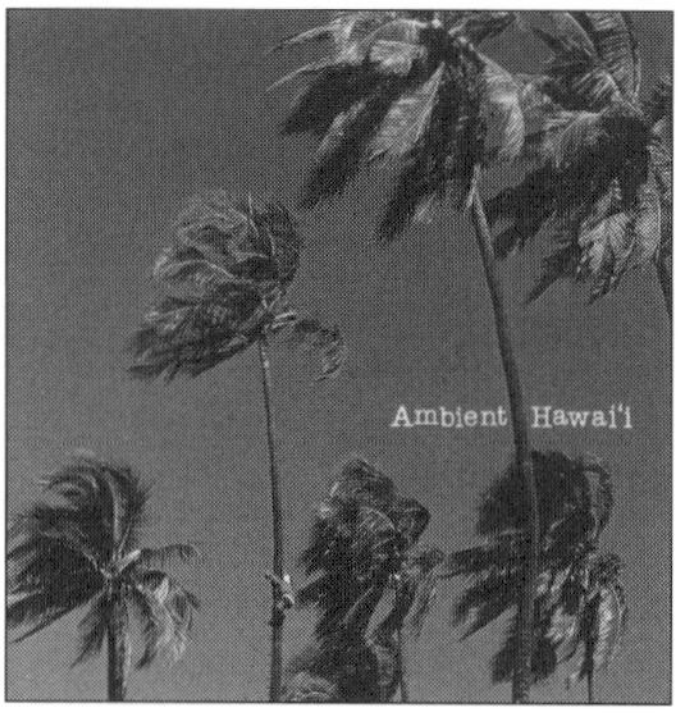

アンビエント・ハワイ
Ambient Hawai'i

Sushi Records (1997)

サンディ&サンセッツの2人にパイナップル・シュガー・ハワイアン・バンドの山内雄喜が加わったトロピカル・フォーク&ブルース。延々と続くフィールド録音にのせてマイク・クーパーを思わせるトロけたサーフィン・サウンドがゆらゆら南国。翌年、ほとんど同じジャケット・デザインの『Aloha Therapy』も。

Buddhastick Transparent Featuring Something In The Air
"Λ" - White Ambient #11

Sharira (1997)

トランス系から真空+高志による最後となった4作目。ハロルド・バッドを思わせるピアノが特徴的。とても美しく、ミニマルやドローンで構成された『"G"』の緊張感が緩和され、トロけるようなサウンドに。アフリカ家具展のための音楽。9年後のコンピレーション『Starnet Muzik 011』は実質的な5作目。

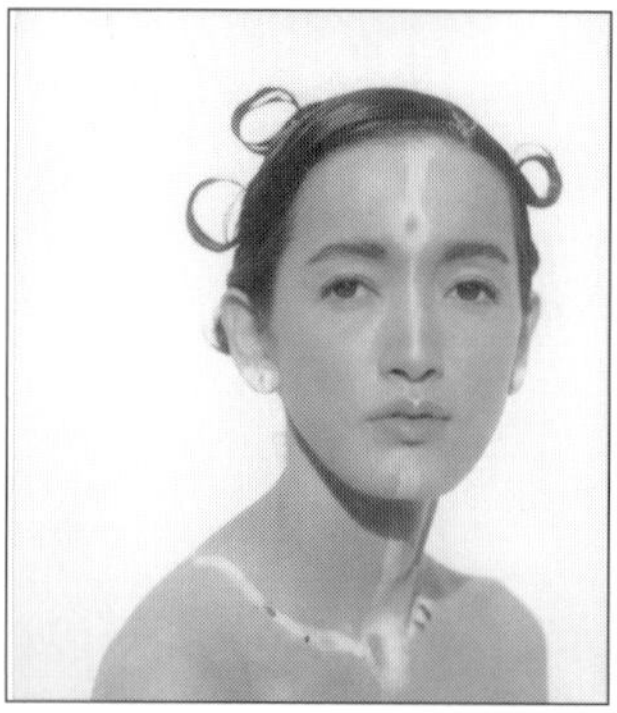

甲田益也子
Jupiter

Grandisc (1998)

ファッション・モデルでディップ・イン・ザ・プールのヴォーカルがライト・イン・ダークネスやゴンザレス三上など幅広くプロデューサーを迎えたソロ1作目（細野の「マーキュリー」に対するアンサー?）。パルス音に虫の声を合わせた清水靖晃〝Io〟やテイ・トウワによるローリー・アンダーソン風〝Butter〟など粒ぞろい。

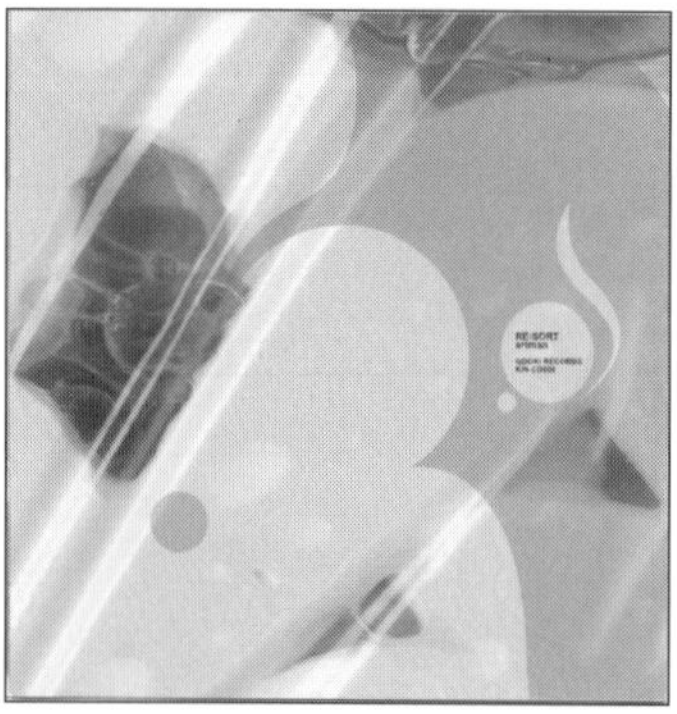

Artman
Re:Sort

Qooki (2000)

テクノ黎明期から活動してきたDJ K.U.D.O.の別名義。ラウンジ・テイストも入れつつ、全体的には内省的なジャーマン・チル・アウト。様々なニュアンスのシンセサイザーが気持ちよく流れ、夜空を見上げている気分。装飾音の美しさも聴き逃せない。この6月にパーカッシヴな『Re:Sort 2』をリリース。

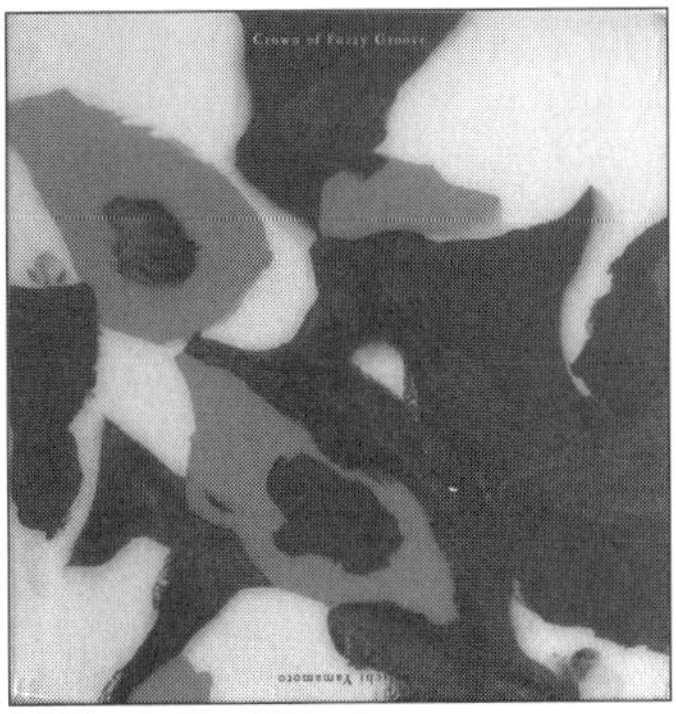

山本精一
Crown of Fuzzy Groove
Weather (2002)

ボアダムスや想い出波止場のギタリストによるソロ3作目。ジャム・セッション風の多重録音で、完成までに7年をかけたと伝えられる。アシュラやスペースメン3を思わせる快楽的なコズミック・ロック。スピーディーで楽観的、あるいはドラマチックではないフィッシュマンズ『ロング・シーズン』というか。21年にアナログ化。

中迫隼
鹿鳴虫歌
Floor Limit (2004)

50種類の虫の音や声をループしたり、音階別に整理してメロディやハーモニーを組み立てたという2作目。植物の音を採取したという藤枝守『Ecological Plantron』(94)はほぼノイズだったけれど、シンセサイザーも加えた本作はもっとヴァリエーション豊か。虫の音でコンサートを開いたりもするらしい。

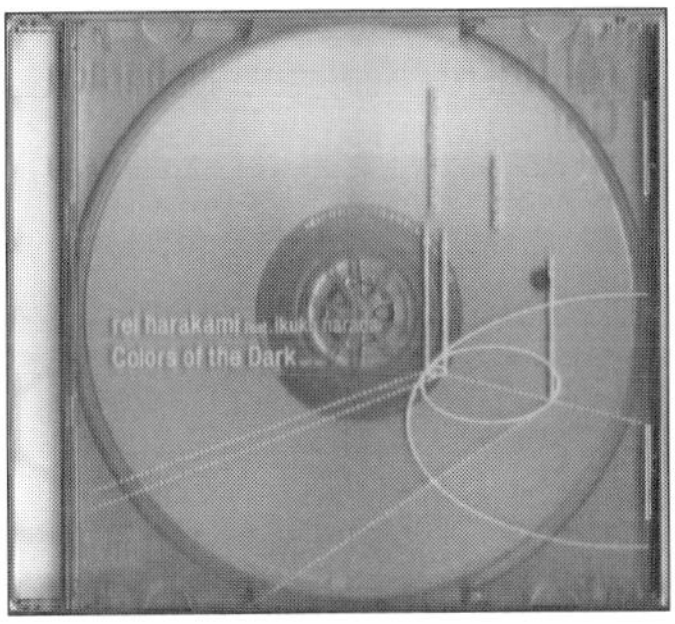

Rei Harakami Feat. Ikuko Harada
Colors Of The Dark
Sublime (2006)

カラフルで抒情的なIDMの人気者が日本科学未来館のプラネタリウムに書き下ろしたサウンドトラック。静けさを醸し出すにも全曲パターンを変えていて、なんとも器用。最初と最後は実にスモーカーズ・デライト。谷川俊太郎の詩をクラムボンの原田郁子が朗読した〝Yami Wa Hikari No Haha〟は声のみ。

Naturally Gushing (Yoshihiro Sawasaki)
Naturally Gushing Vol.1
Naturally Gushing (2008)

マッシュルーム・ナウ！名義でもメディテイションY.S.名義でも何をやっても流線形という形容詞が似合うサワサキ・ヨシヒロが「温泉的ラウンジ&アンビエント」というコンセプトを掲げた新シリーズ。シングル〝Slumber〟(94)、『Perfumed Garden』(94)、『吟醸温泉』(00)と全作推薦です

Sawako
Bitter Sweet

12k (2008)

東京とNYをベースに活躍するマルチメディア・アーティストの4作目。グリッチ・エレクトロニカとしてはありきたりだった『Yours Gray』や『Hum』を経て適度な緊張感を持ったドローンにレベル・アップ。地味な音色だけを使って混沌とした夢見心地へと誘い出す。日常でもなく非日常でもない曖昧な領域へ。

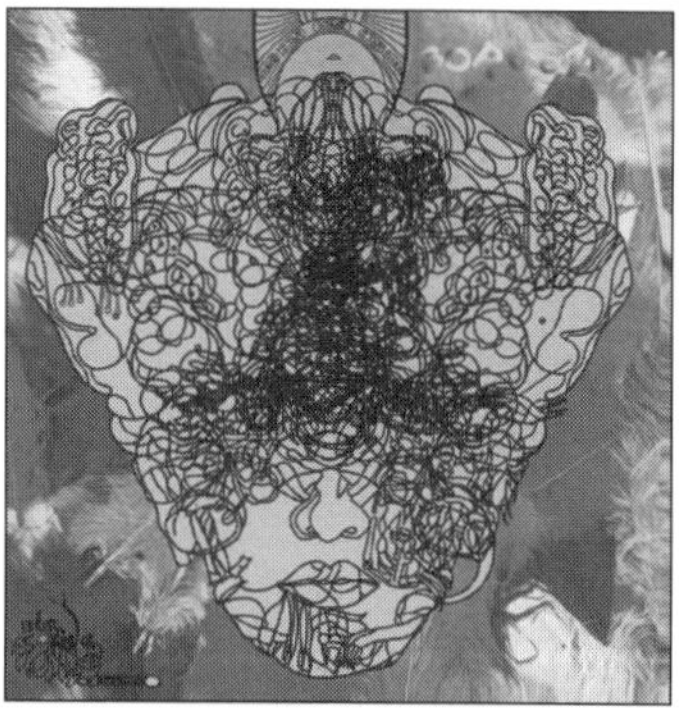

Yoshimio
Bor Cozmik

commmons (2009)

ボアダムズのドラムス、横田佳美によるソロ5作目。「光について」という文章を依頼されたフリーペーパー、COSMIC WONDER FREE PRESSのサウンドトラックとして制作。デザイナーの後藤章治がボルネオのジャングルで行ってきたフィールド録音に打楽器などを自然の音のようにして加えた人工自然音楽。

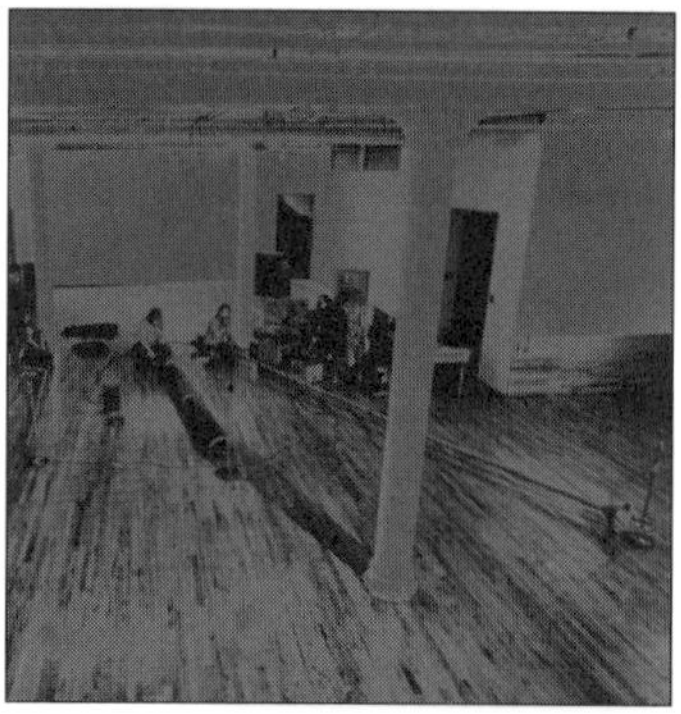

Yoshi Wada
Earth Horns With Electronic Drone

(2009)

20代で日本を離れNYのフルクサスに加わり、他方ではラ・モンテ・ヤングに師事したヨシ・ワダにとって国というパラダイムなど無意味だったことだろう。本作は74年のドローン作品。2018年には息子のタシとのプロジェクト作品を〈Rvng Intl.〉から発表。ジュリア・ホルターとローレル・ヘイローがサポート。(野田)

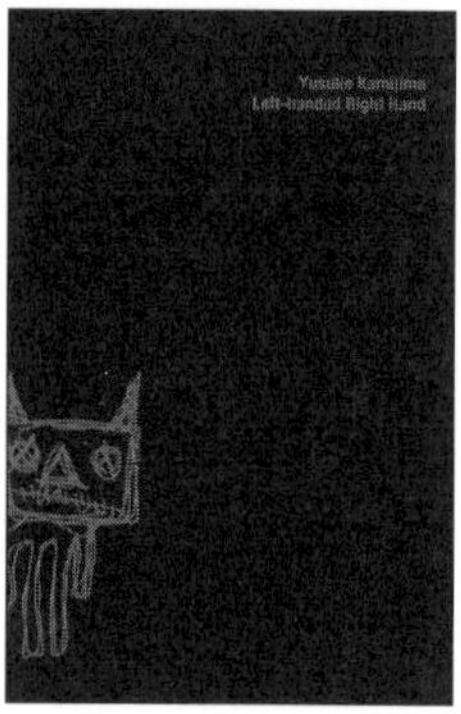

Yusuke Kamijima
Left-handed Right Hand

EMDC Records (2010)

ドローンに絡めて思い出したようにピアノの音を鳴らし、具体音がノイズのように静寂を踏みにじる。エリック・サティがわびさびに執心し、間で語りかけようとする感じ? 妙な落ち着きと説得力があり、独特の風情という言葉しか見つからない。「左利き」つながりで坂本龍一がラジオで紹介していた。最後はかなりノイジー。

伊達伯欣
Otoha
Own (2011)

アンビエント・ユニット「イルハ」の伊達伯欣によるソロ・アルバム。ギリシアで録音されたという環境音に、ピアノ、チェロが折り重なっていく。幼い命が生まれ、育っていくなかで作曲された本アルバムを聴くと、この世界にはこれほどまでに穏やかな時が流れているのだと気付かされる。心を深く沈静させるアンビエントだ。(デンシ)

Hakobune
A Distant Loss
Tobira Records (2012)

これぞ真夜中のアンビエント、もしくは真冬のドローン。ギターとエフェクターの無数のレイヤーによって、闇夜に漂う霧のごときアンビエンスが生み出されている。膨大なハコブネ作品の中でも一、二を争うほどの傑作といえよう。オリジナルはカセットだが、13年に自身の〈Tobira Records〉からCDで再リリース。(デンシ)

Asuna
Valya Letters
White Paddy Mountain (2013)

あるロシア映画にインスパイアされたという本作は、米国のテイラー・デュプリーや日本の畠山地平などのアンビエント・アーティストの音楽性と共鳴しつつ、壮大で叙事詩的な世界観と音響を展開した傑作である。電子音と楽器が次第に溶け合っていく幽玄な音響は、聴き手の時間を緩やかに溶かしていく。活動10周年記念作品。(デンシ)

25,000 Kittens
25,000 Kittens
Ginjoha (2014)

〈Ginjoha〉を主宰するハイ・スピードのミズヒロ・ラカイユによるサイケデリック・ドローン。亡くなった猫のことを思ってつくったようです。タイトルを見るだけで泣いちゃいます。2匹とも天国にいるという曲調です。きっとそうでしょう。22年にアウトテイクを加えて〈Sad Disco〉がアナログ化。

Ryoko Akama
Code Of Silence

Melange Edition (2014)

アルヴィン・ルシエの影響を受けているというリョウコ・アカマもまた国境を越えたアーティストだが、本作の主題は日本語の擬態語「そっと」「ぐっすり」「じりじり」「ざわざわ」。全体的に静的なドローンだがその奥には驚きがあり、とくに冒頭の「じわじわ」を聴けばこの音楽が十分に突き抜けていることがわかる。(野田)

おきあがり赤ちゃん
おきあがり赤ちゃん = Okiagari Akachan

Not On Label (2015)

仕事を退職してからつくり始めたという非音楽家による1作目。「赤ちゃんをあやすガラガラと起上がりこぼしだけの音で作りました」と帯にある通り、そうかなと思える音が伸ばしたり波を打ったりと様々に加工されたミュージーク・コンクレート。2CD、全27曲。音の正体が伏せられていたらどのように聞こえていたんだろう。

Leisure Centre
High Fashion

Adhesive-Sounds (2016)

猫 シ Corp.『Palm Mall』や식료품groceries『슈퍼마켓Yes! We're Open』から2年、ヴェイパーウェイヴから分かれたモールソフトというジャンルで、ショッピングモールの雑踏をフィールド録音して加工。かなり大胆にビートを加え、アストラッド・ジルベルトはたまたま流れていた?

Midori Hirano
Minor Planet

Sonic Pieces (2016)

在ベルリン。『LushRush』や『Invisible Island』などモダン・クラシックがメインで、坂本龍一トリビュートでは〝Ballet Mecanique〟(MimiCof名義)を手掛けていた。近年、アンビエントに作風を寄せ、『Minor Planet』ではとくに茫洋としたムードを醸し出し、実に安穏とする。

Hironori Nagatsuma
compositions 5
Circumstance Inc (2016)

コーネリアス風ドリルン・ベースからフェネス版ウエイトレスへ。中域に音を集め、ローでテンションを持続させる〝kall vind〟や〝molekyl〟からバブルガム・ポップの名残が感じられる〝dröm sött〟まで。「コミケ89」でCDRを手売りしたらしい。最近はアルカやフェリックス・Kっぽい？

Haco
Qoosui
Someone Good (2017)

アフター・ディナーのヴォーカルによるソロ7作目。ギャラリー・シックスやタルノフスキーらのドローンをバックに歌い、中森明菜『不思議』をアップデート。この世で最も不可解だった映画『ブンミおじさんの森』を想起させるとデイヴィッド・トゥープもライナーで書いてしまう。〈Room40〉のサブ・レーベルから。

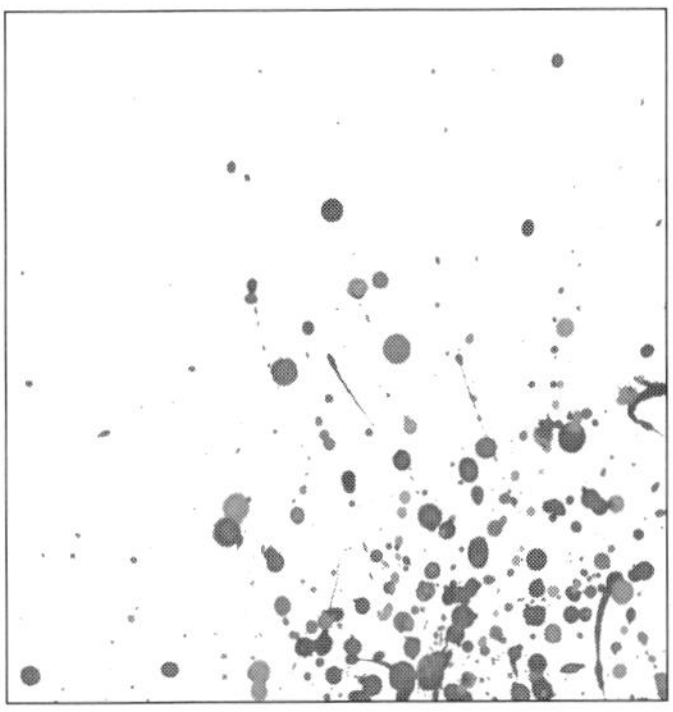

後藤正文
無謬 / Infallibility
ロッキング・オン(2017)

アジアン・カンフー・ジェネレーションの後藤正文による偽史小説集『YOROZU〜妄想の民俗史〜』の付録CD。スフィアン・スティーヴンスの5枚組を思わせるパワフルなドローンで、中盤で三味線が心をかき乱し、BGMという目的からは大きくはみ出している。12人のお客様がこれを聞いて脳が溶けたと考えています。

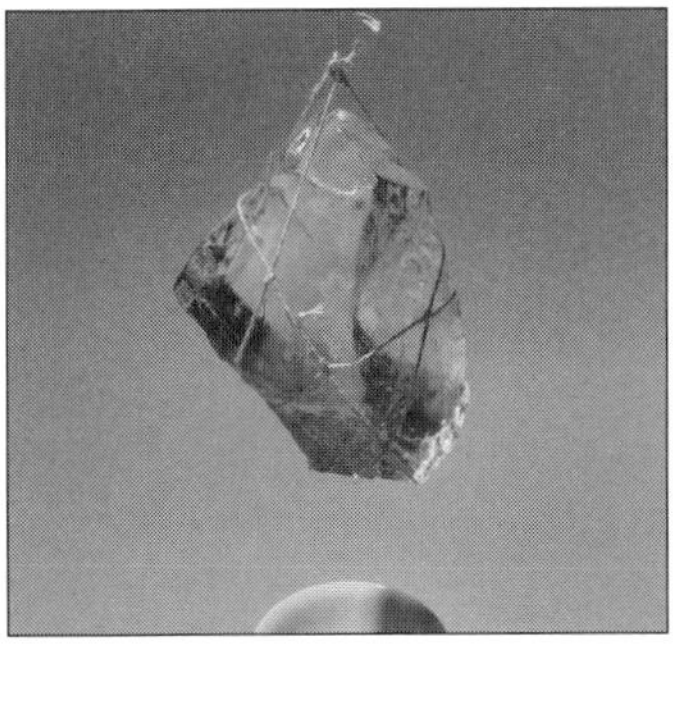

Tomoko Sauvage
Musique Hydromantique
Shelter Press (2017)

横浜出身・パリ在住のサウンド・アーティストが仏の実験音楽レーベル〈Shelter Press〉からリリースしたアルバム。水を入れた陶器のウォーターボールにハイドロフォンを入れて録音した水の音と、自然音をシミュレートしたシンセサイザーが交錯する音響作品だ。アルバム後半の微細に変化するドローンが美しい。(デンシ)

H. Takahashi - Raum

Where To Now (2017)

翌年、自身でもアルバム・タイトルに揚げるように、エスケイピズムこそ彼の特徴だ。どこまでもやさしい電子音がふわふわきらきら漂う40分。これがiPhoneで制作されているという事実は多くのひとを勇気づける。翌年の『Low Power』は畠山地平のレーベルから。やけのはらとのUNKNOWN MEでも知られる。（小林）

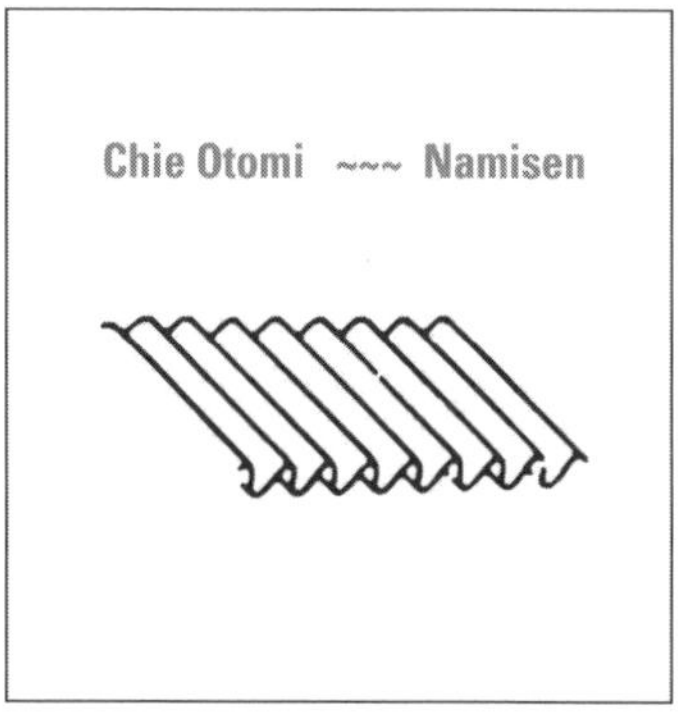

Chie Otomi Namisen

Muzan Editions (2018)

余白や間を意識した電子音楽を探求するという大阪のコンポーザー。イーノのジェネレイティヴ・コンポジションを思わせる優しい響きに始まり、弱々しく波を打ち、耳を離すと消えてしまいそう。なんとなくだらしない〝Fizzy Spore〟が意外と癖になり、日本人には珍しく後半はイーノ＆クラスター風の叙事的な展開。

7FO 竜のぬけがら ＝ Ryu No Nukegara

EM Records (2018)

同じく大阪からナナ・エフ・オー。ジ・オーブとキング・オブ・オーパスをBPM80ぐらいでミックスして、細野晴臣がEQをいじっているようなアンビエント・ダブ。オープニングからゆらゆらと深海にいるようで、つかみどころのないまま最後まで。19分に及ぶタイトル曲はカン〝Future Days〟を綿菓子にした感じ。

水曜日のカンパネラ & オオルタイチ Yakushima Treasure

Warner Music Japan (2019)

コムアイとオオルタイチによるエスニック盛り盛りのエレクトロアコースティック。屋久島で島民の会話など様々な具体音を採集し、ジャン＝クロード・エロワやナース・ウィズ・ウーンドばりのソニック・フォークロアにまとめあげた。細野の発想と坂本の技巧が結びついたような日本的スタンダード。若い人が是非を論じないと。

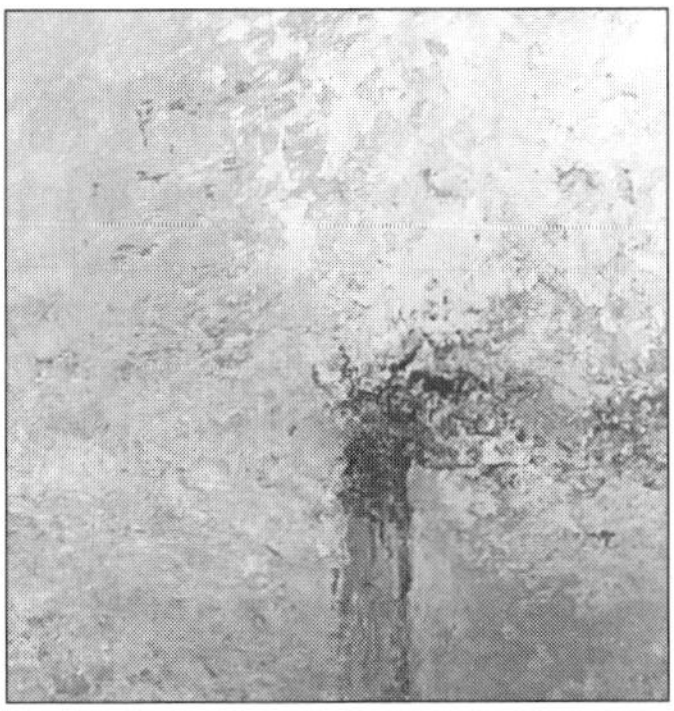

duenn
Bgm
LINE (2019)

極めてミニマムな機材でミニマルなドローンを生み出す福岡を拠点とするドローン・アーティストが、ウルトラ・ミニマルな音響作品で知られるリチャード・シャルティエ主宰の実験音楽レーベル〈LINE〉からリリースした極上のミニマル・ドローン作品。アルバム名どおりに周囲の音と完璧に調和する音響が鳴らされている。(デンシ)

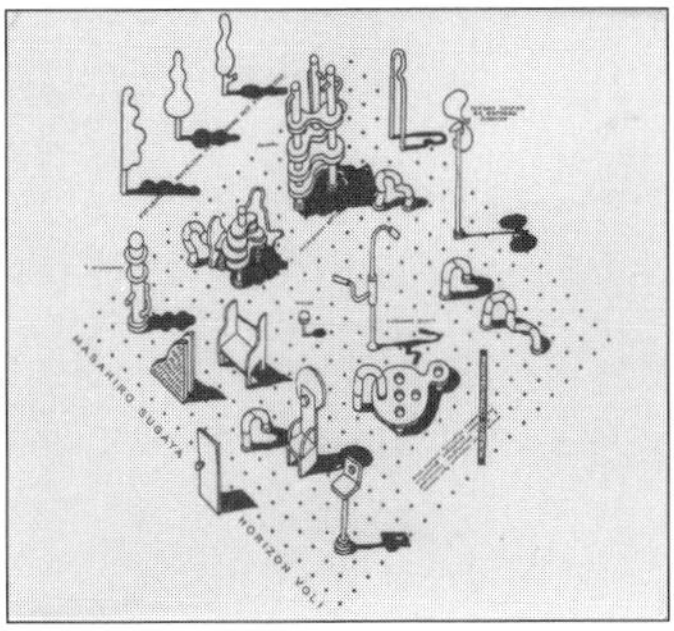

菅谷昌弘
Horizon, Vol. 1
Empire of Signs (2019)

スペンサー・ドーラン編纂の『環境音楽＝Kankyō Ongaku』から派生した舞台音楽家のアンビエント曲選。アート色の強い劇団パパ・タラフマラのステージで80年代後半に使われたものがメインで未発表曲も。無機質で展開を避ける曲調は吉村弘に通じるものがあり、欧米はエゴのない音楽に飢えてるのかなとか。

Koji Nakamura
Epitaph
Ki/oon (2019)

早くも00年代初頭にはNYANTORAでアンビエントを実践、近年は膨大な量のCDR作品やduennとのイヴェント《HARDCORE AMBIENCE》をつうじてノイズやアンビエントを探求しつづけているナカコー。本作ではMadeggをプロデューサーに迎え、ジェイムズ・フェラーロやOPN以降の電子サウンドを展開している。(小林)

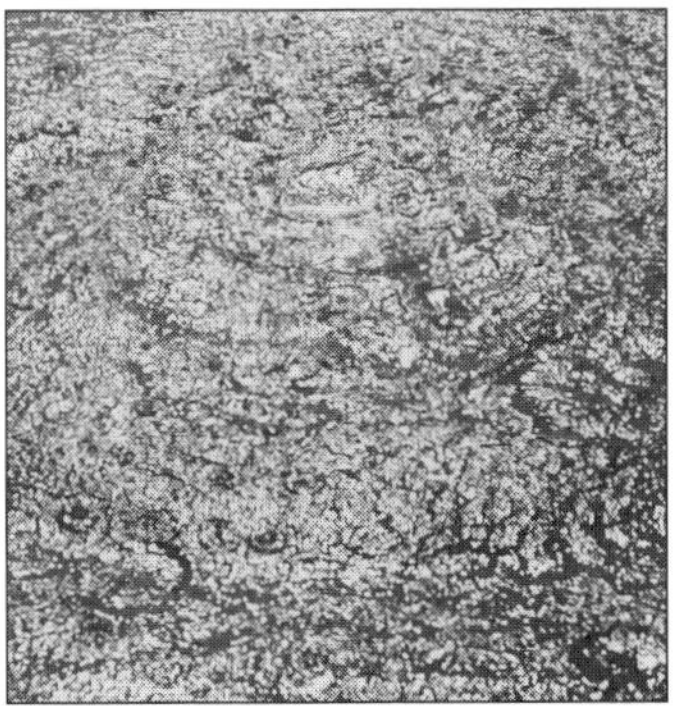

Takuro Okada
Like A Water, Like A Song
(2020)

ポップから尖った試みまで多方面に活躍する森は生きているの岡田拓郎は、2020年から一気にバンドキャンプでアンビエント／ドローン作品を公開しはじめた。なかでも光っているのがこの1枚。必要最小限の素材のみで紡がれる美しい38分は、あらためて彼の音にたいする感度の高さを教えてくれる。増村和彦も参加。(小林)

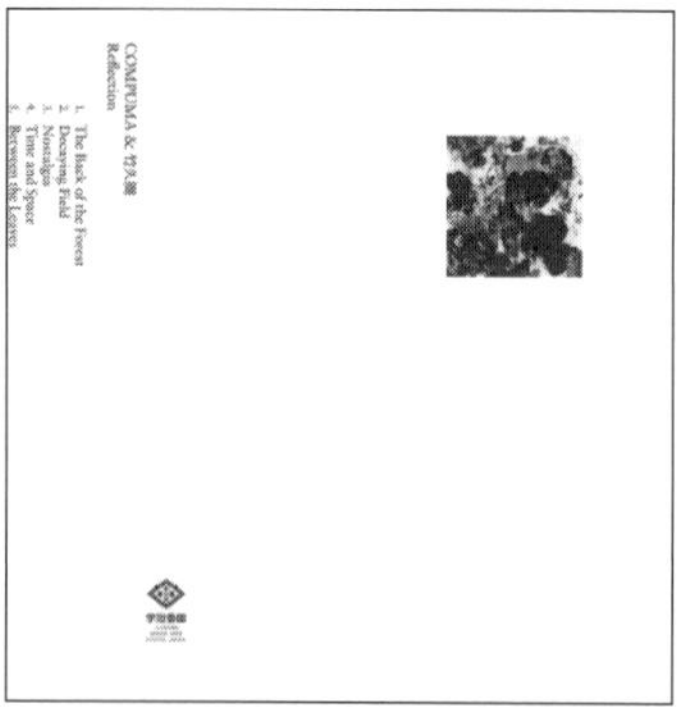

Compuma & 竹久圏
Reflection

宇治香園（2020）

京都の老舗茶問屋とのコラボ作。茶園のフィールドレコーディングと電子音、竹久のギター、そんな第1弾から5年、今度は廃園となったその茶園での再レコーディングとともに作りあげられた第2章。自然音と電子音が景色を描き出し、感情を呼び起こすギター、聴覚と感情の関係性を意識させる穏やかなサウンドスケープ。（河村）

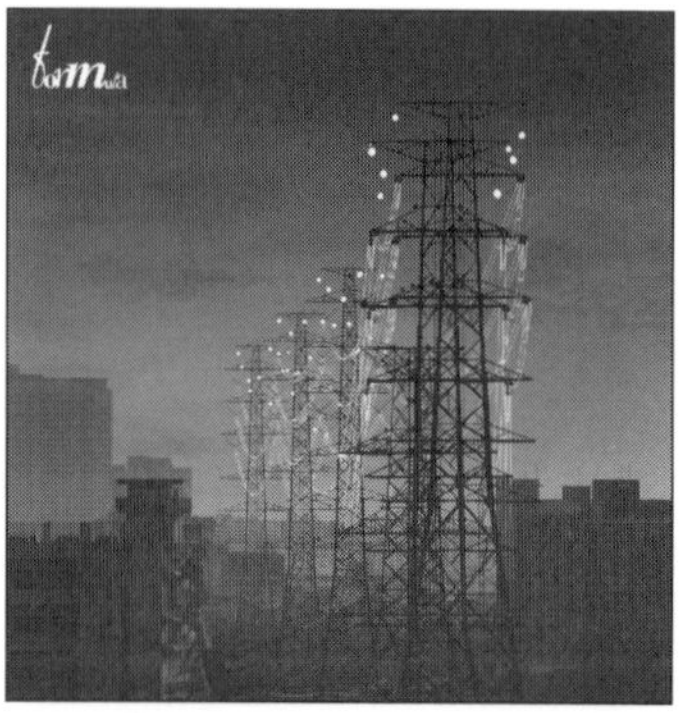

石原洋
formula

zelone（2020）

音の風景とは必ずしも手つかずの自然とは限らない。東京の人ごみのノイズという環境音は日本のエキゾティズムを再定義する。サイケデリック・ロック・バンドの演奏さえも暴力的なまでに彼方においやるそれは、あらたな自然音として私たちの周囲を取り囲んでいる。そんな本作の両義性をここでは「アンビエント」としておく。（野田）

金子ノブアキ
Zange Utopia

（2020）

ソロ活動が目立つRIZEのドラムスによる多重録音で、ナラティヴな構成はフィッシュマンズ『ロング・シーズン』に通じ、コロナ禍のモヤモヤをかたちにしたかったという。「自己のメンタルを過信せず、何かを頼って、誰かを信じてほしい」という気持ちの強さは後藤正文『無謬／Infallibility』に通じる。

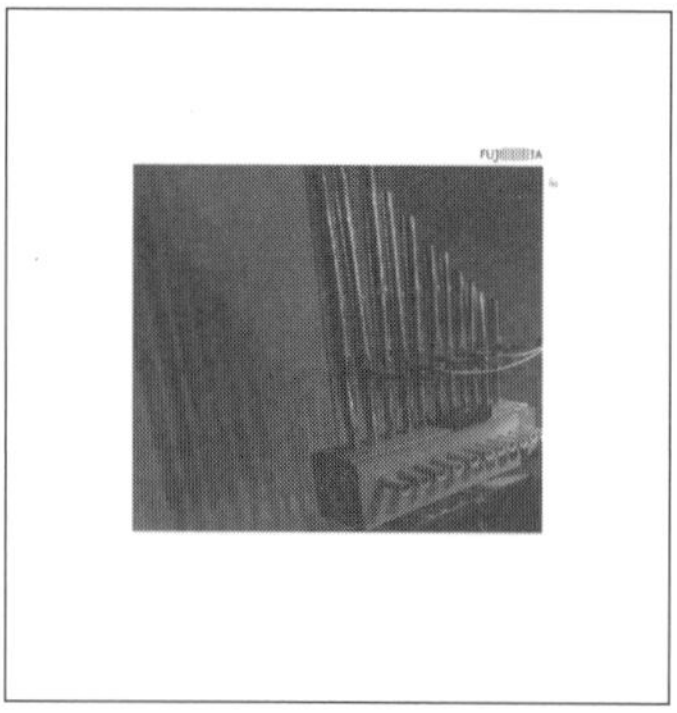

FUJI||||||||||TA
Iki

Hallow Ground（2020）

カリ・マローンと並び称される藤田陽介の2作目で、フィジカルは9年ぶり。自作のパイプオルガンを用いた演奏で、いまにも途切れてしまいそうなドローンやわびしい響きと枯れたムードはあまり聞いたことがない感触で、虚勢を捨てた日本の実像にも思えて。バジンスキーのテープのように切れてしまいそうな「息」を聴く。

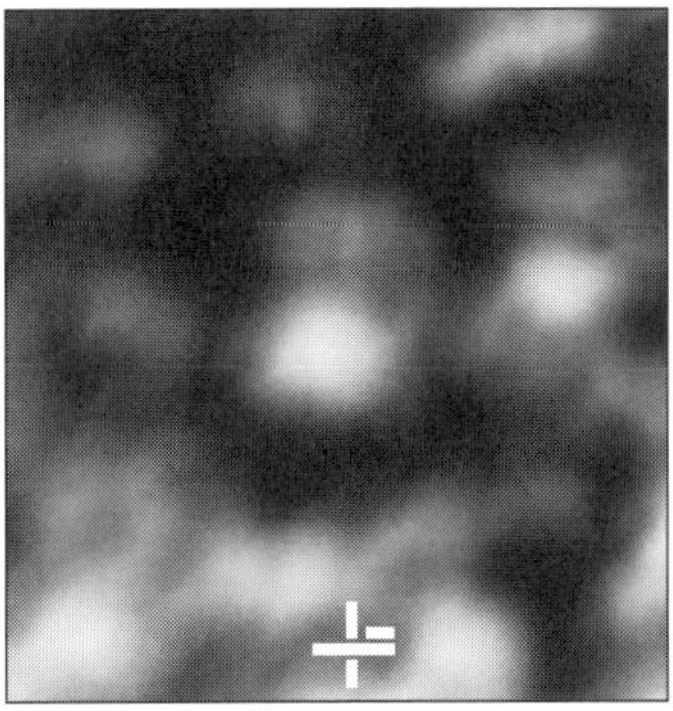

ENA
Bubble Chambers
Patience (2020)

『Binaural』(14)でドラムン・ベースと現代音楽の架け橋になったユウ・アサエダがさらに抽象度を高めたグリッチ・ドローン・ダブ。なかなかのバッド・トリップで、足元からじわじわと何かが這い上がってくる。シュトックハウゼンの呪縛から逃れ、シュテルン・フォン・ミュンヒハウゼンに誰か目を向けないものか。

Various
Ambient Waves from Niigata
Experimental Rooms (2020)

新潟に住むアンビエント作家10組をまとめた編集盤。タージ・マハル旅行団の長谷川時夫、ドローン作家の能勢山陽生、ディジタル世代のメヴィウス(MEVIUS)に尺八を取り入れた福島親子など世代も幅広く、無名の人も全体に水準が高い。手法も様々でグリッチや和太鼓、平穏なドローンに不気味なサイン波と無尽蔵。

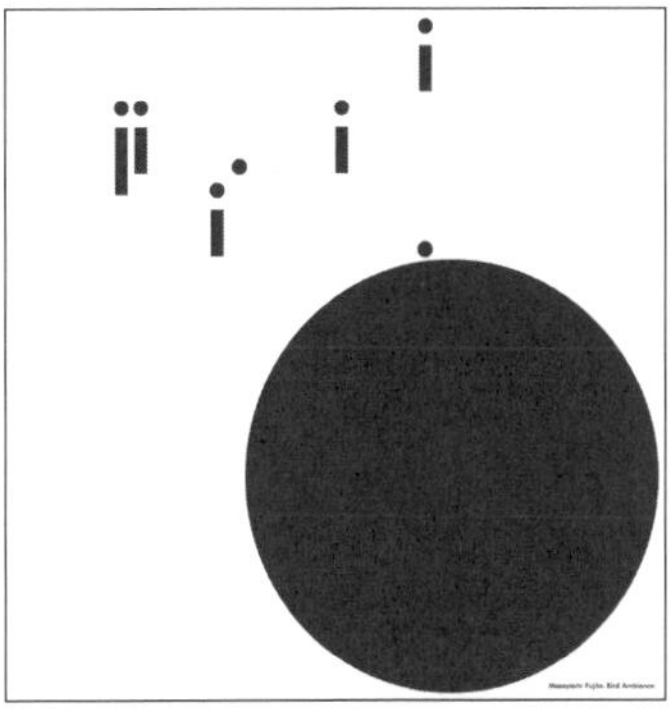

Masayoshi Fujita
Bird Ambience
Erased Tapes Records (2021)

ヤン・イエリネクとのコラボレーションで知られるヴィブラフォン奏者、藤田正嘉によるソロ4作目。極めて内省的で打楽器の音は水滴の音を思わせる。神戸に移り、別名義でやっていたグリッチ路線を取り入れたことで少しドライになった。全体に美しい終末感が漂うなか、〝Cumulonimbus Dream〟の穏やかさが異質。

Seiho
Destination -
The Deep Land of Gray and Red (2021)

リスナーも送り手もコロナ禍で安心して一緒に眠るためにライヴ配信されたアンビエントが全9曲。延々と柔らかい感触が途切れない。ボックス化される際、眠りから覚めるために「覚醒」をコンセプトにした10曲目を追加。これが一転して『Accident In Paradise』を思わせるナラティヴな構成で少し息が荒い。

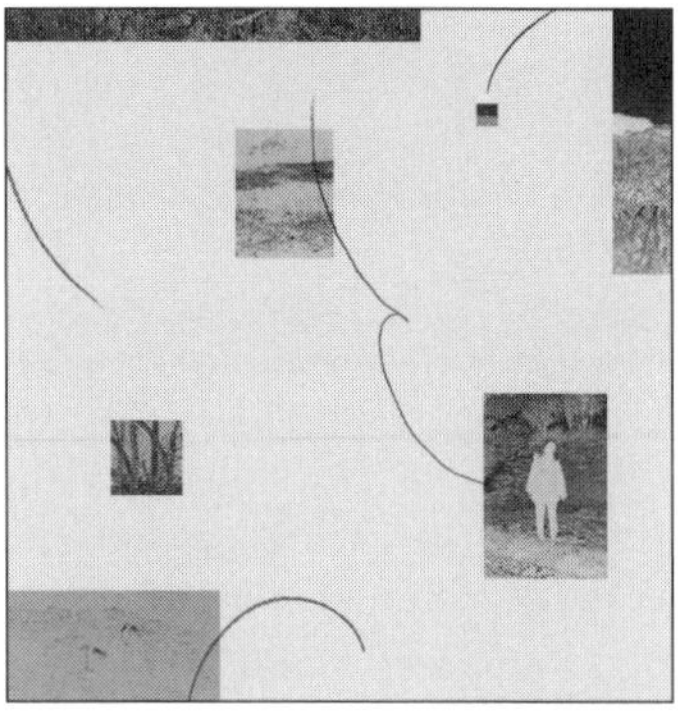

Hinako Omori
a journey…
Houndstooth (2022)

横浜生まれでイギリスで育ち、現在ロンドンを拠点に活動をする大森日向子の本作は、リスナーを深い森のなかへと連れて行く。フィールド・レコーディングとモジュラー・シンセサイザーを用いて、彼女はサウンドにおけるヒーリング効果という主題と向き合っている。周波数はそのために調整され、ほとんど実用的に効果をもたらす。（野田）

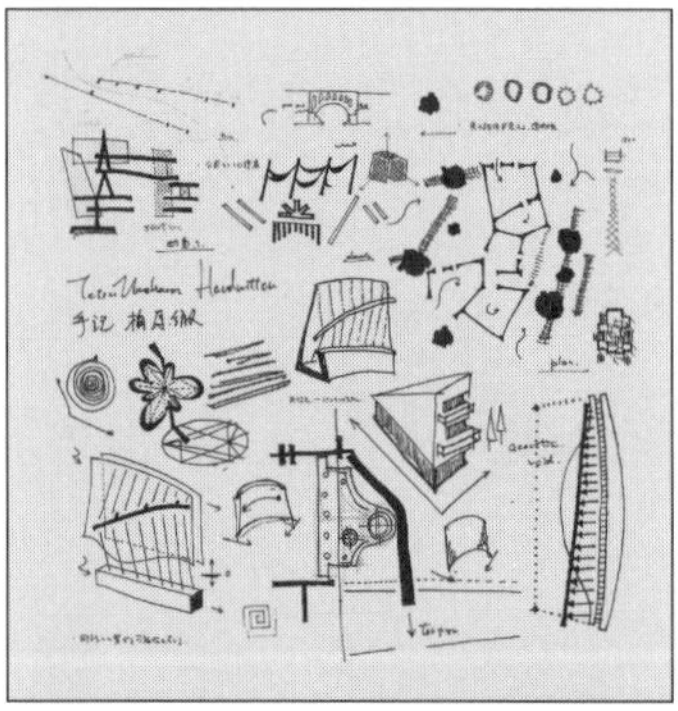

Tetsu Umehara
Handwritten
small méasures (2022)

デュッセルドルフ在住の梅原徹による1作目。「場所性」をコンセプトに立て、デイヴィッド・トゥープと同じく建築物とその記憶を表現したというサウンド・コラージュ。なるほど硬質で冷たく、時に〈On-U Sound〉を思わせる。収益の一部はアジアの人権向上を目指すヒューマンライツ・ナウに寄付される。

222 (Natural Calamity)
Song For Joni
Studio Mule (2022)

ナチュラル・カラミティの森俊二によるソロ作。ギャビー＆ロペス『Straw Hat, 30 Seeds』（04）と同じくトロけるようなギター・サウンドをレイヤー化して電子音にまみれさせ、俊二、いや、瞬時にして地球穏やか化に貢献。オリジナルが〈Flower Noise〉から300枚限定だったとは……エンディングが圧巻。

Osaki Seiichi
The Tale Of A Long Forgotten Sunken City
The Tidal Charm (2022)

名古屋から大崎誠一による80年代環境音楽の模倣。亡くなったノーム・チャンバースがユルゲン・ミュラーの発掘音源を細かい設定まで捏造して脚光を浴びたのと同じく、ヴェイパーウェイヴのカセット・レーベルからリリースされていることでオリジナルでないことが逆説的なアイデンティティになるというアイディア賞。

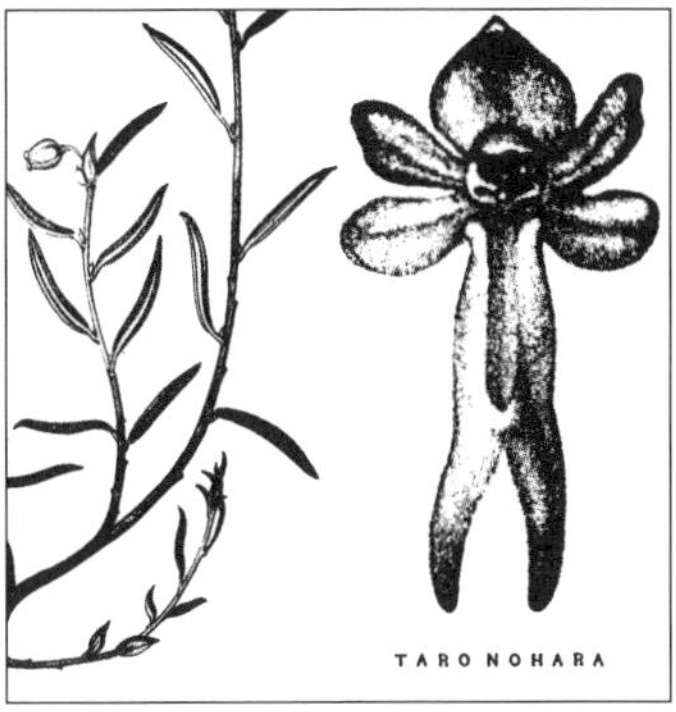

Taro Nohara (Yakenohara)
Poly-Time Soundscapes / Forest Of The Shrine

We Release Whatever The Fuck We Want Records (2022)

近年はH. Takahashiらと組んだUNKNOWN MEとしての活動が印象に残るやけのはら。前半はイメージ上のアフリカや和をモティーフにした瞑想的なニューエイジ・トラックが並ぶが、不穏を呼びこむB②・B③が聴きどころ。高田みどりや清水靖晃などのリイシューで日本の実験的な音楽の再評価を促してきたスイスのレーベルから。(小林)

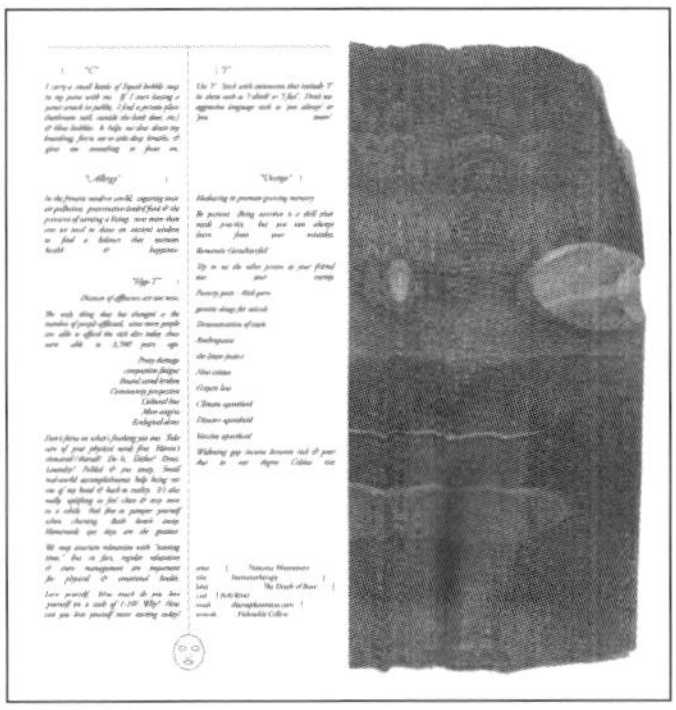

Nozomu Matsumoto
Immunotherapy

The Death Of Rave (2022)

トイレット・ステイタスに起用されていた松本望睦が切り開いた新しいヴィジョン。強風に煽られているようなガッツのある作風で、坂本龍一『B-2 Unit』と『async』をまるで合体させたかのよう。アンビエントは誰でもわかった気になれる音楽なので、むしろわからないと感じる作品に出会えることは貴重な体験Death。

Kazufumi Kodama & Undefined
2 Years / 2 Years In Silence

Ring (2022)

日本のダブ/レゲエのベテラン、こだま和文がイーノのアンビエントを好んだ理由は、自らのレゲエを「クワイエット・レゲエ」と呼んだように、その静寂さの奥深さに共感したからだろう。そんなわけで、こだまのダブ作品にはつねに静けさがあったが、「Undefinedとの共作ではその志向を極めている。コロナ渦の不安定な静けさ。(野田)

Takashi Kokubo & Andrea Espert
Music For A Cosmic Garden

SSSWe Release Whatever The Fuck We Want Records (2023)

これはかなり驚いた。80年代からつい最近まで小久保隆はそれこそニューエイジまっしぐらだったのに、コラボレイターの力が大きいのか、驚くほど抑制された美しいドローンに仕上げられている。〈Windham Hill〉がボーズ・オブ・カナダみたいになってもここまで驚かない。何回聞いてもまだ信じられない。歴史は動く。

AMBIENT KYOTO

AMBIENT KYOTO 2023 ガイド

https://ambientkyoto.com/

「AMBIENT KYOTO 2023」の拠点、築90年の歴史的な建物「京都中央信用金庫 旧厚生センター」。

Photo by ICHIKAWA Yasushi

interview with
Shoe
Nakamura

「AMBIENT KYOTO 2023」京都をアンビエントの聖地に
——統括プロデューサーに訊く、その可能性と今後の展望

聞き手：小林拓音

昨年、ブライアン・イーノ展を大成功させた「AMBIENT KYOTO」が今年も開催される(この号が出ているときにはすでに開催中)。「アンビエント」を経験しに京都に来るように呼びかけているこの展覧会は、「アンビエントとはかくかくしかじか」たる頑迷な諸高説に敬意を払いながらも一歩引いてこのコンセプトを拡大し、より多くの人に「アンビエント」を体験してもらうことを目的としている。なぜなら、いまや「アンビエント」とは「ポップ」と同様、その意味はそのコンテキストによって決定されるのだ。そのくらい「アンビエント」なる言葉は浸透しているし、また人によって解釈も違っている。が、それでいい。それが普及されたということなのだから。

周知のように、「AMBIENT KYOTO 2023」には、坂本龍一＋高谷史郎による「async - immersion 2023」、そしてコーネリアス、バッファロー・ドーター、山本精一の作品が展示される。会期中にはテリー・ライリー(この号が出る頃には終えている)、コーネリアスのライヴがあり、小説家・朝吹真理子による書き下ろしエッセイの朗読が展覧会ウェブサイトにて配信される。この魅力的なラインアップでのぞむ「AMBIENT KYOTO」の統括プロデューサーのひとり、中村周市に展覧会のコンセプトや展望などについて訊いた。

昨年のブライアン・イーノ展における『The Ship』のインスタレーション。サウンドのみの展示だったが、もっとも評判の良かった展示。

Photo by So Hasegawa

そもそも「AMBIENT KYOTO」自体はどのような動機ではじめたのですか？

中村　コロナ禍において、時代が変わるタイミングにあてでこのイベントを開催したようにみえますが、じつは前からやろうと準備を進めてようやく実現できたときがそのときだったと。きっかけは、いまから7年前（２０１６年）に東京から京都に移り住んだことにあります。デイヴィッド・ボウイが亡くなってすぐぐらいの頃でしたから、引越し後、荷物をほどいてボウイの『Low』やイーノの『ミュージック・フォー・エアポーツ』などをがらんとした部屋で聴いていました。家から見える東山連峰、そこから登る大きな月、鷺のかん高い鳴き声が夜空に響きわたり、家の前を流れる川のせせらぎも聞こえるなか、これらの音楽が流れる。京都は特別なところだと思いました。また、京都に越したことを契機に、いままでやってきた音楽レーベル活動だけでない、もっと自分が興味をもつライフスタイルにまで及ぶことをしたいと考えました。長いあいだ洋楽の世界に関わってきて、その先鋭的な表現にまっさきに触れることができたことは自分の財産なんですが、ただ受け取るだけでなく、もっとこちらから発信できるようなことをしたいと。そこで京都で暮らすようになったときにより身近に感じるようになった「アンビエント」な感覚をテーマに何かできないか、これは音楽ライフスタイルの発信になるんじゃないか、そう思ったんです。だから、展覧会場という特定の建物内だけでなく、そこの環境・風土に溶け込むような、その一部となる音楽が「アンビエント」だとしたら、京都という場所を舞台とする「アンビエント」にはいろいろできることがあるんじゃないかと。京都は、アンビエントをいろんな形で見せる場としてポテンシャルが高い街です。自然が近くにあり、古都としての魅力もあり、日常と非日常が同時にあるみたいな両義性が広がっています。とはいえ、なにせ未経験者なので、まずはブライアン・イーノのマネージャーに会いにいきました。そしてイベント会社ＴＯＷの本展の統括プロデューサーのひとり、竹下さんも加わって共にプランニングをし、そこから多くの方々の献身的なご協力をいただき開催にいたったんです。ブライアン・イーノについて「川の流れのように絶え間なく変化し、それと同時に普遍的なものを表現したい」と言っていますが、京都の鴨長明は「ゆく川の流れは絶えずして、しかももとの水にあらず」と言っています。

アンビエントという音楽の持つ魅力について教えてください。

中村　聞いても聞かなくてもいいように作られた音楽という、その価値観の転倒がまずはとても面白いです。それによってさまざまな表現の可能性、感じ方が生まれます。ただ、三田格さんが、もはやアンビエントはブライアン・イーノの手を離れて、音楽ジャンルではなく、ひとつのスタイルとして捉えられるようになったと以前おっしゃってました。求めれば求めるほど変わっていって、気づいたら新しい場面に出くわしていたとか、言葉で言えないけど、知っているものであるとか、より面白いことができる余地が無限大にあるところもいいと思います。

1回目の昨年はブライアン・イーノがフィーチャーされました。どのような反響がありましたか？

中村　まず、アンビエントの創始者イーノが第一回目に参加してくれたこと、新作を含む現在進行形の素晴らしい作品を出展してくれたことがとても大きかったです。企画した7年前では、アンビエントの広がりは日本では現在より限定的なところもありました。しかし、ブライアン・イーノ展のおかげで、アンビエントという表現が、現代におけるライフスタイルの提案としても捉えられて、音楽とアートいうジャンルを超えところで、より広い層に関心を寄せてもらったのは嬉しいことでした。アンビエントは人を選ばないので、間口はとても広い。「AMBIENT KYOTO」をきっかけに興味を持ってもらえたのならとても光栄です。展覧会が終わった後には、じつはアンビエントは昔からずっと好きだったという声を聞きました。それだけ潜在層というか、以前からそうとは知らずにアンビエントをライフスタイルに取り入れていた人たちが少なくないということですよね。あと、若いＤＪからアンビエントもかけていますと言われたり。アンビエントやイーノを知らない方々からも、アンビエントって何かえーなー、とか。とても幅広いリアクションがありました。

■2回目となる「AMBIENT KYOTO 2023」には多彩なアーティストが参加しています。まず、展示ディレクター兼音響ディレクターとしてＺＡＫさんを起用したのはどういったことをお考えのうえでしょうか？

中村　イーノ展でもっとも反響のあった展示は、最小限の照明の下、立体音響に没頭する作品『The Ship』でした。ＳＮＳ時代においてもっとも映えない作品ですが、素晴らしい音響作品は人を選ばず人の心を動かせることを目の当たりにしたので、会期終了後、ＺＡＫさんを訪ねてスタジオに伺いました。個人的には、90年代にバッファロー・ドーターとの仕事をきっかけに、バンドのエンジニアだったＺＡＫさんと知り合い、その間、わたしが言うのもおこがましいですが、素晴らしい音楽作品を作り続けてこられたので、ぜひ次回の「AMBIENT KYOTO」にご参加いただきたいとお願いしました。

　ＺＡＫさんには、今回は、全展示作品の立体音響を制作していただきました。今年の「AMBIENT KYOTO」の最大のポイントのひとつは、ＺＡＫさん入魂の立体音響作品です。とにかく、音響が充実した展覧会になります。

■アンビエント作家ではないコーネリアスにオファーした理由は何でしょう？

中村　7年前の最初の企画書に、イーノとともに勝手ながらコーネリアスの名前を入れてました。昨年のイーノ展にも来ていただきましたので、閉幕後すぐにご出演の依頼を申し出ました。アンビエント・ミュージックといわれる作品以外でも、それぞれにアンビエントを感じる作品はあると思いますが、わたしの場合はコーネリアスでいうと『Point』以降がそうなんです。あと、ヴィジュアルも最高じゃないですか。観る・聴くという行為自体の素晴らしさを感じさせてくれるアーティストです。また、アンビエント・ミュージックというカテゴリーの作品でない作品を展示することによって、アンビエントの可能性を広げていきたいとも思ってますので、今後もできる限りそういうことは前面に出していきたいと思ってます。コーネリアスがアンビエントのイベントに参加する意味もそこです。今回のコーネリアスの展示は、当初からの私たちのコンセプトにぴったり合っていました。

──なぜ展覧会の開催中にテリー・ライリーのライヴを入れたのでしょうか？

中村　昨年のイーノ展には、山梨からわざわざお越しいただき、その際にご出演をお願いしたという経緯があります。アンビエント・ミュージックに大きな影響を与えたテリー・ライリー、その生きる伝説のライヴは非常に価値があると思ったからです。また会場は、一般公開されていない重要文化財の東本願寺・能舞台ですから、巨匠にふさわしい舞台を用意せねばと、ここにしました。

──予約チケットの販売で大きなトラブルがありましたが、問題は解決されましたか？

中村　チケット予約システムに不具合が発生し、これによって多くのファンの皆様、関係者に大変なご迷惑をおかけしたことを本当に申し訳なく思っております。みなさまのご理解のもと、解決することができました。ここで改めて心よりお詫び申し上げたく思います。

──バッファロー・ドーターと山本精一さんも、いわゆ

「AMBIENT KYOTO 2023」に作品を展示するアーティストたち。

坂本龍一 photo by Neo Sora © 2022 Kab Inc.

山本精一

高谷史郎

バッファロー・ドーター

コーネリアス

テリー・ライリー Photo by Masahiro Ikeda

朝吹真理子 Photo by Chikashi Suzuki

るアンビエント作家ではありませんが、どんな作品を展示するのでしょうか？

中村　バッファロー・ドーターは、以前レコード会社で担当していたのですが、この京都の地でアンビエントの展示をお願いするとは感慨深いです。山本精一さんもバッファロー・ドーター同様、1990年代から革新的な表現で世界的な評価を得てきたアーティストです。その彼らがアンビエントを表現したらどうなるか、その既成概念の枠を超えた表現が楽しみでなりません。

――作家の朝吹真理子さんに「アンビエント」について書いてもらうというアイデアもZAKさんによるものだと聞きましたが、彼女には何を託されたのか教えてください。

中村　朝吹さんの『流跡』を、ZAKさんは「文字が音そのものの様な小説」とおっしゃってました。今回朝吹さんが出展されるのは、デビュー作『流跡』をご自身で全編朗読した、いわゆる文学を音にした作品です。人によっては、意味から離れた言語が持つ響きの立体像を感じるかもしれません、アンビエントをより広義的に表現したこのような作品に触れることで、新しい感覚が生まれてくれたら嬉しいです。

――今回、四つの会場で開催されます。それぞれどのような会場なのでしょうか？

中村　まず「京都中央信用金庫　旧厚生センター」。昨年のイーノ展が開催された、築90年の歴史ある建築物です。長きにわたり地域住民と共にあゆんできた、建物自体が金庫の様に堅牢な建物。その時空を超えた空間で展示を鑑賞するのは特別な気持ちになるかもしれません。

次に「京都新聞ビル地下1階」。インクの跡や匂いが今も残る、かつて京都新聞がここで印刷されていた会場です。約1000平米、高さ3階分もある巨大な地下空間で、「async – immersion 2023」を全身で感じてほしいと思います。

それから「東本願寺・能舞台」。「京都中央信用金庫　旧厚生センター」の北側に隣接する日本を代表するお寺のひとつ東本願寺。通常は非公開、重要文化財、能舞台、そしてテリー・ライリー。役満ですね。

もうひとつ「国立京都国際会館　メインホール」もあります。数年前に見学して以来、いつかここでなにかやってみたい、と思い続けていたモダニズム建築の傑作として名高い会場です。入り口のスロープからして圧巻で、そのまま巨大なロビーを抜けると、京都議定書が採択されるなど数々の国際舞台となった本館メインホールへ。通常は国際会議用として建てられ、ライヴ用に設計されていないこの会場で、コーネリアスのスペシャル・ライヴが行われます。

『async』の巨大空間におけるインスタレーションを楽しみにしている人は多い。

――さまざまなアーティストが参加し、さまざまな場所で開催されますが、「AMBIENT KYOTO 2023」全体の楽しみ方を教えてください。

中村　視聴覚芸術はとりわけアンビエントは、鑑賞者が自ら感じる、その空間との対話ができることが重要だと思ってます。音が好きな人、光や映像が好きな人、匂いが好きな人、言葉やその響きが好きな人たち。いろいろなところからアンビエントを感じとってもらえればと思います。また、アンビエントの可能性を広げたいという意味で、今回はシガー・ロスのアートワークを手がけるアレックス・ソマーズにキーヴィジュアルを制作してもらいました。彼は、ヨンシー（シガー・ロス）とともにアンビエント・ユニット、LIMINALの活動もしていて、こちらの活動もアンビエントの枠を広げるような作品です。そういったところに共感し、彼にお願いすることにしました。通常アンビエントのアートワークは、地図や風景、あるいは抽象的なものが多いんですが、私たちが彼に自然と人、このふたつをキーヴィジュアルに入れて欲しいとお願いしたんです。賛否両論があっても、それも私たちの本望ですし、実験というか、こうやってトライすることを忘れたくないんです。それから、展示空間は屋内ですが、京都に包まれた空間で展示をしているイメージなので、その作品が京都に漂うアンビエントであればと思います。

――「AMBIENT KYOTO」の将来的なヴィジョンを教えてください。

中村 今回の2回目となる「AMBIENT KYOTO」の企画書で、「京都を世界のアンビエントの聖地にしたい」と下書きしてみたんですが、それはあまりにもたいそれた考えかとも思い、まずは海外の知り合い数人にその考えについて尋ねてみたところ、かなりリアクションが良かったんです。京都に行ったことのない人まで、それは最高だと。なんかロマンを掻き立てるのでしょうか。そのうち、その考えがBBCラジオにも伝わって、なんと今年の「AMBIENT KYOTO」を4時間も特集してもらうことになりました。そのように、日本のみならずBBCにも届くのかと。また、すでに多くの海外アーティストから参加の打診があるというのが現状です。今後は本腰を入れて段階を踏みながら世界に向けて発信するに値する展覧会にしていきたいと思います。

たとえば、音楽だけに限っても、ジャズ、クラシックなどあらゆるジャンルのアンビエントがあると思います。ノイズ・ミュージシャンにアンビエントをテーマにした作品を制作していただく、また他の芸術分野、たとえば彫刻家によるアンビエントをテーマにした作品といったことも面白いと思います。今年は、京都のアンビエントな店、サウナ、食べ物などともコラボレーションをするなど、日常に宿るアンビエント、その土地のライフスタイルの一部となるようなこともしています。「AMBIENT KYOTO」としてつねに変わり続ける、新しい発見があり、発想の転倒がある京都を舞台にしたアンビエントの展覧会となるよう長期的視野で考えていきたいと思います。

なお、オフィシャルHPはこちら
(https://ambientkyoto.com/)

中村周市（なかむら・しゅういち）
1991年、当時の東芝EMIに入社。ビースティ・ボーイズと彼らのレーベル、グランド・ロイヤルの担当時はとくに刺激的な日々を過ごす。そこでライフスタイル全般を捉えるマーケティングを遊びの中から学ぶ。1999年、V2レーベルではアンダーワールド、ザ・ホワイト・ストライプスなどを担当。2006年、Trafficを設立・代表として現在に至る。ニュー・オーダー、CAN、Phewなどが所属するMUTEレーベルと契約。

interview with
ZAK

今回はおそらく最大公約数的にアンビエントだと感じられるようなものになるんじゃないでしょうか

——ZAKが語る「AMBIENT KYOTO 2023」（＊オフィシャルHPより転載）

聞き手：矢野優（「新潮」編集長）
文：小松香里

「AMBIENT KYOTO」で展示される複数のアーティストによる視聴覚作品のミックスを手掛けるのがフィッシュマンズの作品等で知られる日本を代表するサウンドエンジニア、ZAKさんだ。本展覧会の展望やアンビエントとの関わりについて聞いた。

——「AMBIENT KYOTO」は昨年、ブライアン・イーノにフォーカスする形で始まりました。まず、ZAKさんとブライアン・イーノの出会いについて教えてください。

ZAK　1989年に奈良の天川村にある天河大辨財天社というところで能・狂言と共にブライアン・イーノが奉納演奏を行った際に呼ばれたんですよね。イーノと10日間ぐらい一緒にいて、一軒家を作業場にして、夜な夜なフィールド・レコーディングして田んぼにカエルの鳴き声とかを一緒に録りに行きました。僕はニューウェイヴを聴いているようなロック少年だったこともあって、あまりイーノの音楽は聴いていなかったんです。それで、ざっくりと環境音楽と電子音楽の中間の音楽をやる人という風に捉えてました。

——そのフィールドレコーディングをした楽曲はイーノが滞在中に完成したんですか？

ZAK　しましたね。その時の能の舞台でも演奏しました。フィールド・レコーディングにもいろいろなやり方がありますが、イーノは写真みたいに綺麗に録るというよりは完全に素材録り。料理をするための水を山に汲みに行っている感じというか。漫然と音を録るというよりかは、丸ごとエントロピーがあるものを録っていて、「磁場ごと全部切り取りたいんだな」と感じました。

■とても貴重なお話ですね。ZAKさんは今まさに「AMBIENT KYOTO」の準備の渦中にいらっしゃいますが、どんなことを考えてらっしゃいますか？

ZAK　今回の「AMBIENT KYOTO」はおそらく最大公約数的にアンビエントだと感じられるようなものになるんじゃないでしょうか。いい／悪いとは別の話で、広範囲なアンビエント。準備の期間中、アンビエントに関するメモをたくさん取っているんですが（メモを取り出す）、〝アンビエントは逆説的な構造〟と書いてありますね。アンビエントそのものが逆説的な構造なんじゃないかと。掴みようがない間みたいなものが異様なカオス状態のところで若干安定していて、それがやたら心地よい。僕はそういうものをアンビエントと捉えています。

■「静けさプラスα」というよりも、いろいろな音が鳴ってる状況下で不安定なバランスで均衡が取れている状態みたいなことでしょうか。

ZAK　そうですね。竜巻の中心とか滝の中とかお母さんのお腹の中みたいな感じですかね。険しいノイズが異様にある状態の中で、そういうスポットが生まれている場所のことをアンビエントと言うのかもしれない。

■ノイズはアンビエントの対極ではないということでしょうか。

ZAK　対極ではないと思います。むしろノイズにはアンビエントを感じます。そのノイズっていうのは、無意識に出てるノイズとはまた違うものではありますが。

■例えば、滝の音なんて綺麗なノイズですよね。

ZAK　そうですね。基本的に自然物から出ている音で大きすぎる音以外はうるささは感じないと思うんです。例えば、海や川が近い時に水が流れる音にうるささを感じることはあるかもしれないけれど、音量を除けば危険信号は出ない。一方、人工物はある種加工されているところがあるので、そこから出る音を浴びるとうるささを感じる。

■お話を伺っていて、ZAKさんが「AMBIENT KYOTO」の参加アーティストと共に頭の片隅で「アンビエントって何だろう?」と思いながら、何かしら明かりが見える方向に歩いて行っているようなイメージが浮かんできました。

ZAK　参加アーティストごとに少しずつイメージは違うかもしれないですが、それぞれがぼんやりと思うアンビエント観みたいなものが提示されると思うんです。それを見て「アンビエントってこういうものなのか」と思わなくても良いんです。何か新しい感覚が生まれたら面白い。今回は参加アーティストが複数いて、展示場所も複数あります。坂本龍一さんと高谷史郎さんの作品が展示されるのは、京都新聞ビルの地下1階。かつて印刷工場があったんですが、インダストリアルな雰囲気がある場所なので、〝場〟の音というか、そこにいるだけなのに場がミトコンドリアのように動いているような作品になればいいなと思っています。複数の曲が流れるので、曲ごとに感じ方が変わっていく。やはり各々が〝場を作る〟アプローチになっていくでしょうね。

■前回の「AMBIENT KYOTO」の会場である京都中央信用金庫旧厚生センターは今回の会場のひとつですが、元々金融機関だった場所とは思えないぐらい「お金の匂い」がしない場所だと感じました。時間と共にそういう匂いは沈殿していって、建築の表情が残るんだなと。

ZAK　アンビエントって中身の記憶みたいなもので構成されているのかもしれないですね。今浮かんだ例えは——しょうもないんですが、実家に帰った時に画面は付いているんだけど、ほとんど音が鳴っていないテレビを遠くから見ている感覚。あれってテレビが付いていないと落ち着かないから付けているようなところもありますよね。アンビエントにもそういうところがあるんじゃないでしょうか。完全なゼロデシベルだと不安になる。完全な無音は、60億年ぐらい一人きりでいなければいけない感覚かもしれない。

■たしかに本当の無音状態には恐怖を感じると思います。

ZAK　僕のアンビエントに関するメモには〝空間と記憶、角度〟、〝背景の中に溶け込んだ影（質感）〟とも書いてあるんですが、画面の付いたテレビという存在として認識はしているんだけれど、背景のひとつになっている。存在している物自体が特殊な質感を持っていることによって、すごく平坦なところに影みたいなものや凹凸ができている状態。音楽って〝流れる〟と言いますよね。〝流れる〟という表現を使うということは時間と関係があるのかなとも考えました。あと、〝間（ま）〟や〝あわい〟、〝個体のない〟とメモには書かれています。

■〝あわい〟や〝間〟というのは音楽を受け取るために、すごく重要な感覚ですよね。それは音楽にかぎらず、言語表現でも映像表現でも言えることだと思います。

ZAK　最近科学的に、人間が〝間〟みたいなものを音として捉えているということが解明されているみたいですね。無音を音として認識している。音楽って音量によって聴こえ方が大きく変わってきますよね。言葉の聴こえ方も違う。そういうエネルギー値みたいなものはいろんなことにおいてすごく重要だと思います。よく「音楽をヘッドフォンで聴いてみたら再発見した」みたいなことを言いますが、その時々の適正な音量があるからいろいろな感覚が生まれる。人と一緒にいて、ノイズ混じりの中で聴こえる小さな音量の音楽だけど、すごくよく聴こえる場合もありますし。

音楽を聴く時のボリュームの調整というのはとてもクリエイティブな行為ですよね。単に上げればいいというわけではなく、無限に細かく調整ができる、演奏のような行為だと思います。

ZAK　ちょうど今「AMBIENT KYOTO」の音楽の再生レベルをどうしようか考えているところなんです。その瞬間でないと最適解は出ないので、本当は開催して様子を見ながら決めたいところではあるんですが。音量の設定がバランスで、その後の微調整は質感の話になってきます。

「AMBIENT KYOTO」というプロジェクト自体は去年ブライアン・イーノにフォーカスを当てた内容で始まって、今回が2回目。何がしかの出発点になればいいなと僕は思っているんです。アンビエントというものを広い視点を持って捉えてほしい。今回は朗読で小説家の朝吹真理子さんに参加してもらいますが、言葉に対してアンビエントのイメージを持つ人は多くはないかもしれない。でも、言葉は発したら音そのもので、音楽と同列です。柔らかい視点で、アンビエントというものを感じてもらえる展覧会になればいいなと思っています。

「AMBIENT KYOTO」を体験した後、世界の聴こえ方が少し変わると良いですよね。

ZAK　そうですね。それで、「何かを作りたい」っていう人や「このプロジェクトに関わりたい」という人が増えると良いですよね。何かのジャンルに特化するとどうしても直線的な動きになっていきますが、そこをせめて直径を広げるとか、斜めから入るとか、動きを変えることができた方が面白い。そんなことを考えながら、準備をしています。運営側も長期的なプロジェクトとして考えていますし、回を追うごとにヴァージョンが上がっていってほしいですね。

ヴァージョンアップのためにいろんなトライアルもできますしね。

ZAK　そうですね。ヴァージョン1から2、3という風に単純にステップアップするのではなく、ヴァージョン3から派生した何かが生まれていくようなことになれば理想的ですね。

ZAK
エンジニア／音響ディレクター。「アンビエント・ポップ」などとも形容されたフィッシュマンズの仕事で広く知られるが、ほかに多くのアーティストやバンドのミキシングを手がけている。『Playing The Piano 12122020』や『12』など、坂本龍一の晩年の作品も手がけている。音響表現の細部にまでこだわる彼のディレクションは、今回は「AMBIENT KYOTO」の目玉のひとつだ。

AMBIENT KYOTO 2023

EXHIBITION 01

坂本龍一 ＋ 高谷史郎｜async - immersion 2023

会場：京都新聞ビル地下1階

EXHIBITION 02

コーネリアス、バッファロー・ドーター、山本精一

会期：2023年10月6日～12月24日
会場：京都中央信用金庫 旧厚生センター
休館日：11月12日、12月10日

ウェブサイト：https://ambientkyoto.com/

LIVE

Terry Riley

10月13日[金]・10月14日[土] 開場17:30｜開演18:30
東本願寺・能舞台

Cornelius

11月3日[金・祝] 開場16:00｜開演17:00
国立京都国際会館・メインホール

READING

朝吹真理子

展覧会ウェブサイトにて配信

TICKET INFORMATION チケット情報

EXHIBITION 展覧会

一般（大人）3,300円｜大学生・専門学校生 2,400円｜中高生 1,800円｜小学生以下 無料

[前売｜10月5日23：59までご購入の場合、一律¥300OFF]

※「障害者手帳」（身体障害者手帳、療育手帳、精神障害者保健福祉手帳）をご提示のご本人様と同伴者様1名は、前売り・一般共に大学生・専門学校生料金となります。

※車いすでお越しのお客様、及び同伴者様1名までは入場無料です（予約不要）。ただし、鑑賞範囲に制限がございます。詳細は注意事項をご確認ください。

contributors
プロフィール

青木絵美（あおき・えみ）
東京で生まれ、青年期をニューヨークで過ごす。現在は東京を拠点に、日英翻訳家・通訳として活動中。多様な背景を持つ人たちの考えを伝えることに喜びを感じる。好物は赤ワインとハウス・ミュージック、最近は芝生やビーチで飲むスタイルを追求中。

小原泰広（おはら・やすひろ）
フォトグラファー。1976年、愛知県生まれ。東京農業大学（サッカー部員）中退。東京造形大学卒業。写真家、上杉敬氏に師事。現在、フリーランスで活動中。

河村祐介（かわむら・ゆうすけ）
1981年生まれ、2004年にremix編集部にはいって2009年の実質休刊直前まで、その後LIQUIDROOMなど、いろいろを経ていまはOTOTOY編集部で、その後、編集長へ。その他、フリーでいろいろ書いたりもしています。

五井健太郎（ごい・けんたろう）
1984年生まれ。東北芸術工科大学非常勤講師。シュルレアリスム研究。訳書に『わが人生の幽霊たち』『暗黒の啓蒙書』『絶滅への渇望』『怪奇的なものとぞっとするもの』、共著に『統べるもの／叛くもの』『ヒップホップ・アナムネーシス』など。

坂本麻里子（さかもと・まりこ）
1970年東京生まれ。日本大学芸術学部映画学科卒業。ライター／通訳／翻訳者として活動。訳書に『アート セックス ミュージック――コージー・ファニ・トゥッティ自伝』『エイフェックス・ツイン、自分だけのチルアウト・ルーム』『レイヴ・カルチャー――エクスタシー文化とアシッド・ハウスの物語』ほか多数。ロンドン在住。

高橋智子（たかはし・ともこ）
1978年仙台市生まれ。博士（音楽学）。専門はアメリカ実験音楽とその周辺。単著『モートン・フェルドマン――〈抽象的な音〉の冒険』（水声社、2022年）の他、共著として『日本のサカモト』（P-VINE、2023年）などに寄稿。最近はミニマル音楽の歴史とその発展について改めて考えてみようと思い、目下リサーチ中。

立花幸樹（たちばな・こうき）
1960年生。東京都品川区出身。1983年～85年アール・ヴィヴァン勤務。通信社・テレビ局報道記者、イベント・プロデューサーなどを経て、2023年4月より、現代美術書やノイズ、ドローン、アンビエント、現代音楽、世界各地の音楽を揃える「カフェ・アユー」を鎌倉で経営。

伊達伯欣（だて・ともよし）
1977年サンパウロ生まれ成田育ち。医師・作曲家。ソロ作品をはじめ、Opitope、ILLUHAなどで、国内外より23枚のフル・アルバムをリリース。2014年より東京都調布市に東洋医学（漢方と自然塩）と西洋医学を併用する「つゆくさ医院」開設。著書に『からだとこころの環境』。坂本龍一トリビュート・コンピレーション『Micro Ambient Music』監修。今回は各扉ページに写真を提供してくれた。

デンシノオト
1971年生まれ。エレクトロニカやアンビエント、ドローンなどのエレクトロニック・ミュージック／実験的な電子音楽を中心に「web ele-king」でレヴューを執筆。また、オヴァルやルシーン、イーライ・ケスラー、クラークなどのライナーノーツも手がける。

長井雅子（ながい・まさこ）
1971年東京出まれ。東京藝術大学卒業。屋号が「in C」のグラフィック・エディトリアルデザイナー。『自転車と女たちの世紀――革命は車輪に乗って』（ハナ・ロス著、坂本麻里子訳、ele-king books）など。「ねこみみ編集部」として猫本の制作、Pervencheのヴォーカルとしても活動中。

二木信（ふたつぎ・しん）
音楽ライター。単著に『しくじるなよ、ルーディ』（ele-king books）、企画・構成に漢 a.k.a. GAMI著『ヒップホップ・ドリーム』（河出書房新社）など。ヒップホップを中心に、QETIC、FNMNL、ele-king、TURN、Real Sound、ミュージック・マガジンなどの媒体で執筆。

北條知子（ほうじょう・ともこ）
実験的な音、音楽、パフォーマンスの間の流動性において活動するアーティスト。近年は歴史的に沈黙させられてきた（女性の）声を可聴化するというテーマのもと、オノ・ヨーコや川上貞奴など国外で活躍する日本人女性についてのプロジェクトを展開している。2023年、自身が立ち上げたレーベル〈yoin press〉からテキストスコアやレコード付きのカタログ「Unfinished Descriptions」をリリース。https://tomokohojo.net/

松島広人（まつしま・ひろと）
DJ／ライター。パンデミックを期に一般社会のレールから脱線し、国内のインディー電子音楽シーンにより一層傾倒していく。2021年よりNordOst名義でDJとして活動開始、以降ジャンルレスなギグを各地で続ける。パーティー「第四の道」主催。

三田格（みた・いたる）
1961年、LA生まれ。ライター、編集。編著に『アンビエント・ディフィニティヴ』。共編に『ele-king 坂本龍一追悼別冊 日本のサカモト』。最近、「シンプソンズ」がノストラダムスのように扱われすぎだと思う。

yukinoise（ゆきのいず）
1996年生まれ東京出身、OL兼フリーライター。インターネットと国内外のアンダーグラウンドを拠点に、音楽をはじめとしたエッジなカルチャーシーンについて執筆などを行うただのレイヴ好き。

ポール・ロケ（Paul Roquet）
マサチューセッツ工科大学比較メディア・スタディーズ准教授。著書に日本のアンビエント文化を研究した『Ambient Media: Japanese Atmospheres of Self』（University of Minnesota Press, 2016）や、それをさらに発展させVRの観点を導入した『The Immersive Enclosure: Virtual Reality in Japan』（Columbia University Press, 2022）がある。

編集後記

１９７８年のイーノによる「アンビエント」の定義はあらためて巧妙だと思う。意訳すればあれは最初から「これは空港の音楽と表向きに言っているが、じつはそれだけに限定されない」と言っているし、「無視もできるが、集中もできる」とも言っている。そして『ＭＦＡ』はテープによる自動生成音楽という「実験」の記録でもあった。しかし広義のアンビエントではこうした二重性、奥深さが失われる。ことに、月額制が主流になった21世紀における音楽リスニングにおいては、ことによっては音楽そのものが無視もできる情報へと転じている。翻ってぼくのなかのアンビエントはまずは家でじっくり時間をかけて堪能する音楽になった。１９２０年の「家具の音楽」にも78年の「アンビエント」にもある大きな勢力に対する批評性があったと思うが、そういう意味ではぼくの「アンビエント」も批評的である。まあ、たんなるへそ曲がりなのかもしれないですけど。

　なんにせよ、「AMBIENT KYOTO」がきっかけで「アンビエント・ジャパン」を作れたことは光栄で、また、あらたにいろんなことを学ばせてもらいました。ご協力いただいたすべての方に感謝を申し上げます。ありがとうございました。（野田）

別冊ele-king
アンビエント・ジャパン

2023年11月3日　初版印刷
2023年11月3日　初版発行

編集　野田努（ele-king）
編集協力　三田格、小林拓音（ele-king）
アシスタント　松島広人
装丁　長井雅子、小林幸乃（in C）
special thanks to 毛利嘉孝、松山晋也、Kab Inc.、株式会社ミディアム

発行者　水谷聡男
発行所　株式会社Pヴァイン
〒150-0031 東京都渋谷区桜丘町21-2 池田ビル2F
編集部：TEL 03-5784-1256
営業部（レコード店）：TEL 03-5784-1250　FAX 03-5784-1251
http://p-vine.jp

発売元　日販アイ・ピー・エス株式会社
〒113-0034 東京都文京区湯島1-3-4
TEL 03-5802-1859　FAX 03-5802-1891

印刷・製本　シナノ印刷株式会社

ISBN　978-4-910511-56-6